A FAMÍLIA DESAPARECIDA DE JESUS

TOBIAS CHURTON

A FAMÍLIA DESAPARECIDA DE JESUS

Como a Igreja apagou da história os irmãos e as irmãs de Cristo

© 2010 - Tobias Churton

Publicado sob licença da Duncan Baird Publishers

Título original em inglês:
The Missing Family of Jesus

Direitos em língua portuguesa para o Brasil:
Editora Urbana Ltda.
www.matrixeditora.com.br

Capa:
Marcela Meggiolaro

Diagramação:
Fernanda Kalckmann

Tradução:
Daniela P. B. Dias

Revisão:
Alexandre de Carvalho
Pedro Silva

Dados Internacionais de Catalogação na Publicação (CIP)
SINDICATO NACIONAL DOS EDITORES DE LIVROS, RJ.

Churton, Tobias, 1960-
   A família desaparecida de Jesus : como a Igreja apagou da história os irmãos e irmãs de Cristo / Tobias Churton ; [tradução de Daniela P. B. Dias]. - São Paulo : Urbana, 2010.

   Tradução de: The missing family of Jesus

   Inclui bibliografia e índice

   1. Jesus Cristo - Família. 2. Jesus Cristo - Historicidade. I. Título.

10-4573.   CDD: 232
             CDU: 27-318

Dedico este livro à memória da minha querida mãe, Patricia Churton, que estava comigo quando iniciei o trabalho, mas perdeu por pouco a sua conclusão – e partiu muito repentinamente.

AGRADECIMENTOS

Este livro foi uma espécie de jornada solitária, empreendida num navio feito não de fontes secundárias, mas de documentos originais revisitados após uma vida inteira de familiaridade excessiva. Era somente eu mesmo contra – e com – as intempéries.

Eu gostaria de agradecer especialmente ao editor Michael Mann. Sem a sua fé e discernimento, este livro jamais teria deixado o plano das ideias não escritas. Uma ideia precisa ser aberta para frutificar, e somente editores simpáticos a ela são capazes de fazer isso acontecer.

Minha agente Fiona Spencer Thomas merece ser posta em um pedestal por sua paciência, firmeza e apoio intuitivo ao longo de um projeto que foi abraçado em circunstâncias difíceis.

Minha esposa Joanna e minha filha Mérovée foram tudo o que um marido e pai poderia desejar em meio à tempestade.

SUMÁRIO

AGRADECIMENTOS..7

INTRODUÇÃO..11

MAPA DA PALESTINA 6 A 34 D.C....................................15

UM - A FAMÍLIA DESAPARECIDA...................................17

DOIS - PERDIDOS NO NOVO TESTAMENTO..................35

TRÊS - NAZARÉ...59

QUATRO - IRMÃOS NO DESERTO...................................77

CINCO - CISÃO FAMILIAR?...101

SEIS - A FAMÍLIA DESAPARECIDA DOS APÓCRIFOS......129

SETE - IRMÃO EM SEGREDO..157

OITO - ENCONTRADOS NA HSTÓRIA...........................179

NOVE - OS DESPOSYNI – HERDEIROS DE JESUS.......205

DEZ - UMA ETERNIDADE NA PROVENÇA...................225

ONZE - OS SENTINELAS – OU O MISTÉRIO DO CRISTIANISMO DESVENDADO..253

INDICAÇÕES DE LEITURA...271

INTRODUÇÃO

O Diabo mora nos detalhes; e os anjos também. Do ponto de vista histórico, o tópico da família de Jesus nunca foi alvo de muita atenção nem por parte das igrejas cristãs nem da história das religiões de modo geral. A família de Jesus foi realmente deixada para trás. De tempos em tempos, aflora uma onda de curiosidade – no final da Idade Média, a necessidade de saber mais sobre a criação de Jesus foi instigada por conta da popularidade alcançada pelo texto *Legenda áurea* do século XIII. Nele, os amantes da arte religiosa e da mitologia foram apresentados a Santa Ana, São Joaquim e outras pessoas retratadas envoltas em halos e veneradas com assombro e fascinação por conta da lenda, não da doutrina. Teria sido considerado no mínimo estranho – e mais provavelmente inimaginável – pensar que os familiares mais próximos de Jesus (o *quão* próximos exatamente sempre foi motivo de debates) pudessem ser usados como armas contra a crença cristã ortodoxa. Os "parentes" de Jesus tinham tradicionalmente ou uma imagem amigável ou, de modo contrário, eram vistos como parte do grupo de compatriotas do profeta em meio ao qual ele era desprezado. Essa identidade dupla – estando tanto ao lado de Jesus quanto contra ele – permeia todo o Novo Testamento de forma um tanto misteriosa.

A fim de evitar possíveis confusões, e também de conservar intacto o status elevado e dogmático de Jesus, as representações da sua família foram restritas ao âmbito estritamente nuclear, pendendo às vezes para a configuração da *mãe solteira*. Madonna e Bambino, pai ausente: a mesma configuração comum a muitas famílias das celebridades atuais, mas por motivos bem diferentes. E todos sabemos, é claro, qual era o principal deles. Ele não estava ausente e sim *em toda parte,* num certo sentido – embora principalmente nos Céus: a ausência era do Pai encarnado! Se inicialmente Maria foi um constrangimento grávido na vida de José, depois que a Igreja dos Gentios afastou-se de sua herança judaica foi o judeu José que passou a ser um constrangimento para Jesus e sua mãe imaculada. E de qualquer maneira, para fins práticos, retratar a Madonna com Bambino sempre foi uma aposta mais segura – era difícil conseguir modelos para completar o trio.

Nos últimos 30 ou 40 anos, entretanto, isso mudou. Muitas águas se passaram debaixo dessa ponte – ou berço – e continuam passando. O interesse revigorado pelo Jesus *histórico* coincidiu com o interesse pela mensagem *mística*, a *gnose* secreta de Jesus. À primeira vista pode parecer algo contraditório, já que o primeiro sinaliza uma preocupação com o realismo, fatos históricos autênticos e ciência, enquanto o segundo evoca ideias como idealismo, surrealismo e misticismo. Não é verdade que para a maior parte das pessoas a ciência é algo que confronta as suas crenças mais arraigadas? O que acontece é que muita gente hoje não tem a religião como uma crença herdada – ela pode ser algo novo a ser descoberto na escola ou na internet, na TV, num livro ou revista. O *Zeitgeist* reinante é marcado por um realismo radical e por um espiritualismo igualmente radical. A divindade foi puxada para a terra e a secularidade estende a mão para os céus.

Boa parte dessas transformações psicológicas tiveram como centro a figura onipresente de Maria Madalena, uma mulher para o nosso tempo, a santa e a prostituta. Em diversos livros, somos apresentados ao casal gnóstico e místico formado por Jesus e Maria que gera uma verdadeira dinastia gnóstica, espiritualizada e mágica. E certamente essa novidade curiosa traz mais informações subjacentes do que pode parecer à primeira vista.

O meu trabalho de uma vida inteira nos campos do gnosticismo, maçonaria, rosacrucianismo, hermetismo e da magia esotérica é bastante conhecido entre aqueles que têm interesse por tais superstições um tanto óbvias, mas são poucos os meus amigos e leitores que sabem que todo esse interesse vital é decantado internamente por mim como nada além de um comentário contínuo a respeito do velho e persistente sistema raiz que conhecemos como a Bíblia, uma coletânea de trabalhos que permanecem em grande parte não lidos e que merecem mais do que a sua antiga sina como objetos petrificados de uma idolatria histérica. Há quem possa argumentar lembrando que se vendem mais exemplares da Bíblia do que camisinhas todos os anos, mas nesse caso teríamos que discutir qual dos dois representa a alternativa mais eficaz de controle da natalidade. Como meu ancestral, o arquidiácono Ralph Churton, escreveu há dois séculos, "a única coisa pela qual vale a pena lutar é a verdade". Foram poucas palavras – embora tenham representado o esforço de uma vida! – se pensarmos que a luta é infindável; não há limites para os disparates que uma imaginação mal-intencionada, mal-informada ou desinformada pode criar. Aqueles que se mostram grandes defensores da liberdade de expressão talvez tenham pouco a expressar. A liberdade do Sr. Falante muitas vezes se faz à custa do Sr. Mais-Sábio-É-Calar.

Entretanto, paradoxalmente, e por obra de uma providência fantástica – pois tudo ruma para Deus no final – os disparates muitas vezes servem de estímulo para revelações importantes da verdade.

Ocorreu-me que há muito existe uma curiosidade em grande parte velada sobre o que teria acontecido com a família de Jesus. E foi essa questão que me levou a iniciar a jornada. Eu pensei: "Muito bem, vamos investigar cada fiapo de evidência contemporânea ligado à família de Jesus com uma mente totalmente aberta, para não dizer vazia", referindo-me com isso a uma recusa a me deixar limitar por preconceitos – ou, aliás, pós-conceitos – pessoais. O que quer que eu conseguisse apurar seria relatado ao leitor da maneira mais neutra que eu conseguisse. Trata-se afinal de um tema importante, e eu não quero deixar passar nada que seja relevante e nem ser visto como alguém que manipulou o material para criar alguma "teoria explosiva" oca ou mesmo para posar como mais um desenganador cético numa era que já esmiuçou tanto as próprias crenças ao ponto de estar ruindo rapidamente.

Bem, a jornada revelou-se uma aventura surpreendente. Quando a iniciei, eu achava que meu mergulho no passado produziria um guia bastante direto para aqueles interessados em desvendar a questão, uma análise objetiva e investigação facilmente digerível não apenas das evidências primárias, mas também das interpretações históricas dessas evidências. Eu imaginei chegar a uma conclusão bastante sóbria que pudesse esclarecer as coisas para os investigadores "lá fora", ao mesmo tempo em que me deixasse seguro no meu estado inicial de ceticismo generalizado sobre a possibilidade de aprender algo novo sobre o tema.

Talvez tenha sido pelo momento em que eu me lancei na jornada – eu não teria sido capaz de fazê-la há dez ou vinte anos – mas o fato foi que a circum-navegação me abriu os olhos de uma forma que eu jamais havia sonhado ser possível. Eu achava que havia partido em busca da família histórica de Jesus Cristo, e o que acabei encontrando também foi a própria figura esquiva do Jesus histórico.

Tobias Churton
Inglaterra

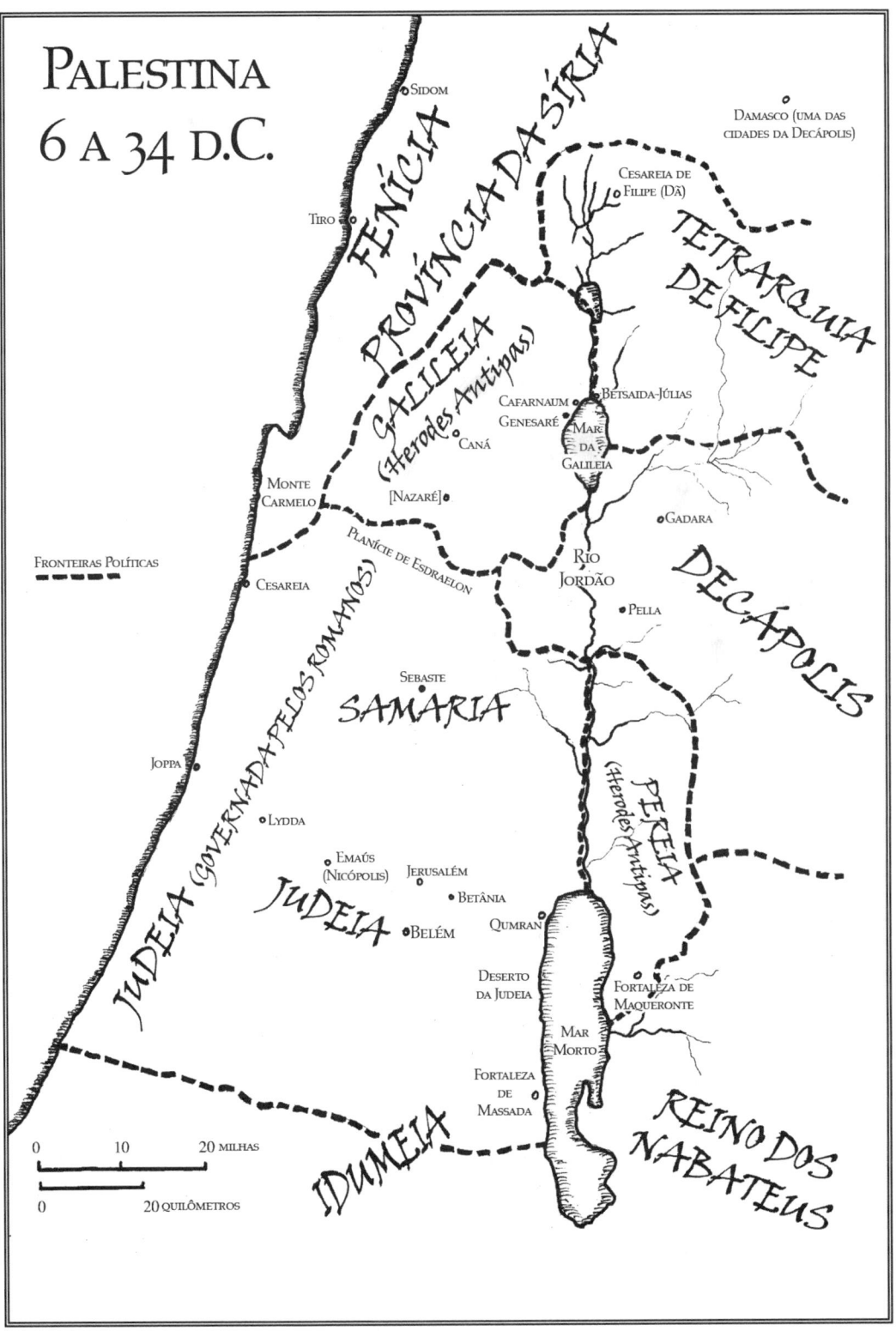

UM

A FAMÍLIA DESAPARECIDA

O Novo Testamento é um campo de batalha. Que tipo de religião é essa que apresenta a título de "livros sagrados" tamanha coletânea de conflitos, disputas, sarcasmo, ódio, contradição e confusão política? Essa percepção, é claro, raramente ocorre às pessoas que têm contato com textos escolhidos da Bíblia em grupos de estudos ou que estão habituadas às preces, epístolas e evangelhos usados nos ritos da Igreja Católica – tanto na Anglicana quanto na Romana – ou aos seus muitos derivativos e antecedentes. O que fica na nossa memória é uma série de frases lapidares, algumas parábolas, um ditado ou história pinçada aqui ou ali, ou então uma sequência de textos projetados para reforçar dogmas teológicos, tais como "Jesus é o filho de Deus", "nós somos justificados pela fé", ou "Jesus foi crucificado mas se reergueu". A cada Natal e a cada Páscoa, as congregações cristãs recebem a sua coletânea de textos devidamente peneirados para construírem uma narrativa rica em lições morais e espirituais. E a interpretação é sempre controlada.

O que espanta um observador mais objetivo é imaginar como é possível extrair tamanha coerência e aparente unidade doutrinária de um punhado de textos que, em si mesmos, são o testemunho de ódio fratricida e rancor explícito. A resposta para isso é bem simples. A unidade aparente não vem diretamente dos textos em si, mas sim dos *intérpretes* desses textos. Foi uma unidade imposta, e continua sendo assim. O cristianismo não nasceu de alguém que olhou para o Novo Testamento e decidiu montar uma religião com base nele. E tampouco o Novo Testamento constitui um sistema religioso em si. O cristianismo não é uma árvore, e sim uma floresta, e às vezes uma floresta onde é difícil ter uma ideia do panorama geral, como logo descobre qualquer pessoa que fizer a pergunta "O que é o cristianismo?" e for buscar a resposta no Novo Testamento.

"Mas que história é essa de conflito?" você se pergunta. É uma história de amor e fraternidade, não é? Olhe com mais atenção. Por toda parte, vemos Jesus detestando os sumos sacerdotes, os fariseus, os escribas, os hipócritas. Ele desdenha a lei dos hebreus numa passagem somente para afirmar mais adiante que a observância irrestrita da Lei é o único caminho para a salvação. Os discípulos brigam para ver quem deve ser o segundo no comando enquanto distorcem as palavras de seu líder em proveito próprio. O tesoureiro de Jesus discute com o "Mestre" sobre a melhor forma de empregar a riqueza. O Mestre prega a pobreza como a cura para os ricos, mas não a riqueza como cura para os pobres, derrubando expectativas de ambos os lados e irritando praticamente a todos. E as armas estão por toda parte. Os discípulos adentram o Jardim de Getsêmani empunhando espadas. Pedro decepa a orelha do servo do sumo sacerdote com uma. Os galileus não se entendem com o povo da Judeia. Todos odeiam os partidários de Herodes. Ninguém parece gostar dos samaritanos. Os gentios são vistos com desprezo. Paulo censura Pedro; Pedro censura Paulo. Paulo se acha mais versado nos ensinamentos do que os próprios familiares de Jesus. Tiago, o irmão de Jesus, escreve uma carta declarando que a salvação está nas boas ações; Paulo escreve que as boas ações não salvam, somente a fé. Alguns seguidores de Jesus querem matar Paulo. Paulo declara que qualquer pessoa que pregar de maneira diferente da dele estará "amaldiçoada". Parábolas e profecias por toda parte afirmam que a maior parte das pessoas amargará a morte eterna de qualquer maneira; que virá o apocalipse, e com ele o fim da linha para os pecadores. Quando estivermos todos no inferno será tarde demais para nos arrependermos.

É um pesadelo. E a razão para tamanho pesadelo é que – ao contrário do que muitos talvez imaginem – os textos do Novo Testamento *refletem mesmo* a situação histórica da Palestina do século I. Não em todos os aspectos, vejam bem, e nem eu quero afirmar com isso que o Novo Testamento seja estritamente um relato histórico, mas se examinados cuidadosamente os textos que o compõem certamente indicam ser mais do que "contos de fadas". Eles mostram, tanto nas palavras como nas entrelinhas, uma religião em tormenta e um povo às voltas com a crença de que o "fim dos tempos" apocalíptico está despontando. O Messias já veio, ou chegará em breve, ou retornará em breve. A profecia aponta para a guerra. Caso não tivesse havido o levante contra os romanos, a guerra civil explodiria da mesma forma. E, curiosamente, os únicos vilões que conseguem sair menos queimados do caldeirão fervente do Novo Testamento são justamente os romanos. Mas existem bons motivos para isso, é claro.

O cenário era mesmo de pesadelo, e não deve ser surpresa para nós que muitos outros fatos tenham acabado se perdendo no turbilhão. Como a família de Jesus, por exemplo. Mas acontece que eles estavam lá. Eles cumpriram o seu papel na história da Palestina do século I e, ainda assim, quando a crise que devastou a Judeia finalmente foi debelada, em meados do século II, a família parece ter simplesmente desaparecido. Teologicamente falando, já não havia lugar para eles.

Mas o que foi feito dessa gente? Quem eram eles?

Confessar-se pode fazer bem ao espírito, mas é péssimo para a reputação. Ainda assim, eu devo confessar que não cheguei a essas questões depois de nenhum estudo "objetivo" do Novo Testamento. Não foi nada tão pomposo assim! As interrogações começaram a pipocar na minha cabeça depois que eu me sentei no sofá uma noite para assistir a *O Código Da Vinci*, estrelado por Tom Hanks no papel do simbologista Robert Langdon criado por Dan Brown. Enquanto o filme passava, eu comecei a me perguntar: "Por que será que há tanta gente fascinada por essa história, por um conto de busca do Graal em roupagem moderna com um ou outro toque bem colocado de gnosticismo? E a conclusão a que eu cheguei foi que minha resposta se resumia a uma outra interrogação muito natural:

O QUE TERIA ACONTECIDO COM A FAMÍLIA DE JESUS?

Uma pergunta muito simples, você pode estar pensando, mas que traz algo que faz soar os alarmes de uma mente inquisidora.

Hoje há muita gente empenhada em investigar por trás da unidade doutrinária que foi imposta pelas autoridades religiosas por muitos séculos. Muitos suspeitam que as Igrejas devem ter obscurecido ou distorcido verdades mais profundas ou elevadas do que os mandamentos tácitos de retidão moral oferecidos, junto com ameaças, a fiéis e infiéis durante dois milênios. As mudanças sociais e psicológicas, as descobertas arqueológicas, a ciência e o livre-pensar acadêmico certamente afrouxaram as amarras do dogma e descortinaram novos horizontes. E não houve

Moisés eclesiástico a apontar o caminho no alto da montanha. As pessoas tiveram que encontrar o rumo por si mesmas. A cultura popular tornou-se uma fonte significativa de profecias e orientação; o mesmo ocorreu com a ciência. Para alguns a escolha é tácita: a fé ou o ateísmo. Para muitos outros, os novos conhecimentos despertaram um processo mais guiado pela intuição interior. Ou seja: a noção de que não temos que aceitar tudo o que as Igrejas pregam, mas que existe, ou talvez exista, *alguma coisa ali*. Será que há algum segredo, ou rede de segredos, por trás do dogma?

Esse segredo pode ser um fato assombroso que as autoridades não desejam ver revelado a nós, algo que pode ameaçar a fé ou afrouxar o controle que as instituições mantêm sobre a nossa vontade e a nossa imaginação. Mas, por outro lado, ele pode ser a chave para o entendimento, uma chave ou portal divino para o mistério da nossa existência: uma *gnose* ou conhecimento espiritual, uma razão mais elevada. Uma chave que, inversamente, seja também aquilo que as autoridades religiosas e o poder político mais temem: o instrumento para a saída da "Matrix" de um mundo de fatalidade. Na esteira dessas suspeitas e da valorização dos processos intuitivos, ocorreu também um resgate da *mágicka*.

Esse resgate da *mágicka* se reflete na cultura popular na forma de sons e imagens sugerindo que dimensões místicas e espirituais da percepção podem ser alcançadas através da adesão à mitologia e a algum tipo de autodisciplina. É pertinente argumentar que o "novaerismo" pode não equivaler à salvação espiritual completa, mas gente como Carl Jung certamente ficaria feliz por ver parte do mundo pelo menos "se salvar" da sina de virar meros números no formigueiro materialista, expostos à lavagem cerebral feita via TV e mídia pelos famintos de poder – os famintos pelo *nosso* poder, bem entendido. O mundo materialista propagandeia a si mesmo incessantemente das formas mais abundantes e sutis, e é difícil resistir aos seus frutos suculentos. Falando no assunto, aliás, é interessante notar como a visão que alguns *novaeristas* têm do nosso mundo material de hoje corresponde àquilo que os mais "radicais" da Judeia pensavam de Roma: que se tratava de uma força poluente e deformadora.

E o que os romanos fizeram para eles? Os romanos tentavam adoçar a boca de seus conquistados com mimos que os fizessem esquecer da sua identidade anterior: banhos públicos, jogos, acesso a grupos exclusivos, e assim por diante. Aceitem-nos, diziam aos conquistados, ou pereçam. E, obviamente, havia a religião. Adorem o imperador com louvor, e daí em diante acreditem no que bem entenderem. Após 300 anos de lutas internas e martírio, a Igreja Cristã *triunfou* – segundo a narrativa histórica ortodoxa – quando o imperador Constantino *ordenou* que os bispos ajustassem as suas doutrinas num concílio reunido ao seu bel-prazer. *In hoc signo vinces.* Sob o sinal da cruz, disse Constantino, ele chegaria à vitória. E foi o que aconteceu. Ele conquistou a Igreja. Mas a Igreja sabia que havia conquistado o Império.

Por um tempo.

E se trouxessem uma religião, mas ninguém aparecesse? O que seria feito de todos os padres, pastores, mulás, *swamis,* gurus e *pundits* nesse caso? Existe vida após a religião? Vida eterna?

Não é estranho que a questão do que aconteceu com a família de Jesus pareça estar tão ligada a muitas das nossas inquietações contemporâneas de maneira intrigante?

Polêmicas relacionadas à família afloram sempre que o topo se vê ameaçado.

Veja, porém, que a história de Dan Brown, ou aliás o uso que ele faz de uma narrativa bem mais antiga, não tem como foco a família histórica de Jesus. *O Código Da Vinci* apresenta uma série de lendas convergentes a respeito de um suposto "fato", um fato suprimido de uma história desconhecida, ou alternativa. E a única família de Jesus que importa na trama é a que ele criou para si, supostamente com o bom grado de uma Maria Madalena que – nas palavras de Tim Rice – "não sabia como amá-lo". Mas que de acordo com Dan Brown e também com Lincoln, Baigent e Leigh no seu *O Santo Graal e a linhagem sagrada* na verdade sabia sim – e muito bem. O curioso é ver como na narrativa de Brown o "novo" mito acaba caindo exatamente na mesma armadilha – se me permitem apontar – do que aquele que domina a visão da Igreja Católica a respeito dos comprovados parentes de Jesus.

A Igreja ocidental do século II girava em torno do "filho unigênito" de Deus Pai – a sua família, à exceção da Virgem Maria, era relegada a uma posição periférica ou inexistente. E o conto do Graal montado por Brown estrutura-se da mesma maneira em torno da descendência do próprio Jesus, de modo que ele se transforma no Pai divino da sua "dinastia unigênita", nascida para dirigir uma sociedade secreta imaginária que vem com o tempo a se transfigurar na matriz reconhecida de outras existentes no mundo real, tais como a Maçonaria, a Ordem dos Templários e a Rosa-Cruz. A premissa é eletrizante. Eu espero, inclusive, que os leitores possam considerar a perspectiva histórica dos fatos tão eletrizante quanto a ficcional.

As páginas a seguir trarão uma investigação das evidências deixadas pela verdadeira família de Jesus. Teremos mitos confirmados ou mitos derrubados? Algo ainda melhor, talvez? Ao contrário dos romancistas, eu não posso preencher as lacunas deixadas na trama – mas isso não quer dizer que a investigação não deixe espaço para voos imaginativos. Não seria legítimo, entretanto, impor uma unidade de interpretação ao material se as evidências em si não trazem uma unicidade inerente. Mesmo assim, lembremos que a ideia não é simplesmente ir à caça dos "fatos"; a *significação* é igualmente crucial, e devem ser levadas em conta tantas interpretações quanto pareçam significativas.

Eu já mencionei ligeiramente os conflitos violentos que caracterizaram as regiões da Judeia e da Galileia no século I da Era Cristã. Em algum ponto daquele caldeirão de esperanças e sonhos, daquele longo holocausto de visões proféticas, de autojustificação e autodepreciação da antiga Israel, estavam os familiares de Jesus: mãe, pai, irmãos e irmãs, primos, avós, tias e tios. Eles estavam lá.

Entretanto, coisas engraçadas acontecem no caminho para o metaestrelato. Quando é feito um esforço concentrado para reintroduzir a imagem de um indivíduo na consciência pública, é comum que laços familiares constrangedores precisem ser sacrificados. Nesse processo, vemos um declínio correspondente do fator *realidade* à medida que o glamour em torno do escolhido só faz aumentar. Basta ver o exemplo de dois casos razoavelmente recentes. Quando os Beatles irromperam no imaginário popular em 1963, havia uma preocupação dos rapazes que agenciavam e cuidavam do marketing do grupo com o fato de John Lennon ser casado. O casamento entrava na coluna dos passivos na hora de medir a atratividade e o valor de mercado de Lennon. O artista já havia sido "fisgado". E a existência do casamento foi, no início, deliberadamente omitida. John precisava parecer disponível; era uma exigência da imagem, não importando qual fosse a realidade. Mas para a sorte dos Fab Four a música do grupo mostrou-se poderosa o bastante para resistir ao choque inevitável dos fatos com os sonhos das garotas apaixonadas pelo seu ídolo.

O segundo exemplo é o de Adolf Hitler. Até mesmo hoje em dia parece estranho que o orador aparentemente histérico empenhado em sua *Kampf* de ditadura messiânica possa um dia ter sido uma criança comum, criada numa família comum. Enquanto via a sua estrela política subir à custa de manipulações tão engenhosas quanto óbvias, Hitler empenhou-se com seus asseclas em suprimir a existência de parentes vivos e relacionamentos passados. A realidade ameaçaria derrubar ou diluir o mito. E o mito de Hitler como o Salvador Solitário era um instrumento político. Todas as informações sobre a família foram eliminadas; o *Führer* não poderia se parecer com os outros homens. Muitos chegaram a acreditar que ele tivesse sido enviado por Deus, que era uma encarnação do *Geist* germânico para ser objeto de veneração das massas, de adoração: o filho unigênito da Alemanha (muito embora na verdade ele fosse austríaco de nascimento). Uma imagem falsa, mas poderosa. Podem dizer que ele era um sonhador, mas não foi o único a sonhar.

Existem, é claro, outras maneiras de lidar com o "problema" da família. Para quem não quer chegar às vias de fato assassinando parentes inconvenientes, uma alternativa é transformar a própria família em mito. Os britânicos certamente devem se lembrar de exemplos bem próximos, talvez envolvendo sangue azul. No caso da família de Jesus, tanto a ocultação quanto a inclusão na aura mítica foram táticas usadas pelos defensores da sua imagem mítica. Primeiro, fica clara a negação da existência ou da relevância dos irmãos de Jesus à medida que a Igreja dos Gentios afasta-se das suas raízes políticas fincadas na Galileia e na Judeia. E em seguida a família é totalmente redesenhada e envolta numa aura mítica.

Entra: "A Sagrada Família".

Sai: a de verdade.

Todos nós já vimos algum retrato da Sagrada Família. A ideia da coisa é bem nuclear: a imagem pode trazer José puxando um jumento no lombo do qual está Maria com o menino Jesus no colo. Ou então a Virgem Maria com Jesus bebê, sem sinal do pai em parte alguma. Ao longo do século XIII e nos anos que se seguiram houve uma boa dose de interesse decoroso em alguns dos parentes mais próximos de Jesus. Um livro conhecido como *Protoevangelho de Tiago* falava da mãe da Virgem Maria, Hannah ou Ana:

a Santa Ana dos católicos e dos ortodoxos. Os leitores eram informados de que Santa Ana havia sido casada com um certo Joaquim, canonizado retroativamente como São Joaquim. O nome tornou-se popular na Europa, e continua assim até hoje. Giotto pintou uma cena famosa de encontro entre Santa Ana e São Joaquim. Se Maria foi abençoada pelo Senhor com Jesus, Ana antes dela foi abençoada com a menininha consagrada a Deus que foi Maria. Segundo os relatos apócrifos, Maria servia os sacerdotes no Templo de Jerusalém; ela era como uma espécie de freira, embora estivesse claro para todos que iria se casar quando chegasse o momento.

Santa Ana, a mãe da Virgem, aparece em diversas obras de artistas da Renascença, sendo a mais famosa o quadro de Da Vinci intitulado *Santa Ana, a Virgem e o Menino.* Mas seria preciso a genialidade de Nicolas Poussin para acrescentar um tempero extra e uma nova dimensão aos cenários já conhecidos para o tema com o seu *A Sagrada Família,* de 1649, que inclui nada menos que dez membros em cena. O retrato parece tirado de um álbum de família comum – embora certamente fosse ser o mais caro do mundo. Ele mostra Maria com Jesus menino e Santa Isabel (prima de Maria) com seu filho São João Batista, com dois "convidados" mais velhos de pé observando o grupo com orgulho: o marido de Maria, São José, e a sogra de José, Santa Ana.

O genial *A Sagrada Família na Escada,* pintado um ano antes também por Poussin, é uma obra inovadora. Dessa vez Santa Ana não está presente, mas vemos Isabel e o filho João sentados num degrau abaixo do que ocupa a Santa Mãe. E do outro lado, de maneira bastante curiosa, aparece José: de costas para o grupo bem iluminado, ele está envolto em sombra. Seria um "Irmão Rosa-Cruz" imaginário sob as asas salvadoras de Jeová? Poussin devia saber que o termo grego *tektôn,* geralmente traduzido como "carpinteiro", também designa um arquiteto ou um técnico ou artesão que lida com pedras. José aparece concentrado no desenho que tem nas mãos. Está segurando um compasso. Apoiado no degrau do Templo à sua frente, vemos um grande esquadro – ele é um pedreiro-livre*, um construtor.

---

*N. da T.: As palavras "maçom" e "maçonaria" vêm dos termos franceses *maçon* e *maçonnerie,* que originalmente designavam o pedreiro e o seu ofício. Na passagem para o léxico português os vocábulos foram usados para designar apenas a ordem iniciática e os seus membros, perdendo o sentido original. Mas em face da expressão original *franc-maçon* usa-se também em português "pedreiro-livre" ou "franco-maçom".

Talvez esteja até trabalhando na construção do próprio templo. As colunas duplas logo atrás da Mãe e do Menino podem ter sua simbologia esclarecida com uma consulta rápida ao Livro dos Reis para quem não for familiarizado com a Maçonaria e captar o seu sentido imediatamente.

No entanto, não nos deixemos levar pela empolgação! Com toda a genialidade artística e os jogos simbólicos usados por pintores criativos usando temas convencionais, as famílias *de verdade* simplesmente não eram assim na época! Uma família se parecia mais com um clã, com a estrutura muito mais extensa; família era seguridade social. E a forma como ela aparece retratada na arte religiosa, em obras geralmente encomendadas por clientes fortemente ligados à Igreja, reflete uma série de ideais, quase abstrações. As sagradas famílias dos quadros não servem ao conceito de família em si, como as de verdade faziam, mas a Deus; elas servem à Igreja. Embora os artistas em questão tentassem trabalhar com o máximo de inovações que fosse admissível, a Sagrada Família era um pacote fechado. Não era qualquer pessoa que podia ser incluída nos retratos. E isso nos leva a um ponto muito importante.

Após o século V d.C., a doutrina católica esteve consolidada em praticamente todos os âmbitos espirituais e governamentais. E não haveria como ser diferente: ela era a base de sustentação para uma edificação ao mesmo tempo visível e invisível, o "Corpo de Cristo": o novo Templo. O que era atestado como verdade em Roma deveria ser atestado como verdade em toda parte. Esse é o significado da palavra "católico": uma crença sustentada universalmente. E pensar no significado de "católico" me faz lembrar imediatamente da famosa viagem inicial do cardeal Newman até Roma, feita muito antes de ele se converter ao catolicismo romano em 1845. Roma despertou um estado de arrebatamento romântico no jovem John Henry Newman. Ele foi seduzido inconscientemente por aquilo que identificou como a consistência máxima da fé, da arquitetura e da prática religiosa celebradas na "Cidade Eterna". *Isto é*, ele afirmou em sua declaração famosa, *é que é religião*.

De todas as origens díspares, doutrinas conflitantes e antigas batalhas havia emergido uma religião, um sistema completo, uma sinergia entre doutrina e prática: um estilo de vida. Alguém pode argumentar que o preço pago pela religião unificada foi a veracidade histórica, para não falar na petrificação doutrinária, esterilidade ideológica e paralisia científica. Mas ainda assim ela serviu de inspiração para artistas e armadas, místicos e mercadores, plebeus e papas. A história por si só não consegue fazer isso, e Henry Ford não estava certo quando afirmou que "História é, em maior ou menor grau, uma série de imposturas"? Em quem podemos confiar? Registros brutos podem ser adulterados. Livros desaparecem. Testemunhos são retirados, modificados, esquecidos. Não, qualquer pessoa que pense que confrontar de maneira engenhosa balizas históricas consagradas pelo tempo é suficiente para abalar uma religião estará sendo muito otimista. As pessoas precisam da religião mais do que da história, e talvez mais até do que aquilo que convencionamos chamar de *verdade*. A religião chegou aqui antes de os instrumentos de análise aparecerem. A religião já estava aqui antes de os arqueólogos encontrarem o sítio. Ainda assim, não são todos que desejam a religião, nem todo mundo tem uma opinião formada a respeito dela, e mesmo aqueles que passaram por experiências religiosas convincentes ao ponto de se sentirem compelidos a abraçarem a doutrina gostam de poder repensar a decisão de tempos em tempos. E, além do mais, pode ser que algo vindo da história possa consolidar a significância religiosa, aprofundá-la ou resgatá-la, ou até mesmo ajudar a criar a fé. O conhecimento pode ser muito persuasivo, e uma fé individual que resista a ele em princípio pode acabar ficando quebradiça e, algum dia, ruindo.

A questão é que a religião necessita de certas imagens para ser respeitada; o mesmo não ocorre com a história. A história pode especular, por exemplo, por que nem Poussin, nem Leonardo, nem Rafael, nem Giotto decidiram incluir qualquer um dos irmãos ou irmãs de Jesus nas suas representações da Sagrada Família? Será que eles não eram *suficientemente* sagrados?

No governo de Joseph Stálin, políticos veteranos que não estivessem mais nas boas graças da liderança eram apagados fotolitograficamente dos instrumentos de propaganda oficial. Varridos do cenário político, eles tinham suas imagens destruídas e era como se jamais tivessem existido. No caso da família de Jesus, figuras afrontosas, ambíguas ou inconvenientes não precisaram ser removidas de uma iconografia oficial. A Família Desaparecida já estava desaparecida muito antes de a produção das imagens se popularizar.

É bem verdade que podemos nos perguntar por que então as referências aos parentes inconvenientes não foram eliminadas dos textos canônicos que precederam a produção iconográfica. Bem, ninguém pode afirmar com certeza que isso não aconteceu, mas as versões sobreviventes dos evangelhos de Marcos e Mateus nos dão algum material para iniciar uma investigação. Talvez as passagens em questão fossem conhecidas demais nos tempos do Império para serem suprimidas sem alarde; ou talvez houvesse algum bispo de prontidão para explicar as referências de um modo que anulasse o seu valor para possíveis críticos. Na Epístola aos Gálatas 2:9, por exemplo, Paulo menciona muito claramente seu encontro com Tiago, irmão do Senhor, de modo que talvez fosse imprudente imaginar que uma das "colunas" da Igreja, na descrição do autor, jamais tenha existido. Mas a questão é que Paulo achava Tiago um chato, e a Igreja concordava com ele. Se não fosse por Paulo, os gentios jamais teriam aderido ao grande exército de Deus que avançou *en masse*.

Em Marcos 6:3, lemos que Jesus (Yeshua ou "Joshua") tinha irmãos: Tiago (originalmente "Jacob"), José ("Yusef"), Simão ("Shimon") e Judas. E há também a menção a irmãs, sem que ele cite nomes. Depois do estabelecimento do cristianismo como religião do Império Romano, 300 anos mais tarde, os fiéis eram desencorajados a questionarem coisas como "Mas o que aconteceu com a família de Jesus?". E mesmo hoje, nas enciclopédias católicas dos santos, São Tiago, o Justo (o "Zadoquita"), o mesmo que era considerado irmão de Jesus pela maioria dos Pais da Igreja, em vez disso é chamado de "o filho de Alfeu", o que oculta deliberadamente qualquer ligação familiar teologicamente comprometedora.

O Jesus da Igreja salta das páginas do dogma como uma simples criança. Ele é o "filho unigênito" de Deus. Esse é o viés teológico, mas hoje nós sabemos que Jesus fez parte da história e, como todas as outras pessoas, veio de uma família. E que essa família, inclusive, foi importante para o seu trabalho.

O primeiro "bispo" da "Igreja" em Jerusalém após a Crucificação foi Tiago (chamado *"Tzaddik",* justo), irmão de Jesus, numa tradição fortemente obscurecida – se não deturpada – nos Atos dos Apóstolos de Paulo, como veremos mais adiante. Tiago aparentemente deu prosseguimento à hostilidade do irmão mais famoso contra os sacerdotes mais proeminentes, os escribas e os fariseus. Segundo o historiador da trajetória da Igreja Eusébio, o sumo sacerdote Ananias mandou apedrejar

Tiago até deixá-lo moribundo para em seguida ser morto a porretadas no ano de 62 d.C. O irmão Tiago foi sucedido como segundo "bispo" de Jerusalém por outro parente de Jesus, "Simeão, filho de Clopas". Segundo o historiador do século II d.C. Hegesipo, Simeão também acabou martirizado como o parente Tiago por volta do ano 106 ou 107. Baseado fortemente nos escritos de Hegesipo, Eusébio afirmou que os netos do outro irmão de Jesus, Judas, sobreviveram até o reinado do imperador Trajano (entre 98 e 117 d.C.). Pode-se presumir que a Família Desaparecida sabia muito bem quem eles eram, e que não estava desaparecida para si mesma.

Assim, vemos que a "Igreja" primitiva em Jerusalém constituiu-se basicamente como uma empreitada familiar, talvez mesmo uma "dinastia". E, como acontece em todas as famílias, havia rusgas e ciúmes entre seus membros.

Jesus não precisava ter filhos próprios; a família já contava com homens – e mulheres – o bastante para ajudá-lo em seu intento. E, contrariando aqueles que afirmam que Jesus *tinha* de ser casado porque isso era visto tanto como um dever social como religioso, devemos considerar que a abstinência sexual era vista na época como um caminho extraordinário para a santidade para aqueles excepcionalmente virtuosos. Boa parte dos mergulhos na água fria que eram promovidos nas comunidades de fiéis – no rito que ficamos conhecendo como "batismo" – tinha um propósito bem definido. Basta perguntar a qualquer homem sobre os efeitos supressores do chuveiro gelado.

Por que esses fatos sobre a família de Jesus são tão pouco conhecidos? Por que, para tanta gente, Jesus parece um personagem tão irreal? A resposta é simples. A Igreja Romana não estava especialmente preocupada com um personagem "realista" – para fins de catequese, podia ser bom contar às crianças e adultos convertidos que Jesus vivia no campo entre flores e ovelhas, praticava a carpintaria, cuidava dos pobres e das criancinhas e era amigo dos pastores, mas quando o assunto era a doutrina, Jesus dificilmente se pareceria com um mochileiro desses que fazem *trekking* nos parques nacionais. Ele era o que se sentava à direita de Deus e comandava os anjos. Ele era a Lei. Ele era o princípio cuja Palavra ou Sabedoria era lei em todos os recantos do cosmos.

A Igreja Romana queria um personagem ultrarrealista, de preferência sem qualquer traço de personalidade própria: um *objeto de adoração*. O mundo antigo estava habituado aos objetos de adoração, e quanto mais fantasiosos eles fossem, melhor. Se Cristo havia nascido humano, a sua humanidade (ou a parte Jesus) seria sempre cerceada e iluminada pela (even)teologia cristológica – sendo o "evento" em questão a salvação através da encarnação. Nele, como escreveu São Paulo, habitava "corporalmente toda a plenitude da divindade" (Colossenses, 2:9). O que quer que isso queira indicar, o fato é que ele foi único, um "segundo Adão" – depois de o primeiro ter metido a todos nós nesta encrenca –, aquele que veio equipado pelo Comando Geral para nos tirar dela. "Cristo Jesus" também fora o Deus Filho nascido com um destino estritamente teológico; ele veio para redimir a humanidade, como São Paulo nos ensinou. E para esse propósito, explicava a teoria, Deus Filho não poderia simplesmente se materializar totalmente pronto como um *Exterminador do Futuro* da ficção científica. Ele precisava vir ao mundo pelo útero humanizante da Virgem, e o útero teria que ser "perfeito" a fim de não contaminar o Deus Filho com o pecado de Adão, infâmia congênita que atingia a todos os seres humanos segundo as palavras de Paulo. Mas, é claro, esse detalhe a respeito do útero puro ainda precisava de algo que ele não teria como providenciar. Afinal, o próprio Paulo havia ensinado que *todo mundo* – exceto Cristo – trazia a marca do pecado de Adão – Eva em especial. E não fizera qualquer exceção para a mãe de Jesus; as virgens não estavam isentas.

Essa questão foi longamente debatida. Somente em 1854, com sua bula *Ineffabilis Deus,* o papa Pio IX veio exortar todos os católicos a acreditarem "firme e imperturbavelmente" no dogma da Imaculada Conceição. Esse dogma supostamente *revelado* na bula sanava a anomalia criada pela exigência de que o Deus Filho só poderia vir ao mundo através de um receptáculo perfeito: com um milagre, por certo, que deveria ser aceito na fé. O dogma da Imaculada Conceição não equivale, como muitos pensam, ao dogma da perpétua virgindade de Maria, que estabelecia que Jesus havia sido concebido sem mácula. Isso já estava compreendido e aceito. Não, o problema em questão era quanto à concepção da própria Maria. A Imaculada Conceição significava que a concepção de Maria no útero de Santa Ana teria que ter sido imaculada para que o pecado de Adão, ou Pecado Original, não chegasse até ela pela via congênita habitual. Tanto que o *Protoevangelho de Tiago,* por exemplo, leva a crer que a mãe de Maria engravidou quando seu marido Joaquim não estava em casa. Exatamente como a gravidez aconteceu não é contado em detalhes, embora a versão amplamente aceita fosse que havia sido um milagre concedido em resposta às preces de Santa Ana. Embora o dogma só tenha se tornado um preceito oficial e infalível do catolicismo depois de 1.800 anos, nos círculos ortodoxos há muito já se aceitava a versão de que algo dessa natureza havia preservado Jesus dos pecados terrenos. Depois que ficou estabelecido que Maria (ou mais exatamente Miriam) estivera envolvida em tamanho milagre e que a sua entrega ao Espírito Santo havia sido absoluta, ela se transformou numa mulher realmente muito especial, quase uma deusa. Quase. O cristianismo não admite a existência de deusas, mas não há problema em se ter uma "Mãe de Deus".

Para os lados do Oriente Médio, essas ideias romanas e asiáticas não foram exatamente bem-aceitas por todos aqueles que haviam acompanhado de perto a passagem do Messias pela Terra. E o que aconteceu foi que ao final do século IV os judeus cristãos e outros grupos que seguiam tradições vindas de Jerusalém – onde eram chamados de "os Pobres" – foram tachados pelos católicos de *hereges*, ou aqueles que estavam fora da guarda d'a Igreja. Os "Pobres" não alimentavam as ideias certas a respeito de Jesus; eles se recusavam a enxergar que ele era Deus.

Será que então a Igreja Romana pode ter efetivamente usurpado completamente a família, nomeando a si própria como a executora do testamento e da vontade de Jesus e levando a reboque a Sagrada Família?

Como eles podem ter feito isso?

Não foi difícil. Depois que o imperador Constantino concedeu a sanção imperial ao cristianismo (de certa forma), a Igreja Romana agregou o poder e a potência do Estado de Roma. E, assim, no ano de 380 d.C. o imperador Teodósio I selou a lei *Cunctos populos:*

> *É nosso desejo que todas as nações submetidas à nossa Clemência e Moderação sigam professando a religião dada aos romanos pelo divino apóstolo Pedro, que se manteve da mesma forma como havia sido preservada na tradição da fé e hoje é professada pelo pontífice Dâmaso e pelo bispo de Alexandria, Pedro, homem de santidade apostólica. De acordo com os ensinamentos apostólicos e a doutrina do Evangelho, acreditemos na divindade única do Pai, Filho e Espírito Santo, em igual majestade na Santíssima Trindade.*

> *Os seguidores desta lei estão autorizados a partir de agora a assumirem o título de cristãos católicos; enquanto os outros – que consideramos tolos e loucos – ficam condenados à ignominiosa designação de hereges e proibidos de denominar seus conventículos de igrejas. Eles serão objeto, primeiramente, da condenação divina, e em segundo lugar das punições que nossa autoridade achar por bem infligir, segundo a vontade do Céu.*

As punições foram especificadas na lei seguinte, *Nullus haereticus*, do ano 381:

> *Que eles [os hereges] sejam sumariamente excluídos até mesmo das soleiras das igrejas, uma vez que não permitimos suas reuniões clandestinas em nossas cidades. Caso tentem perturbar a ordem de qualquer maneira, fica determinado que sua fúria seja sumariamente contida e que sejam lançados para fora dos portões das cidades, de forma que as igrejas católicas do mundo todo sejam devolvidas às mãos dos bispos ortodoxos que professam a fé de Niceia.*

A "fé de Niceia", discutida por ordem de Constantino em Niceia no ano 325, foi coroada no ano 452 pela *Definição* acordada pelo histórico Concílio de Calcedônia. E se algum dos descendentes da família de Jesus estivesse atento ao assunto na época, provavelmente teria ficado muito surpreso ao ver o seu ancestral descrito nos seguintes termos por pessoas que jamais o haviam conhecido pessoalmente:

> *Assim, seguindo nossos Santos Padres, unanimemente ensinamos a reconhecer um uno e mesmo Filho, nosso Senhor Jesus Cristo, completo em sua divindade e completo em sua humanidade, Deus verdadeiro e homem verdadeiro, composto de alma racional e de corpo; consubstancial ao Pai no que concerne à sua divindade, e ao mesmo tempo consubstancial a nós em sua humanidade; em tudo semelhante a nós, exceto no pecado; por sua divindade, gerado pelo Pai antes do início das eras, mas ao mesmo tempo gerado em sua humanidade e para nossa salvação no ventre de Maria Virgem, a mãe de Deus; o uno e mesmo Cristo Senhor, Filho unigênito,*

no qual se reconhecem DUAS NATUREZAS, SEM CONFUSÃO, SEM MUDANÇA, SEM DIVISÃO OU SEPARAÇÃO; não tendo de forma alguma se anulado a distinção das naturezas por sua união, que preservou e uniu as características de ambas para formar uma só pessoa e existência. Não separado em dois, mas uno: o mesmo Filho Unigênito, Deus, Verbo, Senhor Jesus Cristo; da forma como os profetas anunciaram e o próprio Senhor Jesus nos ensinou, no credo que nos foi passado pelos Santos Pais.

Não se trata, como se pode ver, de uma abordagem biográfica. É uma definição com força de lei – quem se posicionasse contra qualquer parte dela seria tachado de herege. A Família estava desaparecida.

E será que nós temos como encontrá-los?

Do que dispomos para iniciar a busca? Existem alguns vestígios históricos, discrepantes, por vezes obscuros – nada que poderia ser considerado numa perícia forense. As evidências que chegaram até nós podem ser suficientes para montarmos um quadro de razoável probabilidade sem recorrer a especulações excessivas, mas qualquer cenário sensato originado desse material necessariamente precisará envolver um certo grau de interpretação.

Há também o material lendário, a partir do qual foram construídas as narrativas em tom de conspiração. Esse será examinado racionalmente mais adiante. E existe ainda uma boa parte daquilo que as autoridades ortodoxas chamam de "material apócrifo", relatos deixados de fora dos cânones oficiais das Igrejas, mas que ainda assim oferecem evidências válidas para a perspectiva histórica. Em diversos dos evangelhos apócrifos, por exemplo, as figuras de Tiago, o Justo e um possível irmão gêmeo (Dídimo, ou Tomé), chamado de Judas, recebem – de maneira um tanto fascinante – destaque especial. Tiago e Judas Tomé foram importantes para alguns judeus cristãos e outros grupos que viviam na Síria dos séculos II e III. Nós não podemos desconsiderar evidências somente porque elas não são aprovadas pelas Igrejas. As lacunas nessas evidências serão destacadas.

Nós também dispomos de farto material histórico e arqueológico que nos ajuda a determinar possibilidades realistas quanto às circunstâncias sociais e políticas que sejam relevantes para o tópico em questão.

Pode ser também que por trás tanto das evidências históricas quanto das lendárias exista uma representação verdadeira da família de Jesus que tenha se perdido. A missão deste livro é atestar o máximo dessa verdade que seja historicamente possível dentro das fronteiras razoáveis da probabilidade. Será preciso para isso fazer um retorno às origens, abrindo caminho pelo telefone sem fio que chegou a nós através dos séculos. Certamente há mais a descobrir, coisas importantes que passaram despercebidas. Nós voltaremos até as raízes da cristandade autêntica, até o lar da Família Desaparecida de Jesus Cristo.

DOIS

PERDIDOS NO NOVO TESTAMENTO

T*odo esse debate religioso pode ser resumido como "as ideias de A divergem das ideias de B". O Apocalipse não pode nos ajudar porque, materialmente falando, ele consiste numa correção das ideias de A e de B usando as de C. Portanto, na prática, se você deseja aprimorar sua ideia de Deus, [...] se quer enobrecer a ideia que faz de Deus, o caminho para isso é enobrecer a mente como um todo, cultivando especialmente a parte mais nobre dela que justamente você deve a Deus. [...] Para qualquer ser humano dotado de capacidade de raciocínio, é simplesmente repulsivo ver as pessoas discutindo sobre a autenticidade dos manuscritos. Para mim pouco importa saber se a história contada nos evangelhos é verdadeira no sentido forense da verdade. Se a história não condiz com as minhas ideias mais elevadas, tanto pior para ela. Atribuir toda a verdade a Deus e tachar os homens de mentirosos é uma postura fortemente imoral. Até porque por verdade de Deus entendemos a verdade de relatos de origem desconhecida, que certamente foram adulterados tanto pela ignorância quanto por más intenções – relatos que em si mesmos são revoltantes, tanto para o bom senso quanto para as boas maneiras.*
(Carta de Aleister Crowley para Aelfrida Tillyard em 1913, *Yorke Collection*, Instituto Warburg)

O Novo Testamento é um território já palmilhado à exaustão. Para dizer o mínimo. Por toda parte há tantas bandeiras de "eu já estive aqui antes" que o explorador corre o risco de se sentir desconcertado ou até mesmo deprimido diante da falta de esperanças de encontrar qualquer coisa em "estado original de preservação". Tudo já foi manipulado, revirado, comparado, costurado, recosturado, interpretado, reinterpretado, superinterpretado, atacado, defendido, negado, ocultado, traduzido, transliterado, metamorfoseado ou aplacado. A impressão é que não se pode fazer qualquer declaração sobre qualquer trecho do Novo Testamento sem que hordas de opiniões prévias vigilantes tomem a cena, armadas de baionetas, para afastar o "intruso" do já infinitamente explanado e teologicamente violado "texto sagrado". O terreno já foi há muito pisoteado num lamaçal; a topografia original, totalmente desfeita. Há alguns mapas à disposição, mas a maioria diverge quanto aos detalhes. São tantos os comentários, anuências, conferências, concílios, constipações canônicas, notas de rodapé, referências, referências cruzadas, indexações, indexações cruzadas e avaliações críticas feitas por liberais, conservadores, católicos, protestantes, judeus, muçulmanos, hindus, ateus, comunistas, fascistas, filólogos, evangélicos, pré-evangélicos, papas, bispos, padres, *pundits,* personalidades conhecidas, desconhecidos, radicais, revisionistas, roqueiros, jornalistas, freiras, zés-ninguém e bocós em geral que se tornou impossível fazer qualquer tipo de "avaliação isenta". Em vez disso, o que resta é simplesmente se unir a alguma das "escolas de pensamento" e seguir com seu trabalho, ou não. O Novo Testamento é motivo de contenda há tanto tempo que já deixou de ter qualquer coerência como um todo para as partes envolvidas. Como já entrou para o senso comum, qualquer pessoa pode achar uma citação que se encaixe no seu argumento. E foi nisso que o Novo Testamento acabou se transformando, basicamente: um saco de citações livres de *copyright.* Eu certamente não tenho a pretensão de usá-lo para provar qualquer coisa que vá ser aceita consensualmente por todos. Ainda assim, o Novo Testamento está conosco. Ele não vai desaparecer da história, e se o nosso propósito é encontrar a família de Jesus, o bom senso manda que suas páginas sejam a fonte de consulta inicial.

Por que a prioridade? A autoridade dos documentos reunidos no Novo Testamento está no seu status canônico. Isso quer dizer que as autoridades eclesiásticas autorizam seu uso nas igrejas porque se aceita que eles vêm sendo usados dessa forma desde os tempos apostólicos, ou seja, entre meados do século I e meados do século II. Os trabalhos incluídos definitivamente na categoria "palavra do Senhor" formam o que é chamado de "cânone". De fora dele ficaram os livros que podem ser muito inspirados, inspiradores ou interessantes, mas que não têm utilidade na produção da doutrina – ou pelo menos não oficialmente. Irineu, bispo de Lyon (na Gália) por volta do ano 180 d.C., declarou que os evangelhos eram quatro porque Deus assim ordenou a harmonia no mundo: quatro pontos cardeais, quatro ventos e quatro evangelhos. E que o resto eram ou "palavra do homem" ou textos heréticos, inexatos, fantasiosos ou enganosos. O cânone católico foi mais ou menos acordado e imposto entre meados e o final do século IV, quando foi promovida uma limpeza final dos trabalhos apócrifos e o banimento dos "textos hereges" por bispos que recorreram ao suporte do sistema legal do império para extirpar do rebanho os cristãos que não atendessem prontamente aos seus comandos. No ano 400 d.C., a "doutrina correta" ou ortodoxia já contava com o total apoio do Estado.

E o que os bispos disseram foi: aquilo que estiver no cânone conta; todo o resto não tem autoridade. É um argumento bastante circular, mas ainda assim eficaz. As autoridades decidem o que tem autoridade. Os trabalhos cuja autoridade tenha sido atestada condicionam a doutrina das autoridades. Ainda assim, um dado que pesa em favor de o cânone ser visto como a fonte primária de consultas é o fato de que a maioria dos documentos que o compõe parece ser de textos que são os registros mais antigos disponíveis até hoje do primeiro século da experiência cristã. Os ensinamentos católicos ou ortodoxos estão fortemente alinhados com os mais antigos princípios escritos do cristianismo. Não existem, entretanto, documentos originais com os quais o cânone atual possa ser cotejado. Não há versões completas datando de antes do século IV. O que podemos supor é que tenha havido um período mais dinâmico e criativo que gradualmente se encaminhou – como ocorre com todos os movimentos religiosos – para uma forma mais sólida e presa a convenções.

O fato de a Igreja ter atribuído aos documentos canônicos o selo de "palavra do Senhor" não significa que o seu conteúdo histórico seja da primeira ordem. Eles simplesmente são um reflexo do seu tempo; seriam uma fonte deficiente de dados históricos sobre o século I caso não houvesse outras onde pesquisar. Mas, é preciso que se diga, a maior parte daquilo que registram aparece citada apenas neles próprios. E, nesse sentido, os textos são, sim, fontes históricas. Fontes que convergem a respeito de muitos pontos cruciais, embora não em todos os detalhes, escolhas de palavras, ênfases ou interpretações. Existem sinais de fontes anteriores – ainda que desconhecidas – em comum, ao passo que a lista das conhecidas inclui também o Antigo Testamento e textos apócrifos e registros históricos judaicos. Embora não seja possível cruzar dados para checar os detalhes na maior parte dos casos, devemos reconhecer que não seria possível saber nada a respeito das narrativas em questão sem os textos que herdamos. Muitos dos eventos descritos contam com pouca documentação de apoio da época. O Sermão da Montanha, por exemplo, ou o "milagre dos peixes", não são mencionados em nenhum outro texto que não os evangelhos. E isso em si basta para criar interesse em torno dos documentos do Novo Testamento, por mais que eles não sejam infalíveis.

Os escritores e usuários dos evangelhos canônicos se davam por satisfeitos com o fato de eles registrarem os mais antigos testemunhos cristãos. E nós não estamos em posição de investigar essa certeza de nenhuma maneira significativa. Cada trabalho que compõe o Novo Testamento é o resultado de escolhas editoriais feitas pelos seus autores, editores e compiladores valendo-se das lembranças ou das conjecturas e preconceitos alheios. Pode ser que tenham existido testemunhos oculares aqui e ali, pode ser que tenha havido o que cortesmente chamamos de "tradição oral", alguns relatos podem ter sido realmente verificados. Mas só podemos compreender o valor desse material para atestar fatos históricos – e não doutrinação religiosa – se entendermos que não existiu uma "Época de Ouro" dos primórdios da Igreja como o cinema hollywoodiano tantas vezes leva a crer. Nunca houve o tempo em que todo cristão amoroso e paciente era tão manso, atraente e sereno como Deborah Kerr em *Quo Vadis* e ícones da masculinidade tipicamente americana como Victor Mature e John Wayne encarnavam os corajosos fiéis liderados por um Finlay Currie bom velhinho de sotaque deliciosamente escocês através de visões místicas enevoadas entre *Quo Vadis* e *Ben Hur*, como um Moisés em versão afável e sem palavras duras para ninguém. Ora, isso é que é religião!

O Novo Testamento não saiu da Fábrica de Sonhos. As escolhas feitas por autores e editores a respeito de Jesus, seus seguidores e seus inimigos refletem a sua posição política e doutrinária. E às vezes isso não é algo fácil de determinar. De qualquer maneira, todos os autores têm uma coisa em comum: a crença de que Jesus era o Filho de Deus, o Salvador, e que voltaria outra vez no dia do juízo final para o júbilo dos piedosos e a agonia dos malvados.

O Novo Testamento é *cristocêntrico* – todos os outros personagens são elenco de apoio. Nesse contexto, os familiares de Jesus não passam de figurantes, e podem facilmente se perder no meio da multidão.

No entanto, talvez isso não pareça tão óbvio para alguém que se depare com os evangelhos de Lucas e Mateus pela primeira vez. Em Mateus, 1:1-17 e Lucas, 3:23-28, nós vemos genealogias de Jesus. Não são propriamente árvores genealógicas como nós as conhecemos, mas uma "colagem" de narrativas familiares para leitores das escrituras hebraicas das Crônicas e do Gênesis. As genealogias apresentadas nos evangelhos são claramente moldadas em textos tradicionais mais antigos, e as origens familiares de Jesus foram inseridas no texto por uma razão específica. As genealogias não estão lá para ajudar os biógrafos. Se ouvimos falar do interesse despertado pelas genealogias apresentadas por Lucas e Mateus, isso se deve mais ao fato de elas serem bastante díspares entre si e nenhuma trazer qualquer informação sobre a longa lista de nomes – muitos dos quais infelizmente não passam de apenas nomes, e no caso dos listados após a época do rei Davi, em grande parte desconhecidos no restante das escrituras.

Em Lucas, a linhagem de Jesus é desenrolada através do rei Davi e do patriarca Jacó até Sete e seu pai, Adão, ou "Adão de Deus". Já Mateus parte de Abraão para seus descendentes. Abraão foi o pai de Ismael, progenitor dos povos árabes, e avô de Jacó ou "Israel", cujos doze filhos foram os herdeiros da promessa feita por Deus a Abraão. Mateus é conhecido por sua preocupação com os temas de interesse dos circuncidados, enquanto Lucas reflete a facção paulina, pró-gentios. Isso provavelmente explica em traços gerais por que a lista de Lucas remonta ao progenitor da raça humana. E as divergências não param por aí. Embora ambas as genealogias estabeleçam de forma clara que Jesus descende do rei Davi (em geral situado por volta do ano 1000 ao 961 a.C.), a lista de descendentes que leva aos pais de Jesus, José e Maria, é quase completamente diferente em cada um dos evangelhos.

> *E Eliúde gerou a Eleazar; e Eleazar gerou a Matã; e Matã gerou a Jacó; E Jacó gerou a José, marido de Maria, da qual nasceu JESUS, que se chama o Cristo.*

O autor responsável pelo Evangelho de Mateus escreveu essas palavras em algum momento entre os anos 80 e 100 d.C. Já o escritor do Evangelho de Lucas, entre 80 e 130 d.C., estabelece outros ancestrais recentes para Jesus:

> *E o mesmo Jesus começava a ser de quase trinta anos, sendo (como se cuidava) filho de José, e José de Heli, e Heli de Matã, e Matã de Levi, e Levi de Melqui, e Melqui de Janai, e Janai de José...*

E assim por diante. Como seria de esperar, a simples ideia de que exista tamanha divergência da palavra de Deus consigo mesma sobre um assunto tão importante quanto a família do Messias motivou diversos teólogos ao longo dos séculos a quebrarem a cabeça na tentativa de explicar por que as duas genealogias não são correspondentes entre si e nem condizem com as informações genealógicas contidas nas escrituras hebraicas. Basta dizer apenas que elas são diferentes, embora – numa tentativa um tanto desesperada – alguns estudiosos tenham tentado alegar que Lucas teria seguido a linhagem materna a partir de Maria enquanto Mateus teria optado por apresentar a linhagem paterna que gerou José. Nota-se claramente algo de divergente quando Lucas opta por um filho menos conhecido de Davi, Natã, enquanto Mateus fica com o mais famoso Salomão. Mas o escritor do Evangelho de Lucas talvez não tenha sido motivado pela disciplina genealógica mais estrita. Segundo lemos em Crônicas I, 3:4, Natã era um irmão de Salomão nascido de Bate-Sua, filha de Amiel. É perfeitamente possível, claro, que Maria e José fossem parentes com ancestrais em comum – mas essa é uma inferência que não pode ser verificada.

A Casa de Natã é mostrada de luto em Zacarias 12:12, logo depois de a família da Casa de Davi também ser mostrada chorando. Eles pranteiam uma pessoa que diz: "e olharão para mim, a quem traspassaram; e pranteá-lo-ão sobre ele, como quem pranteia pelo filho unigênito; e chorarão amargamente por ele, como se chora amargamente pelo primogênito". Essa profecia estava muito clara nas mentes dos autores que construíram os relatos da crucificação de Jesus. E provavelmente também estava na mente de alguém quando se decidiu desenrolar a ascendência de Jesus através de Natã e não de Salomão. A Casa de Natã estava de certa forma envolvida com o segredo ancestral que determinava que o Messias iria sofrer. Por outro lado, Natã pode ter sido mesmo um ancestral direto de Jesus (desde que não levantemos a questão sobre a possibilidade de falar em linhagem paterna de uma pessoa gerada sem ingerência paterna humana).

Quaisquer que sejam as implicações históricas por trás dessas duas genealogias, a função delas na narrativa evangélica é, primariamente, identificar Jesus como cumpridor das profecias que declaram que o Messias virá da Casa de Davi. Se a narrativa foi estimulada pela profecia ou se o seu cumprimento derivou da história é algo que jamais saberemos. Só o que podemos afirmar é que muita gente na Galileia considerou convincente a alegação de Jesus de que ele era o Messias prometido. Já a situação da Judeia durante o tempo de vida de Jesus não fica tão clara. Segundo Mateus, Herodes, o Grande, aparentemente levou a ameaça do descendente da Casa de Davi e residente de Belém que tomaria o seu trono a sério até demais – tanto que chegou a mandar assassinar os meninos recém-nascidos de todas as famílias da cidade. Ele afinal tinha bons motivos para acreditar que o povo da Judeia iria se bandear para o lado de uma pessoa com tais credenciais.

E aqui nos deparamos com mais um problema, ou possivelmente uma pista que pode nos ajudar a localizar a Família Desaparecida: Davi era rei da tribo de Judá. A mesma Judá que cedeu seu nome à região em torno de Jerusalém e de Belém. A palavra grega em geral traduzida como "judeus" significa literalmente *judeios*, o povo de Judá. Se perguntássemos a um romano onde viviam os "judeus", ele certamente responderia: "na Judeia". E as genealogias nos ensinam que Jesus era da tribo de Judá, um *judeio*. Ora, isso faz todo o sentido no contexto da profecia lida em Miqueias 5:2 e que foi relacionada ao Messias pelos conselheiros de Herodes:

> *E tu, Belém Efrata, posto que pequena entre os milhares de Judá, de ti me sairá o que governará em Israel, e cujas saídas são desde os tempos antigos, desde os dias da eternidade. Portanto os entregará até ao tempo em que a que está de parto tiver dado à luz; então o restante de seus irmãos voltará aos filhos de Israel.*

Segundo as palavras do profeta, o Messias enviado para redimir o restante de seus irmãos espalhados pela Terra viria da cidade de Davi, Belém. Davi era da tribo de Judá. A capital da Judeia era Jerusalém. E faria sentido que os descendentes de Davi estivessem vivendo na terra de seus antepassados, Judá.

Porém, nós não costumamos associar Jesus à região da Galileia, mais ao norte, a terra do antigo Reino de Israel que foi conquistada pelos assírios em 722 a.C.? O poeta inglês Swinburne afinal não estava sozinho quando se referiu a Jesus como "pálido galileu". Esse detalhe chama a atenção, e examinando as passagens de Mateus e Lucas referentes à terra natal de Jesus nós vemos que a questão atormentou os escritores dos evangelhos também. Lucas e Mateus, aliás, chegam a conclusões divergentes quanto a ela.

Lucas conta que Maria estava vivendo em Nazaré, na Galileia, e que era esposa de "José, da Casa de Davi" quando recebeu do anjo Gabriel a notícia de que "a virtude do Altíssimo" lançaria sua sombra sobre ela fazendo com que concebesse em seu ventre um filho que receberia do Senhor "o trono de Davi, seu pai" e que reinaria eternamente na Casa de Jacó (Israel). Ainda segundo o Evangelho de Lucas, a passagem do casal por Belém foi apenas uma coincidência temporária com o que vaticinara o profeta. Maria e José foram até Belém para se alistar "porque ele [José] era da Casa e da linhagem de Davi" e era para Belém que as pessoas dessa linhagem deveriam ir segundo – aparentemente – um decreto de César Augusto. O argumento visto em Lucas da ida a Belém para o alistamento não pode ser encaixado no relato de Mateus sem uma série de torções complicadas.

Lucas não afirma que Maria era da Casa de Davi. Talvez o papel de José na história tenha sido fornecer a linhagem determinada pela profecia. De qualquer forma, essa não é a informação que vemos em Mateus.

Segundo o Evangelho de Mateus, José e Maria partilharam em Belém uma casa – onde nasceu Jesus – para onde acorreram magos vindos do Oriente a fim de adorar um futuro rei. Depois que um anjo lhe disse que o rei Herodes havia "de procurar o menino para matá-lo", José rumou para o Egito à noite levando Maria e a criança e lá permaneceu com eles até a morte de Herodes, o Grande, em 4 d.C.

De volta a "Israel", José ouve que Arquelau, filho de Herodes, o havia sucedido no trono da Judeia. Por algum motivo, Mateus conta que José "receou ir para lá" e que recebeu em sonho um aviso de Deus que o fez se "desviar" do *destino pretendido* (designado especificamente como a Judeia) e rumar em vez disso para "as partes da Galileia", onde "chegou e habitou numa cidade chamada Nazaré".

Assim, de acordo com o que lemos no Evangelho de Mateus, Nazaré era um território desconhecido para José, e a Galileia o seu local de refúgio. Ele e Maria definitivamente eram originários da Judeia, pelo que os textos de Mateus nos levam a concluir. A Judeia era o local onde tinham a intenção de criar Jesus, a terra de seus antepassados da tribo de Judá.

A Galileia – aparentemente – surgiu como um destino seguro para evitar a turbulência política em Jerusalém. Não que a política na Galileia não estivesse também à beira da ebulição – mas isso já é outra história.

Nesse ponto nos deparamos com uma anomalia muito bem conhecida. Mateus conta que José, Maria e Jesus foram para Nazaré para cumprir uma profecia de que "Ele [o Messias] será chamado Nazareno". Isso só pode ser um erro. Primeiro porque é improvável que Nazaré existisse como cidade estabelecida nessa época, e também – principalmente – porque o termo grego que foi traduzido como "Nazareno" quase certamente devia se referir a uma prática religiosa em especial, o famoso voto de "nazireu", a promessa de práticas sagradas que incluíam jejuns e visitas ao Templo para orações. O cumprimento de tal voto exigiria a ida da Galileia para Jerusalém – como está bem claro em Números, 6:1-21, os nazaritas ou nazireados deveriam apresentar-se "diante do tabernáculo da consagração".

Nazareano, se escrito com o "tz" hebraico (a letra *tzaddi*), significa "guardião" – como em guardião da lei dos hebreus. Já *nazarita*, com o *zayin* ou "z" hebraico, significa "consagrado" ou "separado", alguém separado do rebanho e dedicado à santidade em nome de Deus. Na prática, os sentidos se aproximaram ao serem ligados ao conceito de ser justo (*zedek*), e provaram ter grande relevância na vida de Jesus e de seus irmãos. Num nível mais trivial, existe também a possibilidade de que "Nazaré" tenha sido confundida com a localidade litorânea de G*enesaré*, na Galileia. Esse tipo de confusão era comum para escritores e falantes que tinham o grego como língua materna e estavam trabalhando com textos e tradição oral em hebraico e aramaico.

Ao contrário do que afirma Mateus, não existe profecia conhecida que fale num Messias vindo de Nazaré. Mas uma importante previsão relacionada ao nascimento do herói israelita Sansão pode estar na raiz do imbróglio quanto ao "Nazareno":

> *E havia um homem de Zorá, da tribo de Dã, cujo nome era Manoá; e sua mulher, sendo estéril, não tinha filhos. E o anjo do Senhor apareceu a esta mulher, e disse-lhe: Eis que agora és estéril, e nunca tens concebido; porém conceberás, e terás um filho. Agora, pois, guarda-te de beber vinho, ou bebida forte, ou comer coisa imunda. Porque eis que tu conceberás e terás um filho sobre cuja*

cabeça não passará navalha; porquanto o menino será nazireu de Deus desde o ventre; e ele começará a livrar Israel da mão dos filisteus.
(Juízes, 13:2-5)

Soa um tanto familiar, não é mesmo? E notem que a mãe da criança também deve se purificar para o nascimento adotando preceitos do voto de nazireu no que diz respeito ao vinho e à carne: o menino será consagrado a Deus desde o útero – "o menino será nazireu de Deus". E como qualquer judeu do século I versado na tradição messiânica sem dúvida veria a referência a "filisteus" como um símbolo da maldade de maneira geral e do exército romano em especial, o destino do menino consagrado que "começará a livrar Israel da mão dos filisteus" encaixa-se confortavelmente numa profecia messiânica adequada ao filho escolhido da Casa de Davi.

Então o que podemos aproveitar das genealogias apresentadas em Lucas e Mateus?

Jesus era, segundo ambas, um descendente do rei Davi. Se isso era premissa suficiente para que ele reclamasse o trono, ela com certeza se aplicaria também ao pai de Jesus e a eventuais irmãos nascidos da união sexual entre José e Maria após o nascimento dele. E esse é um ponto importante. Enquanto Jesus é apresentado como o Messias prometido, ou rei ungido para resgatar a tribo de Israel e levá-la de volta ao bom relacionamento com Deus e com o mundo, em momento nenhum temos qualquer palavra sobre o seu direito ao trono da Judeia – trono esse que mais adiante deixaria de existir, depois que o sucessor de Herodes não conseguiu manter a ordem em nome de seus senhores romanos.

No entanto, podemos realmente ter certeza disso?

Voltemos ao trecho de Lucas em que se diz que Jesus receberá do Senhor o trono de Davi, seu pai. O significado que tal promessa teria tido para os judeus e galileus da época é bem claro. Jesus deve ter sido visto como o candidato mais quente ao posto. Não existe registro que o mostre encorajando diretamente a sua aclamação como tal – e, de qualquer forma, fazer isso sem contar com um nível extraordinário de apoio popular e sacerdotal teria sido puro suicídio político. O regime monárquico vigente era respaldado e controlado por Roma, e também por bajuladores de Herodes na cúpula sacerdotal.

As genealogias também nos informam que se acreditava que haveria algum tipo de peculiaridade quanto ao papel de José no nascimento de Jesus. Em Mateus lemos que José era "marido de Maria, da qual nasceu Jesus que se chama o Cristo". O texto não chama José de pai. Isso, obviamente, pode não passar de uma lenda forjada para se encaixar na antiga profecia de Isaías (7:14) de que o Messias nasceria de uma virgem (moça jovem) e também nas ideias posteriores determinando que a divindade do Filho de Deus exigiria circunstâncias biológicas peculiares. Por outro lado, é possível que em algum momento tenha havido interrogações quanto à paternidade exata de Jesus. Mas há uma coisa difícil de entender: se o Espírito Santo foi o agente diretamente responsável por infundir na carne de Maria o sopro da vida santa, por que José – ou a própria Maria – iriam partilhar com qualquer outra pessoa essa confidência sagrada? Jesus não toca no assunto e Mateus não se alonga no debate. É possível que a narrativa do nascimento pelo ventre da virgem tenha fornecido meios para permitir que Jesus se desfizesse das circunstâncias familiares verdadeiras sem perder a premissa da linhagem messiânica (possivelmente conseguida através de José, o pai ou padrasto).

O terceiro fato que apuramos a partir das genealogias é que Jesus pertence à tribo de Judá – embora estivesse aparentemente muito familiarizado com a Galileia, onde passou os primeiros anos, já que a maioria dos registros de pregações e curas é localizada nesse território mais ao norte associado às "tribos perdidas" do antigo Reino de Israel. A Galileia do século I era uma mistura de culturas e etnias; sua porção sudoeste ficava separada da Judeia pela Samaria, e ao leste – cruzando o rio Jordão – pela Decápolis e as terras da Pereia. De todo modo, não é provável que Jesus tenha sido criado acreditando que fosse um galileu. E, portanto, desde muito cedo ele pode ter convivido com a ideia de uma identidade secreta, ou mesmo de uma dupla identidade. Tudo indica também que Jesus não chegou à maturidade na Galileia de qualquer forma. Ele pode ter crescido na Judeia ou mesmo em alguma outra comunidade judaica no exterior. Entretanto, nós devemos levar a sério as famosas palavras de Jesus declarando que "não há profeta sem honra, exceto na sua pátria" – numa declaração feita na Galileia entre pessoas que conheciam os membros da sua família.

Um ponto importante que devemos considerar aqui é o uso, ao longo do Novo Testamento, de um termo grego que foi traduzido como "os judeus". O Evangelho de João já teve, por exemplo, sua autenticidade questionada por apresentar Jesus referindo-se de forma desdenhosa a "os judeus" como se ele mesmo não fosse um, ou mesmo como se criticasse os filhos de Israel da mesma maneira hostil dos romanos ou dos gregos. Contudo, se Jesus na verdade estivesse se referindo – como parece provável – estritamente aos habitantes da Judeia e mais especificamente a certas facções político-religiosas da Judeia (porque ele mesmo era mais favorável às mentalidades que encontrara na Galileia), isso explicaria a presença da expressão *Hoi Ioudaioi* (traduzida confusamente como "os judeus") nas fontes originais sem imputar qualquer antissemitismo ao próprio Jesus nem acusar os escritores dos evangelhos de porem palavras e conceitos discrepantes em sua boca.

No ano 140 d.C. a Judeia já havia deixado de existir como entidade política e, desde então – senão desde antes – o mundo gentio passou simplesmente a atribuir ao termo grego que designava os habitantes da Judeia o significado de "judeus" de maneira geral. Mesmo hoje em dia, a questão é difícil de esclarecer por causa das nossas ideias herdadas a respeito do que seja um "judeu". Nós não pensamos em judeu como um habitante da Judeia. A distinção original foi esquecida, mas ela possuía uma importância política significativa no tempo de Jesus e não deveria ser deixada de lado como os comentaristas fazem com frequência.

Segundo o Evangelho de Mateus, Jesus foi levado para longe do alcance da esfera política da Judeia para sua própria proteção. E isso indica pelo menos algum tipo de consciência política da parte do seu pai ou padrasto. A decisão pode significar que o menino já teria um papel político reservado para si ou que a sua família já tivesse alguma ligação significativa com as questões religiosas e políticas em pauta na região. A imagem de Jesus como vindo de uma família "humilde" não é uma visão respaldada pelos cânones; trata-se na verdade de um romantismo encorajado nas populações cristãs para ajudá-las a se identificarem com as origens de Jesus. O "toque de homem comum" sempre foi uma parte crucial do repertório dos redentores aristocráticos; para aqueles oprimidos pelas classes dominantes, pode ser preferível seguir um "homem do povo" (até que a sua nova posição o afaste definitivamente do povo, fazendo com que ele seja logo relegado à categoria de tirano ou pretenso aristocrata e perca alguns pontos nesse quesito).

Se o relato que lemos em Mateus tem alguma base histórica confiável, faz sentido imaginar que as motivações políticas de Herodes para aniquilar Jesus ou mesmo a sua família toda o tenham levado a fazer esforços para localizá-los e confiscar suas posses depois da sua decisão de viver no exílio. Talvez a imagem mais acurada seja, então, a de uma família bem-nascida "passando por dificuldades" e necessitada de certa ajuda na sua tentativa de sair da condição de refugiada. O fato de José provavelmente trabalhar como arquiteto talvez não fosse apenas uma referência simbólica ao seu papel no estabelecimento de uma nova ordem, mas também o reflexo de sua formação mais refinada. É possível que ele tenha abraçado o ofício quando se viu impedido (por uma proibição externa?) de assumir o posto tradicionalmente determinado por sua linhagem no governo da Judeia – mas isso é só uma conjectura. Tanto na Judeia quanto na Galileia havia boas oportunidades para trabalhadores do ramo nessa época. As obras do Templo não haviam sido concluídas, e havia muita oferta de pedreiros em busca de novos trabalhos. E nas cidades galileias mais ricas e helenizadas a demanda por pedreiros e arquitetos de formação clássica era grande. O grau de erudição simbológica mostrado pelo Jesus apresentado nos evangelhos certamente é compatível com um pedreiro devoto da época.

É interessante notar que os evangelhos não demonstram qualquer interesse na posição política de Jesus como reclamante plausível dos tronos da Judeia ou da Galileia – ou talvez evitem deliberadamente tocar nesse ponto. O que há são apenas registros de terceiros clamando para que ele assuma essa posição, e um Jesus que se mostra avesso à ideia. Mas como essas pessoas saberiam que ele estaria apto ao trono? Será que os textos canônicos negam a importância desse ponto porque o direito ao trono poderia ser partilhado por outros membros da família de Jesus também?

Nos trabalhos canônicos, a ênfase é posta apenas no que tornava Jesus uma figura única.

Outra possibilidade é que Jesus talvez estivesse preocupado somente com o trono de um Israel *reunificado* e que pudesse ser o centro radioso de um reino espiritual universal, de acordo com o princípio hermético que diz que "o que está no alto é como o que está embaixo", ou – nas palavras

do Pai Nosso: "Seja feita a Vossa vontade, assim na Terra como no Céu".
Na Terra, como no Céu.

O reino messiânico, no entender de um sacerdote instruído ou de um "israelita" devoto, era algo muito diferente de um mero reinado político – por mais glorioso que fosse. Entre os Manuscritos do mar Morto, o texto 4Q521 é conhecido como *O Apocalipse Messiânico*. Geza Vermes o atribui aos primeiros anos do século I, justamente o período sobre o qual estamos debruçados aqui. *O Apocalipse Messiânico* lista os sinais da chegada do reino do Messias a serem reconhecidos pelos justos. Esses sinais incluem o reconhecimento do piedoso e o chamamento do justo pelo nome, a renovação da fé dos necessitados pelo poder do espírito de Deus, a glorificação do piedoso no "trono do eterno reino", a libertação dos cativos, a restauração da visão dos cegos, o endireitamento dos encurvados, a materialização de coisas gloriosas que jamais existiram, a cura para os feridos, a orientação para os desenraizados, a entrega de alimento para os famintos e de boas novas aos necessitados e, mais notavelmente, a ressurreição dos mortos, na qual "o Senhor da Vida reviverá os mortos de seu povo". Os tais *sinais* do reino messiânico não mostravam apenas as benesses de uma boa governança, mas uma transformação completa: algo realmente muito diferente das "conquistas" da dinastia de Herodes.

E a trajetória de Jesus da forma como é contada nos evangelhos preenche todos os requisitos.

Ainda assim, devemos questionar se toda uma realidade política não teria sido suprimida junto com a realidade da família de Jesus em nome da construção e manutenção da identidade extraordinariamente messiânica do Mestre. Embora nós tenhamos nos acostumado a enxergar o reino do Messias como um espiritual "reino dos céus", o conceito judaico tradicional tinha uma dimensão terrena muito clara; e a chegada do reino era vista, aliás, como nada menos que a redenção dessa dimensão das predações do mal. Mas certamente qualquer movimento feito pelos seguidores ou pelo próprio Jesus para assumir o trono num sentido estritamente político apareceria em retrospecto como um desastre retumbante, como ilustra cruelmente a inscrição de "Rei dos Judeus" que – segundo os registros canônicos – Pilatos mandou gravar no alto da cruz. Se esse é o seu rei, zomba ele, vejam que destino ele teve!

Jesus mostra-se reservado quanto ao seu papel messiânico nos textos de Mateus, Marcos e Lucas. Teólogos cristãos falam de um "segredo messiânico" que não deveria ser revelado pelos seus seguidores mais próximos até o momento certo, quando a sua "hora houvesse chegado". E esse segredo só pode ter a ver ou com o fato de que Jesus era o Messias, ou então com a natureza da sua missão messiânica em si – ou seja, com uma compreensão secreta que Jesus teria a respeito da necessidade do sacrifício na cruz, o sofrimento pessoal que enfim revelou a *total* identificação do amor de Deus com a agonia do seu povo: um sinal da vulnerabilidade divina ou até mesmo, se me permitem ousar, um sinal da humanidade divina.

Contam os evangelhos que Jesus tinha interesse em ouvir o que as pessoas pensavam dele. Será possível enxergarmos por trás desses fragmentos um cenário original no qual Jesus estaria sondando a temperatura política por onde passava? Será que havia um plano dinástico calcado prudentemente na ciência de que o povo tinha que chegar por si mesmo à conclusão de que era ele o Enviado a fim de que fosse conduzido de bom grado aos eventos que – segundo a profecia – estavam prestes a se desenrolar? Um pleito puramente político, sem bases espirituais e sem o apoio significativo das massas e de figuras estratégicas do sistema vigente logo provocaria uma invasão das legiões romanas. A realidade política era muito bem compreendida pela *intelligentsia* e por todos que tanto vinham sofrendo há tempos. Quando, na região da Cesareia de Filipe, Pedro deixa escapar que Jesus é o Messias (*ho Christos*), ele é admoestado a não dizer essas coisas (Marcos, 8:27-30).

É possível que entre os próprios seguidores houvesse um conflito autêntico a respeito de como o papel do Mestre deveria ser compreendido. Isso é afirmado muitas vezes. Isto é, que Jesus desejava que seus compatriotas entendessem que o redentor prometido por Deus não era uma potência puramente espiritual e nem o líder de um levante armado nos moldes imaginados por grupos de "essênios", "zelotes", "zadoquitas", fariseus, "sicários" e "lestai" (sendo os dois últimos designações para "saqueadores", "bandidos" e assassinos políticos) e seus seguidores, dentre os quais aparentemente havia membros do grupo de Jesus. Por outro lado, o silêncio quanto às implicações políticas podia ser simplesmente uma questão de bom senso: mais valeria manter o lado dinástico calado e concentrado na tarefa de fazer com que *o povo por si mesmo* lhe oferecesse o poder, estabelecendo uma situação política na qual os atos dessa população seriam decisivos. Isso seria, é claro, brincar com fogo, já que o papel messiânico tradicionalmente *abarcava* a reivindicação "política". Para aqueles fiéis aos profetas, a política nada mais era do que uma expressão da religião. A lei judaica era a lei de Deus, e a sua aplicação quase sempre tinha um sentido bem prático. Porém, houve uma mudança no sabor do princípio da retidão quando se acrescentou a pitada do entusiasmo messiânico. O resultado foi visionário, instável e desestabilizante; os governantes da Judeia tinham mesmo motivos para temê-lo.

Usar de persuasão política para conquistar o apoio popular era manobra arriscada na época de Jesus, como nós veremos a seguir. Afinal, quando encaixamos a decisão de José de levar o filho para a Galileia e não para a Judeia (como relatado brevemente no Evangelho de Mateus) em seu contexto *político,* o quadro subjacente às narrativas evangélicas ganha não só uma perspectiva mais abrangente como também muito surpreendente e verdadeira.

―――――•―――――

No Livro XVII das *Antiguidades Judaicas,* do historiador Josefo, temos um panorama detalhado da situação política em torno da subida de Arquelau, o filho de Herodes, o Grande, ao trono da Judeia em 4 a.C.

Josefo nasceu no ano 37 d.C. Ele participou da Grande Revolta Judaica contra os romanos acontecida entre 66 e 73 d.C., e iniciou seus registros históricos um tempo depois de o conflito terminar. Escrevendo para um público romano, Josefo não tinha a visão totalmente isenta. Ele mostra uma tendência a classificar toda atividade política de inspiração messiânica como "inovação". E mal conseguia discutir o assunto. Essa posição divergia da visão de uma fatia expressiva dos seus compatriotas, e Josefo sabia disso. No seu entender – da posição relativamente segura que mantinha junto à corte imperial em Roma – o messianismo havia sido responsável pela ruína da sua nação. Não que ele se opusesse ao misticismo; só era contra a ideia de confrontar a realidade usando sonhos. A lei, por mais sagrada que fosse, tinha raízes fincadas no chão, e os judeus tinham que se manter da mesma forma. É essa percepção que faz de Josefo um historiador tão bom e de fácil leitura.

O capítulo 8 do Livro XVII das *Antiguidades Judaicas* nos conta que pouco antes da morte de Herodes, o Grande, o velho rei decidiu fazer uma alteração em seu testamento. Podemos imaginar, nessa mesma época, a família de Jesus ainda no Egito aguardando ansiosamente a notícia do falecimento de Herodes após uma doença debilitante. Mas, mesmo em seu leito de morte, ele tinha uma carta na manga. Josefo nos conta que Herodes quis fazer com que a sua morte fosse marcada com a execução de um dos membros de todas as famílias que viviam sob seu jugo, para que o luto nacional pela sua partida fosse o mais profundo que já houvera e não uma mera formalidade como costuma ser nesses casos. Ele quis promover uma explosão histórica de luto verdadeiro. Os registros não mostram claramente se a ordem chegou a ser cumprida ou não. Consta que Herodes deixou instruções também para que no momento de sua morte um grande número de prisioneiros políticos encarcerados no Hipódromo de Jerusalém fosse executado a flechadas, para que não imaginassem que o falecimento do rei lhes daria a chance de escapar do seu jugo. Outra vez, a sua intenção era provocar o luto generalizado, uma vez que sabia que os prisioneiros contavam com forte apoio popular. Também não temos registros claros de que a sua "solução final" tenha sido levada a cabo. Retroativamente, a manobra política de maior impacto feita por Herodes foi mesmo a última alteração em seu testamento.

Embora Herodes continuasse favorecendo os filhos de seu casamento com a samaritana Maltace, Herodes Antipas e Arquelau, o segundo passou a substituir Antipas como herdeiro do reino da Judeia. Para o desapontado Antipas restaria governar a tetrarquia da Galileia e da Pereia, uma missão bem menos auspiciosa. Essa mudança na sucessão provavelmente foi a notícia que levou o pai de Jesus, José, a mudar de ideia a respeito de sua volta para a Judeia. José rumou para a Galileia sabendo que lá estaria sob o governo de Herodes Antipas. O fato de ele considerar Antipas tolerável como rei é um dado interessante. Será que podemos enxergar aí um indício de relacionamento entre a família de José e a Casa de Antipas ou seus correligionários? Será que José pode ter tido a esperança de não ser incomodado vivendo na Galileia? Mateus não oferece qualquer explicação para a mudança no destino da família.

Pode ser também que a simples menção do nome "Arquelau" já servisse para sinalizar aos leitores do Evangelho de Mateus que José e sua família não estariam seguros sob o jugo desse irmão. Será que Arquelau havia tomado parte no massacre de Belém que Mateus associa à empreitada de Herodes para se livrar da ameaça ao seu reinado vinda de um descendente da Casa de Davi? Ou o problema estaria na ligação do nome de Arquelau com horrores subsequentes? E, de qualquer forma, por que será que José preferiu Antipas a Arquelau naquele momento? A carreira sangrenta de Arquelau ainda não havia se iniciado, e Antipas não era exatamente um anjo. José poderia ter algum tipo de informação privilegiada?

Há diversas possibilidades, diversos fragmentos que podem ajudar a iluminar o quadro. Segundo os evangelhos, Herodes Antipas nos anos seguintes iria se mostrar relutante em atender o desejo de sua esposa Herodias e mandar executar o popular profeta João Batista – mesmo diante das fortes críticas que João fazia à dinastia de Herodes por sua postura escandalosa em relação às leis do matrimônio. Herodias havia sido esposa de um meio-irmão de Antipas também chamado de Herodes (ou "Filipe", nos evangelhos), filho de Mariamme que era filha de Boethius, um sumo sacerdote no Egito. Herodias e Herodes Filipe tinham uma filha, Salomé, por quem Antipas tinha atração: a filha de seu meio-irmão. João fazia questão de deixar claro para o governante da Galileia como Deus julgava esses seus atos. Quanto a Antipas, ou ele tinha algum respeito pessoal por João Batista e aquilo que ele representava, ou pelo menos estava ciente de que eliminá-lo sumariamente seria um ato potencialmente explosivo. Os romanos não aprovavam os seus reis de fachada que não conseguiam aplacar os ânimos das suas populações. E assim Antipas decidiu aturar João enquanto pudesse suportar as arengas de Herodias sobre o assunto. Nos registros de Josefo, contudo, as relações entre Antipas e João Batista não eram tão cordiais assim. Para o historiador, Antipas previu a turbulência social que emergiria das pregações de João e decidiu mandar executá-lo como medida de precaução.

Jesus, ou a família dele, aparentemente tinha alguma ligação com a Casa de Antipas – o que não seria de admirar no caso de o Mestre ter mesmo nascido de um clã pertencente à classe sacerdotal. A política interna da Judeia dependia fortemente das relações estabelecidas com os sacerdotes, numa situação comparável à que vemos no Irã da atualidade. Em Lucas, 8:3, há menção a uma certa Joana, que financiaria as atividades de Jesus na Galileia, com a informação de que ela era esposa do procurador de Herodes Antipas, Cuza.

Existem evidências fragmentárias que indicam que o meio familiar de Jesus pertenceria à classe dos sacerdotes. A noção bastante difundida de que Jesus teria origens humildes, aliás, não tem o respaldo de nenhum tipo de evidência. Mas se a linhagem antiga e aristocrática de Jesus aparece claramente nas genealogias canônicas, a sua origem sacerdotal quase não é mencionada. Em Lucas, 1:3-25, lemos a descrição do nascimento de João, mais tarde chamado João Batista, um homem santo. O pai, Zacarias, é apresentado como "sacerdote da ordem de Abias", enquanto a mãe, Isabel, era "uma das filhas de Arão". O casal vivia, segundo o texto nos conta, "nas montanhas da Judeia". Em Lucas, 1:36, lemos que Maria, mãe de Jesus, era "prima" (em grego, *syngenis*) de Isabel. Dois versículos adiante, Maria apresenta a si mesma como "serva do Senhor". O termo grego traduzido como "serva", *doulē,* significa escrava do sexo feminino, mulher entregue para o serviço do Templo e que se tornou posse dos sacerdotes. Não era incomum que moças devotas virgens fossem "dedicadas" a servir o Templo. Registros rabínicos relatam que filhos ou filhas da Casa de Recabe (os recabitas) prestavam serviço nos altares e se casavam com os filhos e filhas dos sumos sacerdotes. E os próprios sacerdotes do Templo podiam buscar esposas entre os grupos de moças escravas consagradas ao serviço religioso. Depois de "conhecerem" um homem elas eram libertadas do vínculo com o Templo, para passarem então a ser consagradas aos maridos. Segundo o relato do Evangelho de Lucas, a escravidão de Maria teria que continuar pelo menos até o nascimento de um filho. Devia ser uma situação difícil para José, e mesmo para a própria Maria.

O detalhe sobre a prima de Maria, Isabel, ser filha de Arão quase com certeza quer dizer que o seu pai era um sacerdote e havia garantido a união da filha com outro sacerdote, que Lucas chama de Zacarias. Os varões descendentes de Arão eram investidos de autoridade sacerdotal por herança e podiam supervisionar os sacrifícios feitos no Templo.

Os sacerdotes eram muitos, havia 24 grupos deles no total. Cada grupo servia o Templo duas vezes por ano, durante uma semana por vez, e era necessária a convocação de turmas para os sacrifícios da manhã e da noite. A posição mais cobiçada era para oficiar a queima de incenso no Templo. A fumaça que subia representava as preces do povo elevando-se rumo a Deus. A função devia ser desempenhada apenas uma vez na vida do sacerdote, e muitos não chegavam a ter chance de viver esse momento. Assim, o relato sobre Zacarias em Lucas marca o dia mais importante da sua vida como sacerdote. Infelizmente, quando ele termina a queima do incenso, em vez de poder coroar o momento proferindo uma bênção especial para o povo do lado de fora do Templo, Zacarias se vê mudo depois de ter recebido a presença de Deus na forma do anjo Gabriel.

O Evangelho de Lucas sugere algum conhecimento autêntico do funcionamento do Templo. A referência à "ordem de Abias", por exemplo, emana essa autenticidade. "Abias" quer dizer "meu pai é Yahweh". Fragmentos reunidos nos Manuscritos do mar Morto datando do final do século I a.C. descrevem detalhes do revezamento entre os turnos sacerdotais promovido de seis em seis anos, mostrando que todas as divisões adotavam os nomes bíblicos listados em Crônicas I, 24:10. Os Manuscritos de Qumran (4Q323 e 4Q324) fazem referência a acontecimentos e personagens históricos contemporâneos ao pai de Herodes, o Grande, Antípater, regente romano na Judeia.

É possível que haja, entretanto, algum tipo de charada embutida nesse detalhe do texto. Segundo lemos no texto das Crônicas, escrito por volta de 300 a.C., Abias descendia de Eleazar, filho de Arão, chefe de uma das 24 ordens nas quais o sacerdócio foi dividido por Davi. Abias ficou com a oitava divisão. A nona foi para Jesua. *Jesua*, claro, é o nome que conhecemos melhor como Jesus, que significa "Deus é salvação". Assim, a escolha de Abias no texto de Lucas pode estar relacionada à ideia de que se iniciaria um curso sacerdotal novo e espetacular: o de Jesus, a criança que nasce a seguir no relato do Evangelho de Lucas. Ou seja, uma nova ordem sacerdotal estava a caminho e ela deixaria a antiga literalmente sem fala. Se o trecho tiver sido concebido *a posteriori*, entretanto, isso implica que a autenticidade da sua fonte histórica pode ser questionada – a menos que suponhamos uma coincidência ou a mão da providência.

É interessante notar que a ordem de Abias aparentemente não retornou com Zerobabel do cativeiro na Babilônia (Esdras, 2:36-39; Neemias, 7:39-42 e 12:1), e portanto a menção a "meu pai é Yahweh" também pode se referir a uma reintegração dos exilados. Fragmentos dos Manuscritos do mar Morto sobre as ordens sacerdotais parecem indicar que após o exílio houve uma recombinação dos grupos usando os mesmos nomes tradicionais, embora – por intrigante que pareça – justamente as passagens onde o nome Abias poderia aparecer perderam-se na história.

Se essa hipótese sobre as origens da família de Jesus for autêntica, é razoável supor que o próprio Jesus pode ter sido criado para ser um sacerdote, assim como talvez também o seu pai. A juventude de Jesus não é relatada no Novo Testamento, embora haja duas passagens bem conhecidas no Evangelho de Lucas que mencionam essa fase de sua vida. Na primeira, Jesus é levado ao Templo para oferecer os sacrifícios devidos para a purificação de sua mãe – o que pode ser visto como incoerente diante das duas imaculadas concepções em questão – e a segunda é outra viagem de família até o Templo por ocasião, aparentemente, da sagração de Jesus como "filho da aliança" – o *bar mitzvah* do menino que completava 12 anos. Em Lucas 2:21-29, temos registro da história que conta que na época da purificação dos "pais" de Jesus após a sua circuncisão, um homem adentrou o Templo movido pela força do Espírito Santo. Era um homem justo e temente a Deus chamado Simeão, uma variante de "Simão". Vendo o menino, ele o tomou em seus braços e – sendo um homem que esperava pelo Messias que daria "consolo" a Israel – declarou que já poderia morrer em paz, pois havia visto a salvação de seu povo. No mesmo momento, como lemos em Lucas, 2:36-38, uma certa Ana, "filha de Fanuel", uma profetisa que passava seus dias e noites servindo no Templo, ergueu a voz confirmando os dizeres de Simeão e deu graças a Deus pela redenção de Israel.

Logo vemos que Lucas desconhece os planos de Herodes quanto ao menino, e que não sabe de nada sobre a ida da família para o Egito e sobre a volta na direção da Judeia e finalmente para a Galileia. As datas não coincidem de forma alguma nas narrativas de Lucas e Mateus. E Josefo parece pender para o lado de Mateus: a tributação sobre a Síria e Judeia ordenada por Quirino, apresentada por Lucas como o motivo para a estadia em Belém, só acontece – segundo Josefo – no ano 6 d.C., *depois* que Arquelau havia sido removido de seu posto pelos romanos. Vemos, portanto, que é impossível combinar os dois relatos de maneira satisfatória – a menos que seja um caso de desespero completo! Se há algo de factual na história do justo e temente a Deus Simeão, que movido pelo Espírito Santo uniu a sua voz à da profetisa Ana para fazer declarações arriscadas de que o Messias havia chegado em pleno Templo, ela só pode ter acontecido bem depois do nascimento do menino por volta do ano 6 ou 7 d.C., logo antes de Arquelau subir ao trono (a menos que o caso com Ana e Simeão tenha ocorrido, mais apropriadamente, durante a narrativa do *bar mitzvah*). Lucas parece ignorar as implicações políticas de declarações como as feitas por Simeão e Ana, da mesma forma que a maioria dos leitores atuais da história. Mas profecias desse tipo podiam fazer muita diferença; elas chegavam até mesmo a ser motivo de guerras.

Não se pode deixar de observar, aliás, que segundo Josefo houve um "profeta" essênio de nome Simão que, interpretando um sonho de Arquelau no ano 4 a.C., declarou que ele seria o sucessor de seu pai na Judeia e que reinaria lá por dez anos – o que realmente ocorreu. E que a descrição vista em Lucas de um certo Simeão/Simão acorrendo ao Templo por inspiração do "espírito santo" para saudar o redentor menino se encaixaria muito bem à do conselheiro essênio da família de Herodes que vivia em Jerusalém – especialmente tendo em vista a importante escolha dos adjetivos: Simeão era um homem justo (*zedek*) e temente a Deus (*chesed*). Provavelmente, ele devia ser um sacerdote zadoquita de inclinação essênia ou mística.

Sendo intérprete de sonhos, esse conselheiro de Arquelau chamado Simão certamente devia ser versado em astrologia, angeologia e no Livro de Enoque, uma das obras mais prestigiadas pelos essênios segundo Geza Vermes – diversas versões dele foram encontradas com a coleção de Qumran, e mais adiante nós veremos como esse livro é importante para compreender a missão religiosa de Jesus e de seus irmãos. Mas notemos também que a profetisa Ana, ligada diretamente ao profeta Simeão na narrativa, é descrita como filha de *Fanuel*. E aqui nós chegamos ao ponto-chave, porque Fanuel não é um nome qualquer.

Fanuel é o nome dado no Livro de Enoque a um dos arcanjos. A sua voz pode ser ouvida ao lado da de Gabriel. Fanuel é o inimigo de Belial, o arquidemônio, o "Mentiroso" cósmico e diabo para as pessoas cujos trabalhos disciplinares e proféticos compõem a maior parte dos Manuscritos do mar Morto. Se Ana era "filha" de Fanuel, ela quase certamente devia ser uma mestra ocultista que recebia mensagens do seu arcanjo e trilhava o caminho da luz, longe da sombra lançada sobre Israel pelos servos de Belial, a dinastia de Herodes. No Livro de Enoque I, 40:9, o arcanjo Fanuel é descrito como o que "preside sobre o arrependimento e a esperança daqueles que herdarão a vida eterna" – estando qualificado, portanto, para ser o anjo da guarda sagrado tanto de Jesus quanto de João Batista.

Depois de tamanha explosão em pleno Templo, o mais prudente para a família de Jesus teria sido levantar acampamento e rumar direto para o Egito! Mas não. Lucas simplesmente os mostra voltando "para sua cidade de Nazaré". Obviamente, essa "Nazaré" é uma indicação vinda da tradição na qual Lucas se baseia.

O problema aí é que Nazaré não era conhecida como cidade antes da sua menção nos evangelhos. Josefo, que vivia praticamente ao lado e trabalhava fortificando cidades galileias contra investidas romanas, jamais a mencionou em seus registros históricos; Nazaré não aparece também em trecho algum das escrituras hebraicas. Investigações arqueológicas no local não recuperaram nenhuma relíquia do período romano anterior à metade do século II. E mesmo assim, até mesmo Mateus – que sabe que José e Maria são da Judeia – mostra em sua narrativa a família de Jesus buscando refúgio em "Nazaré".

No capítulo 6 do Evangelho de Marcos, quando Jesus chega "à sua pátria" e daqueles que conhecem seus pais, irmãos e irmãs, não há nenhuma menção a Nazaré. Lucas 4:16-30, por outro lado, um trecho supostamente baseado na passagem de Marcos, acrescenta Nazaré à história mais detalhada, explicando que era "onde [Jesus] fora criado", e se encerra com uma tentativa bizarra de assassinato contra Jesus. Como punição por ter anunciado na sinagoga a chegada do "dia do Senhor", relacionando-o a si mesmo, os presentes levam Jesus até o "cume do monte em que a cidade deles estava edificada" e tentam precipitá-lo lá do alto. Mas Jesus passa pelo meio da multidão, presumivelmente por meio de mágica ou invisibilidade. Não é por acaso que o texto de Lucas foi apelidado de "o evangelho romântico". A história, da forma como é contada, não passa veracidade – e a mesma dúvida deve ser lançada sobre o termo "Nazaré". O ponto de vista de Lucas parece ser o do polêmico antijudaísmo, culpando "o próprio povo" de Jesus por rejeitar a sua mensagem. Porém, Jesus e sua mensagem eram populares por onde ele passava; havia muitos elementos com que o povo podia se identificar.

TRÊS

NAZARÉ

Por que o pai de Jesus levou a família para a Galileia, tão longe da sua pátria? O termo "Nazareth" é a chave para compreendermos o que realmente José e sua família foram fazer na Galileia. O que José e sua família representavam? Nós já ouvimos a profecia dos "Natsarim" – os Sentinelas – enviados por Deus para postar-se contra uma Judá que havia se rebelado espiritualmente. Os Manuscritos do mar Morto nos ajudam a montar um ambiente familiar historicamente verossímil.

A grafia do nome Nazaré não é constante ao longo do Novo Testamento, e sua etimologia é obscura. No século III, vemos menções a um lugar de nome semelhante, "Nazara". Segundo dizem, "Nazara" fica na Judeia, não na Galileia. E "Nazara" tem ligações com a família de Jesus, como veremos adiante.

As transliterações gregas "Nazara" ou "Nazaré" podem estar relacionadas ao termo hebraico *netzer*, que significa "galho" ou "broto". José teria, como se conta, "plantado" sua família – ou a "árvore de Jessé" – na Galileia? Segundo comentário do falecido John Fenton a respeito do Evangelho de Mateus, o único texto profético que poderia servir de base para Jesus ser apresentado como "o Nazareno" – por conta de alguma ligação com "Nazaré" – estaria em Isaías, 11:1: "Porque brotará um rebento do tronco de Jessé [o pai do rei Davi], e das suas raízes um renovo [*netzer*] frutificará." De forma significativa, a famosa profecia também foi ligada ao episódio do nascimento de Jesus propriamente dito – que obviamente aconteceu não em "Nazaré" na Galileia, mas sim em Belém, na Judeia.

Já o termo hebraico *nezer* pode designar "consagração", "dedicado", "separação", "coroa" e até mesmo "cabelo". A ideia é de algo posto à parte. Ordenação é o conceito que vem à mente automaticamente, com o sacerdote posto à parte da sociedade para se devotar a Deus. No contexto da mitra do sumo sacerdote, que era chamada também de *nezer*, o "posto à parte" quer dizer ser sacralizado ou consagrado. Nós encontramos as palavras *"nezer ha-kodesh"* no Êxodo, 29:6 e no Levítico, 8:9 para designar a lâmina de ouro, a "coroa da santidade" posta sobre a mitra do sacerdote, onde *kodesh* significa "santificada", "separada", "destacada" ou até mesmo "transcendente". Na mitra do sumo sacerdote havia a inscrição "consagrado a Deus". Fazer o voto de nazireu tornava a pessoa "consagrada a Deus" enquanto o voto perdurasse.

Outra possibilidade é que "Nazaré" tivesse ligação com um trocadilho com o termo hebraico "nasi", que significa "líder" ou "príncipe", o que sugeriria uma implicação messiânica.

E a possibilidade mais curiosa no meu entender é que a palavra tenha vindo do termo hebraico para o verbo "vigiar", indicando prosaicamente um posto de observação numa colina ou torre de vigia – um sentido prosaico em primeira instância, talvez, mas impregnado de possibilidades. O termo hebraico נצרים "natsarim", de *natzar* (ou *natsar*) significa "vigias" ou "sentinelas", e aparece de maneira significativa em Jeremias, 4:16-17:

> *Lembrai isto às nações; fazei ouvir contra Jerusalém, que vigias vêm de uma terra remota, e levantarão a sua voz contra as cidades de Judá. Como os guardas de um campo, estão contra ela ao redor; porquanto ela se rebelou contra mim, diz o Senhor.*

O tema dos "sentinelas" e da "torre de vigia", além de ser familiar para as Testemunhas de Jeová e fãs de Bob Dylan e da sua canção "All Along The Watchtower", também foi muito importante para aqueles responsáveis por estabelecerem a "Nova Aliança" na "terra de Damasco" um pouco antes do nascimento de Jesus. Registros das crenças e da organização do grupo da Nova Aliança chegaram a nós através dos Manuscritos do mar Morto, no Documento de Damasco. Nele, nós lemos a respeito do Fim dos Tempos:

> *Mas quando a era estiver concluída, de acordo com o número de seus anos, ninguém mais irá aliar-se à casa de Judá mas cada*

homem se postará por si em sua torre de vigia. A muralha foi erguida, as fronteiras há muito já vão longe.

A fonte do último trecho está no livro do profeta Miqueias, 7:11: "No dia em que reedificar os teus muros, nesse dia estará longe e dilatado o estatuto." A ideia de "vigiar" os sinais do fim de uma era parece importante para o grupo da Nova Aliança. A postura "vigilante" destaca você da massa pecaminosa – pelo visto há um jogo de palavras usando a ideia de vigilância e o conceito de estar posto à parte, "consagrado a Deus".

Natsar também significa "guardar", como em "guardar os mandamentos de Deus". Essa é outro termo-chave para o grupo da Nova Aliança. Para ficarmos no contexto da construção, *natsar* aparece em Jó, 27:18 nesse sentido de "aquele que guarda": "E edificará a sua casa como a traça, e como o guarda que faz a cabana."

Em Atos, 24:5 nós nos deparamos com o termo grego "Nazōraiōn", que seria uma transliteração adequada nesse idioma do hebraico *Natsarim*. O nome é dado à seita dos nazarenos, ou seja, dos primeiros cristãos. A designação, portanto, talvez quisesse dizer originalmente os "sentinelas", aqueles que vigiavam a chegada do Senhor, ou "guardiões", os que guardavam a lei.

Se o próprio José ergueu "as muralhas" de um recinto cercado para o *Natsarism*, esse nome seria perfeito para designar aqueles que se dedicavam à vigilância e à espera pelo Messias, guardando a fé em Deus e à parte da perversidade do Estado. Essa pode ser talvez uma interpretação radical do que significava ser "de Nazaré", mas ela se encaixa perfeitamente com o material disponível e o contexto.

Nós podemos também considerar uma interpretação com base na ideia de um lugar reservado, "consagrado" ou "separado", afastado dos pecados do mundo – desde que lembremos que a palavra hebraica *nazarita* é escrita com *zayin* ("Z") e não com *tzaddi* (tz) como *netzer* ou *netser*. E mais uma vez, nesse caso, observamos uma espécie de jogo de palavras sagrado. As condições para o voto de nazireu aparecem detalhadas em Números, 6:1-8. Elas determinam que aquele que se tornar "consagrado a Deus" deverá se abster das uvas, mulheres, do ato de raspar os cabelos e da proximidade com os mortos (incluindo corpos de parentes), e que deverá levar oferendas ao Templo no oitavo dia de seu voto e ao final dele. Fazer o voto de nazireu era um sinal de dedicação pessoal à santidade de Yahweh; é quase certo que Jesus deve tê-lo feito pelo menos uma vez na vida.

Permitam-me acrescentar ainda que o termo hebraico para *terra* ou *solo*, em especial terra seca – e até mesmo deserto ou cerrado – é *aretz* ou *arets*. Mantendo a tese do *Natsarim* ou *Natzarim*, "Nazaré" talvez seja o que chegou a nós de um termo composto para "terra consagrada", "terra dos guardiões", "terra dos sentinelas" ou até mesmo "vigília da terra", que com o tempo tornou-se a corruptela "Nazaré" e possivelmente passou a ser confundida com Genesaré – especialmente depois que seu significado e propósito original haviam sido esquecidos. Genesaré em hebraico é *Chinnereth* (que quer dizer "lira"), e era um dos nomes dados ao mar da Galileia, perto dali. Em Josué, 12:3, vemos também a forma plural "Chinneroth" ou Quinerete.

Em hebraico moderno, aliás, Nazaré é chamada de *Natseret*.

Se eu fosse especular ainda mais a respeito da esfera de sentido dessas palavras, poderia sugerir que por trás da história de "Nazaré" haveria originalmente uma espécie de enclave sagrado, um local reservado e consagrado – não uma cidade ou povoado, mas um "acampamento" zadoquita nos moldes do retiro no deserto da Judeia estabelecido nas terras da Galileia pelo construtor José para servir aos planos familiares ou religiosos que ele tinha na ocasião – a menos, claro, que o lugar já estivesse estabelecido com esse propósito quando ele e sua família voltaram do Egito.

O *natseret* talvez fosse o apelido antigo de um refúgio para devotos zadoquitas, essênios ou de grupos da Nova Aliança que já existia previamente no local. Isso esclareceria a confusão na ligação de significados entre Jesus, o "Nazarita" – aquele que fez um voto de consagração a Deus – e Jesus chamado de "Nazareno", designando o local de origem. O mesmo local pode ter servido de abrigo anteriormente para Zacarias, Isabel e seu filho João. Nós lemos no Evangelho de Lucas que durante a gravidez de Maria os seus parentes da classe sacerdotal aparentemente estavam instalados numa "cidade" (em grego, *polin*) num local montanhoso da Judeia – possivelmente no deserto da Judeia – onde Josefo relata que havia a presença de homens santos essênios. E nessa linha de pensamento não podemos esquecer também do simbolismo poderoso do Sinai, o monte aos pés do qual os hebreus do Êxodo postaram-se a esperar pela lei e pela

Terra Prometida: o futuro consagrado para o qual as tribos haviam sido separadas do Egito pelas mãos de Deus Todo-Poderoso.

Num nível menos simbólico, podemos observar que após a destruição de Jerusalém no ano 70 d.C. os sacerdotes parecem ter buscado refúgio em comunidades com as quais já mantinham laços. Podemos imaginá-las como uma série de *dachas* sacerdotais espalhadas pela região, talvez já estabelecidas desde muito antes. Um lugar assim, possivelmente fundado ou procurado por José e sua família, seria tão "secreto" quanto Geza Vermes e outros estudiosos dos Manuscritos supõem que tenha sido o sectário "assentamento de Qumran", ou seja: secreto em seus propósitos, obscuro na localização. Despojado de sua função original pelo menos desde o ano 140 d.C., se não muito antes disso, o local pode ter servido mais tarde como um assentamento comum para o *hoi polloi* – uma cidade fundada no local exato ou nos seus arredores, com o sentido de seu nome perdido no tempo e a pronúncia dele truncada.

Pensar assim seria mera especulação equivocada ou sinal de bom senso?

Depende do seu ponto de partida. Os registros canônicos claramente se assemelham a um palimpsesto: um manuscrito contendo indícios ou a presença fugidia de uma história oculta por trás de si. Os textos, da forma como os lemos hoje, estão cheios de anomalias, e o próprio Jesus já dizia "buscai e encontrareis" – está aí um conselho científico excelente. Continuemos procurando, então. Existe alguma evidência que comprove isso que estou sugerindo?

Em 1962, uma inscrição hebraica do século III – ou IV – encontrada em Cesareia menciona a residência de uma família sacerdotal (*kohanim*) depois do levante zelote desesperado conduzido por Bar Khoba entre os anos 132 e 137 d.C.. A tal família era da *Hapizzez,* ou seja, a 18ª das 24 ordens sacerdotais, da mesma forma que a família de Zacarias era da *Abijah,* a 8ª ordem. Os fragmentos da inscrição encontrados indicam em que cidades ou povoados da Galileia havia famílias sacerdotais instaladas. Presumivelmente, o documento deve ter sido criado após a derradeira expulsão dos sacerdotes – e aliás de todos os judeus sobreviventes – de Jerusalém promovida pelo imperador romano Adriano. (Adriano era adepto do princípio separatista, como evidencia a muralha que mandou erguer entre o que hoje é a Inglaterra e as terras da Escócia).

É possível que o estabelecimento das residências sacerdotais tenha antecedido a derradeira limpeza étnica promovida em Jerusalém por ordens do imperador. O local indicado na inscrição é escrito com o *tzaddi* hebraico: "Natzareth". A existência do 18º clã *kohen* vivendo em local de nome similar é atestado pelos escritos do poeta galileu Eleazae Kalir, que em algum momento entre os séculos VI e X d.C. relatou a presença deles em נצרח, que se pronuncia "Nitzrat" ou "Nitzrath".

A busca pela base familiar de Jesus na Galileia torna-se ainda mais intrigante quando investigamos a primeira referência a Nazaré fora dos registros canônicos. Por volta do ano 200 d.C., Sexto Júlio Africano (*circa* 170 a 245), escreveu em grego a respeito de "Nazara", um povoado na *Judeia,* não na Galileia, perto de "Cochaba". A passagem foi copiada para a *História da Igreja* de Eusébio (1.7.14) por volta do ano 300 d.C.. A questão que fica é se originalmente, na época, o termo "Nazara" poderia ser um *nome* ou mesmo uma alcunha usada para designar um "assentamento santo", um "lugar reservado" onde os justos zadoquitas poderiam encontrar refúgio. Sabe-se que os essênios, por exemplo, se agrupavam em comunidades nas "cidades", mas que é possível que tivessem uma base de comando central no "deserto". Geza Vermes ressalta que a ideia do "assentamento no deserto" era importante para aqueles que seguiram o Professor da Retidão no seu levante contra os reis-sacerdotes hasmoneus provavelmente algum tempo depois do ano 160 a.C., e cujos seguidores aparentemente continuavam em atividade no tempo de Jesus. Os tais assentamentos, aos nossos olhos, talvez lembrem campos de treinamento *a la* Al Qaeda e esconderijos que nos habituamos a ver nos noticiários: *bases de operação* para autodesignados "soldados santos" ultrarradicais – mas isso é apenas porque vivemos na época em que vivemos. O sentimento de retidão suprema ou de justeza moral eram característicos daqueles que reverenciavam a memória do Professor da Retidão e que se lançavam ao combate ideológico contra a facção sacerdotal dominante em Jerusalém usando as armas da pureza radical e do apoio tácito ao confronto violento – desde que empenhado "em nome de Deus".

A origem e inspiração para os "assentamentos no deserto" vem não só das histórias de Moisés e os Filhos de Israel vagando com suas tendas no entorno do Sinai para purificar o povo antes de adentrar a Terra Prometida, como também de épocas relativamente mais recentes. Em 2 Macabeus 5:27, nós lemos sobre o herói e libertador Judas Macabeu, progenitor dos reis-sacerdotes hasmoneus. Tendo derrotado o exército greco-sírio de Antíoco no ano 167 a.C., ele afastou-se do altar profanado do Templo e foi buscar a purificação. Na época de Jesus, Judas era o grande modelo de santidade ativa:

> *Judas Macabeu retirou-se com um grupo de outros homens para o deserto, vivendo com os seus companheiros nas montanhas como animais selvagens e alimentando-se de plantas [vegetais, espécimes selvagens] para não se contaminarem.*

O vegetarianismo macabeu iria se tornar parte importante da observância da santidade na família de Jesus. Basta pensarmos na famosa dieta de João Batista no deserto: gafanhotos e mel silvestre (Marcos, 1:6), dieta essa omitida no relato de Lucas, de viés paulino. A carne vendida no mercado muitas vezes era produto de sacrifícios feitos a ídolos pagãos. E como qualquer tipo de carne não estava livre de conter sangue, um judeu devoto poderia muito bem optar por se abster dela por completo – os nazireados certamente o faziam. Em Romanos, 14, Paulo se coloca abertamente contra o princípio do vegetarianismo, caluniando os seguidores de Jesus em Jerusalém que haviam feito temporariamente o voto de nazireu (Atos, 21:18-23). Paulo desdenha os seus escrúpulos como uma preocupação menor: "Porque um crê que de tudo se pode comer, e outro, que é fraco, come legumes". *Fraco!* Paulo se declara com isso mais versado na doutrina do que Judas Macabeu, João Batista e todos os homens santos de Israel juntos! Não é de admirar que alguns dos seguidores de Jesus tenham jurado não comer nem beber (carne ou vinho), considerando-se amaldiçoados enquanto não matassem Paulo, o inimigo da retidão (Atos, 23:12).

Obviamente, a referência a *Nazara* feita por Júlio Africano não necessariamente aponta para uma Nazaré galileia. É possível que tenha havido diversos "Nazaras", refúgios temporários. Tomemos a passagem em que Jesus retorna à sua "pátria" em Marcos, 6:1-6, e encontra a oposição dos religiosos reunidos na sinagoga. É plausível que por trás dessa história podia estar uma situação na qual os camponeses locais não gostassem de "forasteiros" da Judeia. Por outro lado, se apostarmos na ideia de que "Nazareth" seria um autodenominado assentamento sagrado, com regras próprias, podemos imaginar que Jesus teria partido anteriormente de lá em circunstâncias adversas, deixando a família para trás. Os códigos disciplinares da chamada seita de Qumran eram rígidos quanto às muitas faltas que poderiam levar uma pessoa a ser apedrejada até a morte ou geralmente ser expulsa à força do assentamento santo, ou simplesmente posta para fora, banida e impedida de retornar por períodos de tempo que às vezes chegavam a anos. As possíveis coincidências vistas aqui entre os preceitos do Código Disciplinar de Qumran e o relato visto em Lucas, de Jesus sendo fisicamente expulso de "Nazaré" por uma "sinagoga" enfurecida, são tão pungentes quanto interessantes.

E, pasmem, nós vemos ainda que na mesma passagem em que escreve sobre "Nazaré" da Judeia, Júlio Africano fala também sobre os *desposunoi*: os parentes de Jesus! Ele afirma que esses herdeiros da linhagem familiar de Jesus guardavam com muito zelo os seus registros:

> *Alguns dos mais cuidadosos, entretanto, tendo obtido registros particulares através de seus próprios recursos [para escapar da erradicação em massa promovida por Herodes, o Grande, dos registros genealógicos das famílias de alta classe mais antigas da Judeia], ou relembrando os nomes ou conseguindo-os através dos registros de alguma outra maneira, orgulham-se de preservar a memória de sua nobre origem. Dentre esses estão, como já foi mencionado, os chamados de Desposyni por conta de sua ligação com a família do Salvador. Originários de Nazara e Cochaba, povoados da Judeia, e espalhados por outras regiões do mundo, eles resgataram a dita genealogia das próprias memórias pessoais e também do Livro dos Dias [Crônicas] da forma mais fiel possível.*
> (História Eclesiástica, *Eusébio, Livro I,* 7:14)

Notem a referência à *nobre origem* – Jesus não foi um menino comum. Com relação a Cochaba, o outro povoado mencionado por Júlio Africano segundo o livro *Christians And The Holy Places,* de Joan Taylor (ed. Oxford, 1993, páginas 36 a 38), as localizações possíveis são o lugarejo com esse nome 15 km ao norte da Nazaré atual, do outro lado de Séforis, dois locais perto de Damasco e um a leste da porção galileia do rio Jordão, na região de Basã. Há um lugar chamado Kaukaba (ou seja, Cochaba) no sul do Líbano atual. Epifânio (367-404) situa Cochaba na Síria, nos arredores de Damasco. Um dos problemas que temos é que não se sabe se Júlio Africano, ao mencionar povoados "judeanos", referia-se estritamente a lugares situados na Judeia – que deixou de existir politicamente no ano 200 d.C. – ou a assentamentos de judeus ou palestinos de maneira geral. Ele próprio não era judeu. Podemos assumir que para Julius "judeano" podia ser uma referência tanto à Judeia quanto à Galileia ou mesmo à Síria, já que os reinos outrora independentes agora estavam unidos sob a denominação provincial de *Syria Palestina*.

A ressonância da palavra "Cochaba" como o local de nascimento e o aparente jogo de palavras com o nome do último líder com pretensões messiânicas que surgiu no período romano, Simeão "Bar Kokhba" (130 d.C.) soam, a princípio, impressionantes. Apelidado de "O Filho da Estrela" por conta da importante "profecia da estrela" de Números, 24:17, Simeão nasceu em Choseba, lugarejo supostamente localizado perto de Jericó na Judeia. Choseba, vejam, não é o mesmo que Cochaba – embora talvez Simeão tenha desejado isso.

Parece mais provável, portanto, que a Cochaba onde viviam os descendentes da família de Jesus segundo o relato de Júlio Africano *circa* 200 d.C. ficasse próxima a Damasco. E essa informação poderá se mostrar significativa. O "Documento de Damasco" encontrado em Qumran faz menção a uma Nova Aliança feita entre o "resto" de Israel e o Deus da retidão "na terra de Damasco". Geza Vermes localiza esse documento como tendo sido produzido antes (mas não muito antes) do ano 70 a.C., pois ele não menciona os romanos. De qualquer forma, era um texto religioso bastante recente na época de Jesus e que quase certamente devia estar sendo muito lido e seguido naquele tempo:

> *Nenhum dos homens que tomaram parte da Nova Aliança na terra de Damasco e que mais uma vez a traíram e partiram da fonte de águas vivas [uma possível referência à Dã bíblica ou à "romana" Cesareia de Filipe] deverá ser levado ao Conselho do povo ou inscrito em seu Livro desde o dia do encontro com o Professor da Comunidade até a vinda do Messias de Arão e de Israel.*

Será que a primeira das comunidades a observar esse e outros Manuscritos do mar Morto não pode ter escolhido o lugar do seu assentamento para a Nova Aliança "na terra de Damasco" num local que viria a ser chamado de Cochaba, se já não era conhecido por esse nome? Não é possível também que alguns dos participantes da sagrada Nova Aliança mencionada no documento ainda estivessem por lá na época de Jesus e depois dela? Essas não são meras especulações visando provocar um efeito, mas perguntas que precisam ser feitas.

Cochaba vem do termo hebraico para "estrela" ou "constelação". A famosa profecia da estrela que aparece em Números, 24:17-19 é citada por três vezes nos Manuscritos do mar Morto, uma no *Documento de Damasco*, outra no Pergaminho da Guerra e a terceira nos *Testimonia* (1QM 11.6-17; CD 7.18-8.5 e 4QTest 9-13, precedida em 5 a 8 pelo trecho do Deuteronômio, 18:18-19 sobre "O Verdadeiro Profeta"). A profecia da "estrela que procederá de Jacó" proferida pelo gentio Balaão, filho de Beor, era tida em alta conta pelos adeptos da Nova Aliança. Sabendo disso, torna-se ainda mais crucial reconhecer que essa profecia foi aplicada a Jesus, cujo nascimento – segundo relato do Evangelho de Mateus – foi anunciado por uma estrela:

> *Vê-lo-ei, mas não agora, contemplá-lo-ei, mas não de perto; uma estrela procederá de Jacó e um cetro subirá de Israel, que ferirá os termos dos moabitas, e destruirá todos os filhos de Sete. [...] E dominará um de Jacó, e matará os que restam das cidades.*
> (Números, 24:17,19)

A coincidência das palavras "Nazara" e "Cochaba" com as profecias "da estrela" e "do tronco" a respeito do Messias é tão impressionante quanto potencialmente enganoso. Simeão ben Choseba, o pretenso messias do levante ocorrido entre 132 e 137 d.C., pode apenas usar o jogo pobre de palavras com o seu lugarejo natal de Choseba para promover a sua imagem como "Bar Kokhba", o "Filho da Estrela". A pretensão messiânica soou tão pouco impressionante para os rabinos que vieram posteriormente que eles chegaram a criar um novo trocadilho com "Bar Kokhba" especialmente para *Shimon:* "Bar Choziba" – o "Filho do Mentiroso". Já a Casa de Davi parece fechar apropriadamente todas as coincidências de nomes e locais, incluindo Belém (da profecia de Miqueias).

Sexto Júlio Africano comenta a perda de informações genealógicas sobre famílias judaicas importantes no capítulo 5 de sua *Carta a Aristides*:

Mas como até aquele tempo as genealogias dos hebreus haviam sido registradas nos arquivos públicos, tanto as das linhagens que remetiam aos prosélitos, como o amonita Aquior e a moabita Ruth, quanto as daqueles que deixaram o Egito com os israelitas e se uniram a eles pelo casamento – Herodes, sabendo que a descendência israelita em nada o auxiliava e movido pela consciência das circunstâncias ignóbeis de seu próprio nascimento, decidiu queimar os registros dessas famílias. Fez isso na crença de que passaria por alguém de origens nobres se ninguém pudesse investigar a sua ascendência nos registros públicos ligando-a aos patriarcas ou prosélitos ou aos mestiços chamados de georæ [mestiços de egípcios ou estrangeiros residentes chegados depois do êxodo hebreu].

Alguns estudiosos, entretanto, dispondo de seus próprios registros baseados em lembranças pessoais ou no resgate dos arquivos de alguma maneira, orgulham-se de preservar a memória de sua nobre origem; e dentre esses estão os já mencionados desposyni [="aqueles que pertencem a um mestre", ou possivelmente "herdeiros"], assim chamados por causa de sua ligação com a família do Salvador. E esses, vindos dos povoados da Judeia Nazara e Cochaba para outras partes da região, estabeleceram a genealogia citada da maneira mais exata possível a partir do Livro dos Dias. Quer os registros sejam mesmo factuais ou não, ninguém seria capaz de conseguir uma explicação mais óbvia – segundo a minha opinião e a de qualquer juiz abalizado. E que isso nos baste com relação ao assunto, uma vez que não temos nada de mais satisfatório ou verdadeiro para afirmar sobre ele. O Evangelho, entretanto, para todos os efeitos apresenta a verdade...

Agora nós já temos um quadro razoavelmente completo mostrando que a família de Jesus era originária da Judeia e envolvida intimamente com a atividade sacerdotal, com a retidão e devoção, assim como com as profecias e expectativas messiânicas – o que naquele tempo os tornava altamente politizados. Os contatos familiares deram a Jesus a primeira forma ou o molde para a sua trajetória terrena. E podemos ver pelos indícios que a decisão de José pela vida sob o governo de Antipas pode ter sido motivada menos pelo medo de Arquelau e mais por uma ligação sacerdotal e possivelmente doméstica com Herodes Antipas e seus aliados políticos.

Por acaso estava óbvio no ano 4 a.C. (a época em que, segundo Mateus, a família de Jesus deixou o Egito) que Arquelau seria um entrave em seu caminho? De maneira nenhuma. Arquelau não mostrou abertamente suas armas assim que o pai Herodes faleceu. Por outro lado, é possível que ele já tivesse algum tipo de reputação desfavorável; afinal, havia sido criado junto com o irmão na Roma pagã. Mas em vez de criar uma onda de luto nacional sem precedentes na história, o que Arquelau fez foi um esforço conciliatório para cair nas boas graças do exército – que incluía gálatas, tracianos e germanos – e também na dos sacerdotes, das classes dominantes e do povo da Judeia. E usou para isso uma postura calculadamente magnânima, atos de generosidade e uma disposição aparente para levar em consideração os descontentamentos do povo e dos sacerdotes – incluindo o pedido de punição para os que haviam participado do extermínio de seus entes queridos sob as ordens de Herodes. Arquelau cedeu à demanda insistente pela deposição do último sumo sacerdote apontado por Herodes, embora tenha se negado a atender o clamor pela sua execução – pelo menos, segundo declarou, até receber do César a aprovação para o processo de sucessão.

Esses fatos já devem bastar para nos dar uma ideia clara do panorama político no qual Jesus cresceu (e que muitas vezes é apenas insinuado nos evangelhos), já que podemos deduzir a partir deles que os cristãos teriam enfrentado um grave problema de imagem se o nome de Jesus tivesse sido vinculado muito claramente aos violentos levantes político-religiosos que abalaram a província em meados do século I, justamente depois dos quais os evangelhos canônicos foram compilados e compostos.

A turbulência da revolta judaica foi anunciada justo no momento em que José e sua família deixavam o Egito. Apesar das tentativas generosas feitas por Arquelau de suavizar suas relações com a Judeia em preparação para o seu governo, para a infelicidade dele havia na região um grupo considerável de zelotes ligados aos sacerdotes do Templo que não haviam perdoado nem esquecido a maneira como o pai de Arquelau, Herodes, havia executado Matias, um nativo da Judeia erudito e devoto, temente à lei e a Deus e um grande professor da retidão. Segundo Josefo, Matias e seu companheiro de erudição Judas haviam incitado um grupo de jovens estudiosos da Torá, transformando-os num bando militante disposto a enfrentar a morte em nome do Senhor. Tomados do entusiasmo dos justos, e livres de qualquer temor graças à pregação constante de lemas como "antes a morte do que a desonra", os rapazes depredaram uma grande águia dourada que Herodes havia postado à entrada do Templo acusando-a de ser um símbolo blasfemo. A lei proibia que fossem usados no Templo adornos lembrando qualquer criatura viva. Herodes, irritado, retrucou que blasfema era a manifestação de resistência, já que ele havia feito mais do que qualquer outra pessoa pela reconstrução do Templo do Senhor. Matias foi queimado vivo e muitos outros morreram.

Quando Arquelau se recusou a reconhecer o "martírio" dos zelotes falecidos em nome do Senhor, uma reedição do bando ocupou o templo instalada *em tendas*. Estariam eles montando um "assentamento no deserto" em pleno santuário numa referência consciente aos justos que haviam apoiado Moisés na construção do Tabernáculo Sagrado e da Arca da Aliança na época do Êxodo? Essa era uma imagem dominante na utopia zadoquita ou sacerdotal pró-retidão.

Os manifestantes estavam tão exaltados que se recusaram a dar ouvidos aos enviados do rei, entoando cânticos que se sobrepuseram às suas vozes da razão e pregando a revolta nas dependências do Templo. E ninguém poderá nos condenar por relacionar muitas das posições deles às expostas em documentos (antes desconhecidos) encontrados entre os Manuscritos do mar Morto datando do mesmo período e da época imediatamente anterior, que clamavam pela purificação da religião israelita face às influências estrangeiras e lassidão na observância dos seus preceitos. O conflito em torno do sumo sacerdote sem nome e odiado por seus opositores por não observar a lei tem uma forte ressonância, aliás, com o famoso confronto dos Manuscritos do mar Morto entre o "sacerdote iníquo" e o Professor da Retidão encontrado nos *pesherim* (ou seja, comentários sobre os profetas) de Naum e Habacuque. Não fosse a identificação direta feita por Geza Vermes do "sacerdote iníquo" como Jônatas Macabeu (sumo sacerdote e etnarca entre 160 e 142 a.C.), seria plausível considerar um cenário em que o Professor da Retidão pudesse ser a alcunha de Matias ou de Jesus.

Enquanto o Professor da Retidão quase com certeza ofereceu resistência à corrupção do ofício sacerdotal promovida por Jônatas Macabeu, tanto Matias quanto Judas viriam a fazer o mesmo – muitas gerações mais tarde – contra o governo herodiano e a corrupção pós-Macabeu, tornando-se heróis da resistência anti-herodiana. Não existe qualquer evidência, entretanto, de que eles tivessem ligação com alguma comunidade da Nova Aliança que procurava a vida no deserto para se dedicar à santidade perfeita e aos confrontos messiânicos escatológicos. Quando Josefo tem a oportunidade de mencionar um grupo que abriu mão de suas posses pessoais para seguir o líder zelota rumo ao deserto, nota-se um tom de desdém em seu texto; o historiador detestava "inovadores" político-religiosos e tinha dificuldades para repassar a essência e o sentido do que faziam a seus leitores gregos e romanos. Não havia nada de especialmente filosófico quanto aos adeptos da Nova Aliança, e era o viés da filosofia que Josefo usava para tentar explicar as facções que dividiam a Judeia, Samaria e Galileia – por temer, talvez, que os não judeus acabassem concluindo que a sua própria etnia era composta por loucos.

O "sacerdote iníquo" condenado pelos manifestantes do Templo no início do reinado de Arquelau seria o último de uma longa sequência de sacerdotes iníquos que vinham se bandeando para o lado do mundo helenista em detrimento da pureza zadoquita e retidão sacerdotal desde que Jônatas Macabeu (160-142 a.C.) combinara as funções sacerdotais e de liderança política um século e meio antes. É interessante notar que o termo usado por Josefo para os manifestantes do templo, "inovadores", era exatamente o mesmo que ele aplicava a todos os ativistas zelotes com programas messiânicos.

Como Arquelau era de origem idumeia-árabe por parte de pai, os zelotes o viam simplesmente como mais uma abominação que se interpunha tanto no caminho da comunidade partidária da retidão quanto do justo em si, o *"Zaddik"* ideal ou Verdadeiro Profeta. Desdenhoso da agitação messiânica, Arquelau já estava exasperado com a falta de qualquer indício de um consenso. Seguindo o exemplo de reação brutal do seu pai, o regente mandou que suas tropas invadissem o Templo. Milhares de manifestantes rebelados enfrentaram com tranquilidade mortes terríveis por obra do fogo, de flechas, lanças e espadas. A tendência suicida era uma das marcas da resistência zelote: a morte era almejada como um caminho honrado, a demonstração máxima – no entender deles – da lealdade a Deus.

A destruição que atingiu as instalações do Templo foi tão devastadora que Josefo enumera 18 mil trabalhadores envolvidos na sua reconstrução até o reinado de Nero, meio século mais tarde. As pessoas devem ter ficado fartas dos pedreiros itinerantes querendo reconstruir o que viam pela frente só para continuar tendo serviço.

Ainda no calor do massacre, Arquelau tratou rapidamente de buscar a ratificação da sua autoridade escolhendo viajar de Jerusalém para Roma *via* Cesareia. Enquanto isso, Sabino, o procurador de César para a Síria, rumava para a Judeia para "defender" os castelos e posses de Arquelau – mas o governador romano da Síria, Públio Quintílio Varo, encontrou-se com ele em Cesareia e o persuadiu a não interferir e aguardar a vontade de César. Sabino resolveu esperar. As tropas se agitaram, sedentas de ação e do rico butim oferecido por uma Judeia rebelada. Missões de pacificação eram lucrativas tanto para os oficiais quanto para os soldados – os mais pobres estavam sempre necessitados de uma boa guerra ou, melhor do que isso, uma pacificação de rebeldes civis.

Antipas, Salomé e outros membros da família também correram para Roma num suposto movimento de apoio a Arquelau. Chegando lá, entretanto, Antipas pôs em prática um plano – com total apoio de Salomé – para convencer César de que Arquelau não era adequado para o posto que ocupava. Um ponto que pesava significativamente contra ele era o fato de ter atiçado a agitação no Templo agindo como um monarca dotado de autoridade própria. Será que Antipas teria agido de forma diferente? Teria um relacionamento mais amigável com os zelotes da classe sacerdotal e seus seguidores? Ele parecia acreditar que sim.

Previsivelmente, entretanto, César não viu nada de desabonador na conduta violenta de Arquelau – uma atitude que aliás os romanos haviam aprendido a esperar – e com que contavam – durante o reinado notadamente longo do pai dele. Depois de ouvir a argumentação dos dois rivais, César respeitou a vontade do falecido Herodes, o Grande, com relação à questão: Antipas foi confirmado como governante da Galileia e Pereia (Transjordânia), com uma oferta de "ajuda" de Roma caso fosse necessária. A vontade respeitada, a bem da verdade, não foi a de Herodes e sim a da própria Roma.

Arquelau ainda governaria uma Judeia turbulenta por dez anos. Quando Sabino tentou mais uma vez confiscar propriedades das famílias locais, houve novos levantes. Reprimida selvagemente por Varo com três legiões de soldados sírios, a Judeia enfim foi pacificada – cerca de 2 mil revoltosos acabaram crucificados. Um grau de repressão certamente alto o suficiente para explicar a iniciativa de esconder documentos preciosos como os Manuscritos do mar Morto, cujo destino foram cavernas isoladas no meio do deserto da Judeia, na região do atual Wadi Qumran.

A decisão de José de evitar a sua terra natal poderia ser facilmente justificada em razão da violência, banditismo e turbulência social geral. Mas isso apenas numa visão retrospectiva – a menos, é claro, que José já tivesse como saber que Arquelau sofreria a oposição de um grupo sacerdotal militante sedento de vingança pelo que considerava um ataque às leis, costumes e tradições da Judeia promovido por seu pai, Herodes. Se José tinha alguma informação sobre Antipas, ele talvez soubesse que o outro filho de Herodes tinha menos propensão que o irmão para fazer inimigos entre os devotos se pudesse evitar isso. A mudança da família de José para a Galileia é um forte indício de sua preferência pelo governo de Herodes Antipas. Vale mencionar que, depois de sua transferência para a Galileia, Antipas teria ainda menos motivos para gostar de Roma – César, afinal, havia lhe tomado o seu reino.

Embora não tenhamos praticamente nenhuma informação sobre a criação de Jesus, nós sabemos que os dez anos de reinado de Arquelau na Judeia – durante os quais Jesus aproximou-se da época do seu *bar mitzvah* – foram uma pedra no sapato de César. E que tudo terminou no ano 6 d.C. – Arquelau foi chamado a Roma e exilado com toda a sua corte em Viena, na Gália. A história da Judeia entrou então numa fase nova e altamente instável, inaugurada por uma demonstração nada sutil das intenções romanas: um novo regime tributário imposto à província. Os romanos já estavam fartos dos seus reis-títeres na Judeia. Copônio foi nomeado como o primeiro de uma série de prefeitos designados por Roma para governar a Judeia e a Samaria até o ano 41 d.C., ou seja, ao longo de todo o tempo de vida de Jesus. Incumbidos de manter a região sob controle, os prefeitos contavam com tropas postadas no litoral, em Cesareia, reforços na Síria e uma guarnição bem no coração de Jerusalém, próxima ao Templo.

A Judeia agora estava sem rei. Do ponto de vista estritamente "israelita", parecia que Deus havia deposto o blasfemo Arquelau usando os romanos como instrumentos da Sua vontade. Ele agora continuaria a usá-los para seus propósitos ou então derrubaria o seu jugo por meio do verdadeiro rei, o justo, o correto, o que estava sendo esperado. A única coisa certa é que esse rei certamente não iria sair da Galileia!

QUATRO

IRMÃOS NO DESERTO

Nós investigamos a política na Judeia e Galileia ao longo dos anos formativos de Jesus. Jesus e João eram companheiros na política e na religião. Nós concluímos que a família de Jesus era um pivô de controvérsia política. A rejeição que ele sofreu por parte de uma comunidade que conhecia a sua família foi confundida com rejeição pela própria família. Qual era o verdadeiro sentido de chamar Jesus de "o construtor" e o "filho do construtor"? Falaremos sobre o sistema dos "doze homens, três sacerdotes" exposto nos Manuscritos do mar Morto. A família de Jesus tinha posição central nos seus planos.

Os registros canônicos nos dão apenas uma série de incidentes envolvendo a família de Jesus no período de sua juventude. Em Lucas, 2:40-52, lemos uma situação em que "seus pais", que tinham o costume de ir a Jerusalém por ocasião da Páscoa todos os anos, fazem uma viagem especial até a cidade não apenas para os festejos religiosos como também por causa dos doze anos do menino "segundo o costume".

Ao completar doze anos, Jesus seria introduzido aos privilégios e responsabilidades de ser um "filho da aliança" segundo a lei de Israel. Se, como parece o mais provável, Jesus nasceu no ano 7 ou 6 a.C. esse seu rito de passagem deve ter coincidido mais ou menos com a "convocação" de Arquelau a Roma seguida do exílio na Gália no ano 6 d.C.. Jerusalém e a Judeia deviam estar mergulhadas num estado de ansiedade generalizada. Antipas sem dúvida deve ter intuído que o seu momento de assegurar para si o trono da Judeia finalmente chegara. Desejoso da riqueza de Arquelau, entretanto, César Augusto decidiu enviar o senador romano Cirênio junto com Copônio, da Ordem Equestre, para a Síria e a Judeia. Copônio ficaria encarregado da prefeitura, enquanto Cirênio foi incumbido de fazer um levantamento das riquezas da província da Judeia para a cobrança dos impostos – uma espécie de Livro do Juízo Final. Esse foi o alistamento mencionado em Lucas por ocasião da ida dos pais de Jesus a Belém, o local do nascimento do menino segundo esse evangelho – e um erro, se decidirmos dar crédito às palavras de Mateus.

Por que Lucas cometeria um erro desses? Talvez ele estivesse apenas trabalhando numa narrativa alternativa na qual o nascimento de Jesus foi incluído *a posteriori*. Ou pode ser que só tenha feito confusão quanto ao elemento comum "Belém", citado tanto como centro tributário quanto local do nascimento. A explicação mais simples é que Lucas pode ter sido movido pelo desejo de conciliar a sua crença no nascimento em Nazaré na Galileia com a tradição profética vigente na época de que o Messias nasceria da casa de Davi em Belém na Judeia. O evangelista provavelmente lera a passagem a respeito dos impostos nas *Antiguidades Judaicas,* de Josefo e fez as suas próprias decisões: sinceras, mas quase certamente equivocadas. De modo contrário, o texto de Lucas pode ter aberto caminho para um propósito menos inocente.

A questão da cobrança de impostos aos judeus era um assunto político altamente sensível no século I e princípio do século II d.C. Os impostos motivaram uma rebelião. Os zelotes afirmaram que entregar os frutos da Terra Prometida de Yahweh a um "deus" pagão era o ápice condenável da blasfêmia. Paulo, que havia sido como dizemos hoje "liberado" da nova taxação romana, declarou o contrário, que os "irmãos em Cristo" deviam pagar os impostos a Roma sem reclamar e até mesmo de bom grado. Essa opinião serviria ao propósito paulino, também advogado por Lucas, de criar uma imagem de família devota e temente às leis romanas, que teria ciosamente atendido à convocação para o alistamento apesar do sacrifício que ele representava naquele momento. Para derramar ainda mais sal na ferida, a cobrança de impostos pelos romanos e os propósitos de Deus para a redenção da humanidade aparecem intimamente ligados na narrativa inegavelmente pró-gentia, pró-romana e – do ponto de vista dos judeus – colaboracionista.

Diante de toda a agitação política que, sabemos, estava presente na época, o *bar mitzvah* de Jesus pode não ter sido a ocasião plenamente feliz que seria de imaginar. Talvez até tenha havido motivos para um retorno inconvenientemente apressado à Galileia, se é que a Galileia era mesmo o destino da família. Com Arquelau afastado do governo, talvez Maria e José tivessem planos de em vez disso seguir viagem e visitar parentes e amigos em Belém e outras partes da Judeia.

O relato visto em Lucas de que os pais de Jesus seguiram viagem por um dia para só depois perceberem que o filho ficara em Jerusalém soa um tanto quanto inverossímil – a menos, é claro, que o menino tivesse sido entregue aos cuidados de outro membro da família ou companheiro de viagem, ou então que já costumasse mesmo ter suas atividades próprias, talvez em companhia dos irmãos – que, diga-se, não são mencionados de maneira nenhuma no evangelho em questão.

Lucas conta que Maria e José haviam caminhado por um dia para fora de Jerusalém pensando que ele viria "de companhia pelo caminho". Bem, crianças podem mesmo se perder em circunstâncias assim, sobretudo se houver mais de uma. Isso já aconteceu comigo e talvez tenha acontecido a vocês também. O termo traduzido como "companhia" é *synodia,* um grupo de viagem ou *caravana.* Isso pode indicar algo sobre a dimensão da família de Jesus – e possivelmente sobre sua riqueza – naquele momento: um clã de proporções consideráveis. Outra possibilidade é que a caravana fosse uma empreitada coletiva, como um grupo de peregrinação, composto por outras famílias egressas da mesma região – num cenário assim não é difícil imaginar que eles realmente possam ter caminhado por um dia todo imaginando que estavam com todos os membros reunidos, a salvo. José e Maria começaram a procurar ansiosamente por Jesus entre os parentes e *"tois gnōstois",* ou seja, as pessoas que conheciam. Novamente, a indicação é de que seria um grupo bastante numeroso – bem diferente da Sagrada Família a que fomos habituados pela iconografia clássica.

Será que a preocupação da família era que Jesus pudesse ter sido – Deus o livre! – *sequestrado,* numa manobra política? Lucas, ignorando qualquer possibilidade do gênero, segue sua história. A família retorna a Jerusalém. Eles passam três dias procurando pela cidade. *Três dias?* O que Jesus poderia estar aprontando? A família devia ter outros contatos na cidade. Talvez tenha sido um deles que os direcionou para o Templo. Nós recordamos novamente a história de Simeão (Lucas, 2:21-28), mas agora em vez de os ensinamentos assombrosos virem da boca de Simeão e Ana, filha de Fanuel, eles são proferidos pelo novo filho da aliança, Jesus.

Assentado no meio dos "doutores" no Templo, Jesus trata a família com certo ar de superioridade, mostrando-se curiosamente surpreso por eles terem ido procurá-lo em primeiro lugar. Isso seria apenas uma manifestação de sarcasmo precoce? Será que eles não *sabiam,* Jesus lhes pergunta, que lhe convinha "tratar dos negócios de seu Pai"? A implicação aí, a meu ver, é que eles *deveriam saber.* Jesus estivera fazendo perguntas aos doutores no Templo, ouvindo o que tinham a dizer e dando respostas impressionantes às questões propostas por eles em troca. Esse não era um menino propenso a seguir qualquer escola de pensamento ou seita religiosa estabelecida; o menino era um buscador.

O contraste feito pelo texto entre a forma como Maria se dirige a Jesus: *"Filho,* por que fizeste assim para conosco?" e a sua resposta falando em "meu *Pai"* nos remete imediatamente à ordem sacerdotal de *Abijah,* a qual Zacarias pertencia, cujo significado era "meu pai é Yahweh". Aparentemente, o filho de Yahweh acabara de praticamente renegar o pobre José, seu progenitor terreno aos olhos do mundo! Será que Jesus estava cogitando seguir a carreira sacerdotal? Mais sugestiva ainda é a insinuação feita por ele de que José e Maria já deveriam ter *entendido* as suas novas obrigações. Isso não poderia levar-nos a conjecturar que Jesus talvez tivesse – num arroubo de entusiasmo devocional juvenil – feito o voto de nazireu e estivesse portanto obrigado a oferecer sacrifícios no Templo no oitavo dia e ao final da sua duração? Aquele que se consagrava à santidade do Senhor ficava separado também das obrigações familiares. Mesmo que seus próprios pais viessem a falecer, o voto proibia que o nazarita se aproximasse de seus corpos (O que explica diversas das "palavras duras" de Jesus sobre as obrigações filiais em relação às estritamente religiosas). Teria ele se tornado nesse momento "Jesus, o Nazarita", separado, consagrado a serviço do Senhor e zeloso em Seu serviço?

Nós podemos conjecturar que a família de Jesus agora teria que se acostumar à ideia de que o menino já começara a trilhar o seu próprio caminho espiritual. Mas Jesus também certamente devia saber que seu dever principal segundo a lei era honrar pai e mãe, e – portanto – Lucas conta que quando eles o chamaram de volta Jesus foi, obedientemente. O cenário criado por Lucas é um quadro interessante, para não dizer limitado. A realidade por trás dele talvez tenha sido bem diferente.

Se a família estava voltando para a Galileia em busca de uma relativa paz, eles logo a veriam perturbada. Cirênio, o senador romano enviado a serviço do César, retirou o popular Joazar do posto de sumo sacerdote e pôs em seu lugar Anás, filho de Sete – que de forma nenhuma seria o último sumo sacerdote com esse nome. Um outro Anás, ou Ananias, seria, mais tarde, o responsável por condenar à morte o irmão de Jesus. O que pode lembrar a alguns a Profecia da Estrela: a "Estrela de Jacó" irá destruir "todos os filhos de Sete": música para os ouvidos dos justos em sintonia com o discurso profético.

Segundo Josefo, um homem chamado de Judas, juntamente com o fariseu Saduque, se manifestou imediatamente contra o programa de impostos implantado por Cirênio, acusando-o de ser nada menos que a instauração da escravatura. Liberdade para Israel! Judas incitava a revolta popular; Deus certamente estava do lado deles. Quanto mais o povo se rebelasse em nome Dele, diziam Judas e Saduque, mais Deus iria ajudá-los. E logo vieram os massacres e saques. Judas era nativo de Gamala, na Tetrarquia de Filipe, situada 16 quilômetros a leste do mar da Galileia e cerca de 120 quilômetros a nordeste de Jerusalém. A turbulência era muito real, um prenúncio do pior que estava por vir.

Nas suas *Antiguidades,* Josefo relata que havia quatro correntes filosóficas seguidas por seus compatriotas nessa época: a dos fariseus, que levavam as leis sagradas e palavras dos profetas para o povo; a dos saduceus, que comandavam a classe sacerdotal; a dos "essênios", que segundo o historiador adotavam um estilo pitagórico e eram homens santos devotos e místicos, dentre os quais alguns eram curiosamente chamados de *Polistae* ou "os da cidade"; e por último a do grupo ao qual Josefo não dá nenhum nome em especial, mas que descreve como a praga que tomou Israel iniciada por esse Judas de Gamala, ou "Judas, o Galileu". Esses eram os que mais tarde viriam a ser chamados de "os zelotes", embora essa designação esconda mais do que pode parecer inicialmente.

A Galileia ganhou uma reputação de foco de turbulências que não foi nada bem vista pelo seu regente, Antipas. Josefo, no seu habitual estilo comedido e texto ponderado, descreve os seguidores de Judas como tão aficionados pela liberdade que não eram capazes de aceitar leis que não fossem as de Deus. Esse grau de retidão e convicção férrea se manifestava num *ésprit de corps* intolerante e destemperado. Tão indiferentes às próprias mortes quanto às dos outros, incluindo amigos e familiares, foram eles – os "bandidos" como Josefo os chamava – que mais tarde levaram seu país à ruína completa. Parece que Deus não estava, no fim das contas, do seu lado.

Não há dúvida de que as explosões esporádicas de violência e terror sustentadas por Judas e seus seguidores exasperavam os regentes herodianos da Galileia e da Gaulanítida, que governavam a serviço de Roma. Eles queriam um estado de paz que trouxesse riqueza para os seus territórios, e não um que desafiasse toda a possibilidade de um entendimento. Filipe reconstruiu Betsaida batizando-a de *Betsaida-Julias* numa homenagem à esposa do César, Júlia, no *seu* lado da Galileia, enquanto Antipas construiu Tiberíades com toda a magnificência clássica para honrar o novo imperador Tibério (14-37 d.C.) no *seu* lado, 24 quilômetros a leste da Nazaré atual. Nem tudo na Galileia era massacre e extremismo, mas a nação certamente estava caminhando no fio da navalha.

À medida que Jesus e seu parente João iam crescendo, os prefeitos designados por Roma se sucediam e os sumos sacerdotes iam sendo retirados um após o outro de seu posto acusados de inconveniência política, enquanto zelotes de uma facção ou de outra se arriscavam a pôr tudo a perder – inclusive sua própria pátria – para espalhar revolta e assassinar aqueles que viam como colaboracionistas, tudo em nome de Deus.

Lucas nos conta que foi no 15º ano de Tibério, 29 d.C., que o parente de Jesus, João, filho de Zacarias, começou a pregar a penitência da nação no deserto da Judeia. João Batista citava as palavras de Isaías: "Voz do que clama no deserto: Preparai o caminho do Senhor... e toda a carne juntamente a verá, pois a boca do Senhor o disse." (Isaías, 40:3-5) O nome de Jesus quer dizer "Deus é salvação" ou "a salvação de Deus", e Lucas mostra não ter qualquer dúvida de que qualquer pessoa que havia tido a chance de ver Jesus em pessoa estava vendo a tal salvação cujo caminho João estivera preparando no deserto. A citação de Isaías pode ter sido a inspiração por trás da famosa frase "o Verbo se fez carne e habitou entre nós", que abre o místico Evangelho de João.

Jesus já é um homem agora. Um homem forte, desembaraçado e resoluto. Ele parece muito próximo de João, embora não por muito tempo, pois o homem que Jesus mais respeita logo é levado à prisão de Herodes Antipas na Fortaleza de Maqueronte, menos de 8 quilômetros a leste do mar Morto e próxima do Rio Naaliel. João havia criticado a conduta do tetrarca e o conclamado a se arrepender e se humilhar diante de Deus Todo-poderoso, aquele que traria a salvação para o Seu povo. Mateus conta que João também exortou os saduceus e fariseus a se arrependerem, duas das "correntes filosóficas" enumeradas por Josefo que também seriam confrontadas pelo seu parente Jesus. Uma batalha estava em curso pela alma de Israel.

E como poderíamos ignorar a perfeição com que essa batalha se reflete no Documento de Damasco, encontrado em Qumran, na margem oposta à da fortaleza onde João seria executado? Exatamente o ponto que era o foco da crítica de João a Herodes, o fato de ter se casado com a esposa do irmão, Herodias, e de desejar a filha dela, Salomé, é relatado com precisão no documento, onde lemos que eles poluíram "seu espírito sagrado" abrindo as bocas para blasfemar contra as leis da Aliança de Deus, dizendo: "Eles não têm certeza". A frase significa que os príncipes se arvoravam a interpretar a lei como mais lhes conviesse:

> *E, com relação ao príncipe, está escrito que tampouco para si multiplicará mulheres [Deuteronômio, 17:17] [...] E cada homem casa-se com a filha de seu irmão ou irmã, quando Moisés disse: A nudez da irmã de tua mãe não descobrirás; pois ela é parenta de tua mãe [Levítico, 18:13]. Mas embora as leis contra o incesto tenham sido escritas para o homem, elas também se aplicam à mulher. E, portanto, quando a filha de um irmão descobre a nudez do irmão de seu pai, ela também é parenta [dele].*
> (Documento de Damasco, 20,10)

Isso poderia ter sido escrito para João. Ou, pensando bem, poderia ter sido escrito *pelo próprio* João! No mesmo trecho nós lemos a respeito dos "edificadores da parede" (Ezequiel, 13:10) que vieram após um "Declamador" que "será pego fornicando duas vezes por tomar uma segunda esposa com a primeira ainda viva, quando o princípio da criação diz que *Deus criou o homem e a mulher, à imagem de Deus os criou.*"

(Gênesis, 1:27). Essa citação também era a essência da réplica de Jesus sempre que lhe perguntavam sobre a legalidade do divórcio. Quanto aos "edificadores da parede", a expressão se aplicaria perfeitamente aos construtores do Templo convocados por Herodes. A organização do Templo foi rejeitada pelos justos "filhos de Zadoque" dos Manuscritos do mar Morto, e foi condenada por Jesus, que também previu sofrimento para aqueles que ignorassem a retidão de Deus (Marcos, 13:3). Jesus aparentemente citou uma profecia semelhante (Salmos, 118:22): "A pedra que os edificadores rejeitaram tornou-se a cabeça da esquina".

A família de Jesus estava bem no centro das maiores comoções políticas que agitaram a Judeia e a Galileia da época. A imagem bucólica de Jesus e seus discípulos que recebemos nas aulas de catecismo não se sustenta diante da força da história. O seu parente João seria executado como um ativista político perigoso. O registro de Josefo deixa isso muito claro. Os macabeus tomavam o poder político através do poder da vida santificada. João e Jesus estariam intimamente familiarizados com a natureza desse poder. Herodes Antipas também, e ele o temia.

Depois de ser batizado por João, Mateus relata que Jesus se embrenhou no deserto da Judeia, onde, segundo os registros canônicos, ele enfrentou o Tentador e saiu vencendo: Jesus triunfou sobre as armadilhas do eu inferior.

Os documentos de Qumran apresentam a doutrina dos "dois espíritos" entre os quais o homem devoto deve escolher para se manter justo e incorruptível. Jesus sai incólume do encontro com Satã: um Verdadeiro Profeta. Ao saber da prisão do primo João do outro lado do mar Morto, Jesus decide seguir na direção oposta, rumo à Galileia ao norte (será que ele poderia ser o próximo na lista de Herodes?):

> *E, deixando Nazaré, foi habitar em Cafarnaum, cidade marítima, nos confins de Zebulom e Naftali; Para que se cumprisse o que foi dito pelo profeta Isaías, que diz: A terra de Zebulom, e a terra de Naftali, Junto ao caminho do mar, além do Jordão, A Galileia das nações; O povo, que estava assentado em trevas, Viu uma grande luz; E, aos que estavam assentados na região e sombra da morte, A luz raiou.*
>
> (Mateus, 4:13-16)

É interessante notar como nesse trecho encontramos menções aos territórios das tribos do norte de Israel, há muito perdidas. Zebulom e Naftali, citadas no texto, não existiam mais como territórios políticos definidos já havia setecentos anos. Será que Jesus – ou seus familiares – tinha em mente reunir de alguma forma o antigo reino de Salomão "em toda sua glória"? Quatro versículos depois da profecia de Isaías a qual Mateus faz referência vem a famosa proclamação messiânica: "Porque um menino nos nasceu, um filho se nos deu, e o principado está sobre os seus ombros..." Na narrativa de Mateus, entretanto, não é o momento mais propício para essa citação. O Jesus mostrado por ele está no auge da sua maturidade. Depois de vencer as tentações do diabo, o filho de Yahweh inicia a sua missão, repetindo ou assumindo a conclamação feita por João no deserto. João podia ter sido preso, mas sua mensagem continuaria sendo ouvida. Jesus mostraria a Antipas que a sua tentativa de amordaçá-lo havia sido em vão; e talvez isso tenha contribuído para Herodes ordenar a execução de João – como um sinal de alerta para os outros que seguiam falando em seu nome. Numa decisão arriscada, Jesus levou às cidades a mensagem: "Arrependei-vos, porque é chegado o reino dos céus." (Mateus, 4:17). Jesus acabaria por dar o seu toque pessoal à mensagem de João. E nem todos os seguidores de João lhe agradeceriam por isso.

É evidente que Jesus e seu primo João tinham muito mais em comum do que o parentesco. Os seus "assentamentos no deserto" eram próximos um do outro (senão o mesmo). A teologia da época pós-Jesus encobre esse fato – João é apresentado como "testemunha" de Jesus (João, 1:6-8). Isso ocorreu porque alguns dos seguidores de João Batista acreditavam que *ele*, João, era o Messias. Apesar de ser possível que o próprio João tenha percebido ou desconfiado de que seu parente Jesus era o Messias, o seu rebaixamento (do ponto de vista dos seus seguidores) para o status de mera testemunha também servia para apagar convenientemente a camaradagem política e religiosa entre os dois homens. E eu não acho que Jesus agradeceria à Igreja por isso.

Mas o que havia acontecido com o restante da família de Jesus? Nesse ponto de sua trajetória, Jesus passa a aparecer completamente sozinho.

A menção mais importante dos registros canônicos à família de Jesus nessa época certamente é a que está em Marcos, 6:1-7. O texto de Marcos é reconhecido como o mais antigo entre os evangelhos canônicos (entre 65 e 80 d.C.). E, segundo ele, Jesus chega "à sua pátria" (*patrida*) depois de ter escolhido doze seguidores de outras partes, supostamente dos arredores do mar da Galileia, cerca de 30 quilômetros a nordeste da Nazaré atual. É possível também que ele tenha "roubado" alguns dos seguidores de João depois da prisão do primo.

Marcos enumera os doze discípulos como sendo Simão, que Jesus renomeou como *Cefas* ("pedra" em aramaico); dois irmãos que apelidou de Boanerges (interpretado por Marcos como "filhos do trovão"): Tiago (Jacó), filho de Zebedeu, e João "irmão de Tiago"; André, Filipe, Bartolomeu, Mateus, Tomé (cujo nome significa "o gêmeo"), um outro Tiago chamado "filho de Alfeu", Tadeu, Judas "Iscariotes" e outro Simão chamado de "o Zelote".

Será esse um registro verdadeiro de doze indivíduos mesmo? Isso nós veremos adiante. De qualquer forma, os "doze" chamados para se aprimorarem como pregadores, homens santos, exorcistas e curandeiros, testemunharam Jesus passando seus ensinamentos em forma de parábolas enquanto operava milagres impressionantes no litoral do mar da Galileia perto de Gadara e também do outro lado, nas terras de Antipas. Da expulsão de demônios do corpo dos loucos até a cura de um leproso, Jesus coroa a sua lista de maravilhas-jamais-vistas adequadas à Era do Messias com a ressurreição espetacular da filha de Jairo, uma menina de 12 anos. Um milagre que, apesar disso, deveria ser mantido em sigilo absoluto.

O contraste entre esses acontecimentos e uma visita à "terra paterna" é chocante e – não se pode deixar de imaginar – deliberado. O trecho que vem em seguida, aliás, pode ser visto como francamente polêmico em si mesmo.

Primeiro ele desperta admiração entre os religiosos (na "sinagoga") com suas "palavras grandiosas". Logo em seguida, vêm as dúvidas. De onde Jesus tirara todo aquele conhecimento incrível?

> *Não é este o carpinteiro ["construtor" ou "arquiteto"], filho de Maria, e irmão de Tiago [Jacó], e de José, e de Judas e de Simão? E não estão aqui conosco suas irmãs? E escandalizavam-se nele.*

E Jesus lhes dizia: Não há profeta sem honra senão na sua pátria, entre os seus parentes, e na sua casa.

O seu próprio povo não lhe dava crédito. A fim de que não reste qualquer dúvida de que Marcos pretendia dizer o que parece estar dizendo – que os nomes listados são de familiares verdadeiros de Jesus – nós lemos que a admoestação do Mestre sobre ser destratado por aqueles que o conhecem de sua própria pátria refere-se especificamente aos parentes da *sua casa,* não a "irmãos" no sentido simbólico, espiritual ou honorário. A distinção entre os irmãos e irmãs e os doze discípulos não poderia estar mais realçada, aliás. Somente alguém preocupado com o efeito dessa passagem sobre leitores instruídos na doutrina da virgindade perpétua de Maria ficaria inclinado a questionar o sentido muito claro do texto grego. Qualquer objeção ao que está óbvio pode ser tratada como "falácia lógica", cegueira deliberada ou simples ignorância.

Jesus tinha irmãos no sentido mais corriqueiro do termo. A mãe deles era a sua mãe.

Felizmente, nós não precisamos acreditar nisso num sentido mais literal porque afinal se trata das Escrituras Sagradas. Até onde me consta, a narrativa como a conhecemos pode não passar de uma falsificação grosseira: um trabalho de recorte e colagem. O que nós temos no referido trecho, afinal? Temos um relato de Jesus sendo escorraçado, ou pelo menos criticado, pelos "seus compatriotas" e em seguida uma história sobre um grupo enfurecido na sinagoga. Não há nenhum detalhe muito revelador. Onde estão os irmãos e irmãs de Jesus quando o questionamento supostamente acontece? Maria chegou a ouvir a réplica dada pelo seu filho? Onde está José? Estaria morto a essa altura? Quem são esses "eles" que são admoestados por Jesus? Será que essas pessoas conheciam a família dele tão bem assim? Terá sido essa passagem a primeira origem do *logion* (ditado) que diz que o homem pode ser respeitado em toda parte que nunca o será no seu próprio quintal? Muitas são as pessoas que quando voltam às suas cidades natais acabam por descobrir que o que imaginavam ser laços de carinho na verdade era apenas fruto da velha familiaridade, e que quando essa se rompe, só revela um grande vazio no reencontro com as mesmas pessoas. E raramente as famílias são capazes de avaliar corretamente o progresso espiritual de um de seus membros, mais preocupadas que estão com o senso de segurança familiar garantido pelos laços de parentesco e com a liberdade que conseguem ter em seu seio, isoladas dos padrões vigentes na sociedade exterior e dos julgamentos externos. Todos nós sabemos o que é fazer bobagem só porque estamos no nosso território conhecido.

O fato é que a passagem nos diz pouco. Não podemos sequer deixar de lado a possibilidade de ela ter sido incluída apenas como uma réplica a alegações feitas pela família de Jesus quanto à sua primazia na Igreja, ou seja, que faça parte do debate político entre a Igreja Romana, dos cristãos gentios, e ramificações da Igreja Judaico-Palestina, que não exatamente valorizava – para dizer o mínimo – as contribuições de Paulo para o reinado messiânico. Tanto nas epístolas paulinas quanto nos Atos dos Apóstolos (um texto bem posterior) há confirmações substanciais da existência desse conflito.

Em Mateus 13:55-56, vemos repetido o relato de Marcos da rejeição sofrida por Jesus em sua própria pátria, embora a referência a Jesus como carpinteiro ele mesmo seja substituída por "Não é este o filho do carpinteiro [ou 'o filho do construtor']?" A ideia de apresentar o filho de Davi como estando "no ramo" não parece agradar a Mateus de forma nenhuma! E, além do mais, José ainda poderia estar vivo. "Juda" aparece com a grafia "Judas". O nome era bastante comum; Mateus sabe disso e seus leitores também. "Judas", como o Judas de Gamala ou Judas Macabeu: ativistas pela liberdade.

Talvez essa conversa de "filho do carpinteiro" traga ainda outro subtexto. Podemos imaginar algumas possibilidades. A Comunidade de Qumran ou da Nova Aliança rejeitava a opulência do complexo do Templo erguido por Herodes em Jerusalém – para eles, o local era conspurcado pelos sumos sacerdotes corruptos nomeados pelo governante e também pela conduta dele próprio, por sua postura política e origens étnicas. Eles, que se autodenominavam a comunidade perfeita, tinham um ideal próprio de templo e um planejamento detalhado para sua futura construção. Se essas pessoas formavam o grupo de origem de Jesus, ou se em seu grupo de origem havia ideais semelhantes, qualquer estreitamento dos laços de Jesus com o Templo talvez se tornasse para elas um problema. Se, por exemplo, o seu pai José tivesse contribuído com conhecimentos técnicos e de arquitetura para a reconstrução, o fato de Jesus ser seu filho seria uma base autêntica para que sofresse críticas e rejeição. A força das palavras como as lemos no texto, entretanto, está mais centrada na *familiaridade* dos acusadores com a família de Jesus, e é com essa implicação que devemos lidar.

Em seu livro *James the Brother of Jesus,* Robert Eisenman especula que a identidade de "filho de José" não passa de uma completa – bem, quase completa – falsificação, montada com base na descrição contemporânea do Messias como "Messiah ben Yusef", ou seja, nascido da "Casa", ou da linhagem do grande patriarca José. José que, para ficar ao lado de Deus, afastou-se de seus irmãos desviados, os pais das tribos de Israel. José que pela Providência Divina volta a se unir a seu pai Jacó (Israel) no final. Assim, por implicação simbólica, o "carpinteiro" seria o arquiteto da salvação de Israel da mesma forma que José fora o supervisor do Faraó e depois da salvação de seu povo, incluindo os hebreus.

Eisenman defende que *todas* as histórias a respeito de "José" são ou invenções baseadas em equívocos de interpretação da expressão "filho de José" aplicada ao Messias ou, numa fase pré-textual, narrativas codificadas para os "iniciados". É uma teoria, claro, mas não se pode dizer que seja uma propensa a saltar naturalmente aos olhos, a menos que o pesquisador em questão já esteja empenhado numa tarefa de demolição generalizada da narrativa cristã como – a julgar pela sua obra – Eisenman parece estar.

De qualquer maneira, eu penso que Robert Eisenman age certo quando não toma ao pé da letra muitas das histórias fragmentadas que aparecem no Novo Testamento, e ele fez um trabalho impecável ao demonstrar que os Manuscritos do mar Morto – se usados diligentemente – podem verdadeiramente lançar uma luz sobre o cenário complexo em meio ao qual Jesus, seus irmãos e irmãs cresceram. Se nos libertarmos um instante do viés cristão mais ordinário que quase sempre permeia nossa visão do episódio da "rejeição pelos seus" narrado no texto de Marcos, por exemplo, poderemos descobrir não só um relato bem diferente como também mais coerente e significativo do ponto de vista histórico.

Suponhamos, hipoteticamente, que a verdade por trás do trecho narrado em Marcos originalmente estivesse ligada a uma viagem de retorno feita por Jesus possivelmente para o norte, talvez mesmo para a "Terra de Damasco" (Cochaba?) ou algum tipo de assentamento ou "cidade" da Nova Aliança. As irmãs de Jesus ainda viviam na comunidade e ele pode ter ido até lá para resgatá-las. Então, nesse contexto historicamente consistente, a referência vista em Marcos sobre a rejeição a Jesus como "o carpinteiro" talvez não seja tanto um comentário sobre a sua ascendência, como Lucas assume de maneira um tanto óbvia e possivelmente ingênua, mas sim um *ataque direto*. Jesus era "o construtor" – e o construtor era *ruim!*

> *Mas todas essas coisas os edificadores da parede e aqueles que a cobrem com argamassa [Ezequiel, 13:10] não compreenderam, porque um seguidor do vento, aquele que atiça tempestades e chove mentiras, pregou para eles, [Miqueias, 2:11] contra todos aqueles sobre cuja congregação lançou-se a ira da Deus. [...] Mas Ele [Deus] detestava os edificadores da parede e foi sobre eles e sobre aqueles que os seguiam que lançou Sua ira; e assim será com todos aqueles que rejeitarem os mandamentos de Deus e os abandonarem em nome da intransigência de seus corações.*
> (Documento de Damasco)

Se Jesus declarava ou insinuava que ele próprio era "a pedra que os construtores rejeitaram", seus interlocutores mais instruídos retrucavam que era o contrário, que Jesus não passava do "edificador" rechaçado que profetizava "Paz" em Ezequiel 13:10-16:

> *Porquanto, sim, porquanto andam enganando o meu povo, dizendo: Paz, não havendo paz; e quando um edifica uma parede, eis que outros a cobrem com argamassa não temperada; Dize aos que a cobrem com argamassa não temperada que ela cairá. Haverá uma grande pancada de chuva, e vós, ó pedras grandes de saraiva, caireis, e um vento tempestuoso a fenderá. Ora, eis que, caindo a parede, não vos dirão: Onde está a argamassa com que a cobristes? Portanto assim diz o Senhor Deus: Fendê-la-ei no meu furor com vento tempestuoso, e chuva de inundar haverá na minha ira, e grandes pedras de saraiva na minha indignação, para a consumir. E derrubarei a parede que cobristes com argamassa não temperada, e darei com ela por terra, e o seu fundamento se descobrirá; assim cairá, e perecereis no meio dela, e sabereis que eu sou o Senhor. Assim cumprirei o meu furor contra a parede, e contra os que a cobriram com argamassa não temperada; e vos direi: Já não há parede, nem existem os que a cobriram; Os profetas de Israel, que profetizam acerca de Jerusalém, e veem para ela visão de paz, não havendo paz, diz o Senhor Deus.*

Chamar Jesus de "filho do construtor" significaria isso, então, o mesmo que condenar um homem tachando-o de "filho de Belial". Assim como Jesus, o grupo da Nova Aliança pode ter buscado correspondência de profecia em profecia até identificar o recém-chegado como motivo de escândalo, como conta o texto de Marcos. Ezequiel era um profeta de Deus, um homem muito estimado – quem ousaria contradizê-lo? E é essa acusação que Jesus talvez estivesse retrucando quando disse: "Não há profeta sem honra senão na sua pátria". Será que os "seus", ou antigos companheiros, teriam ouvido a bênção de Jesus aos "pacificadores"?

Embora afirmar que o "Jesus autêntico" e sua família podem ter escolhido apoiar a visão mais intransigente do Documento de Damasco seja ainda um ponto passível de discussão, também é razoável imaginar que um professor original como Jesus parece ter sido possa ter discordado dos fundamentos da questão e acabado sofrendo rejeição de antigos companheiros por conta disso: a mais amarga das consequências. Desse modo, a tradição de que Jesus foi rejeitado pelos "seus", além de pelos poderosos do mundo, pode ter nascido não de uma disputa por conta de questões *com a família dele,* que em nenhum ponto recebe apoio direto nos evangelhos sinópticos, mas sim de um desentendimento com o grupo da Nova Aliança, antigos "irmãos de ideologia" com os quais talvez Jesus tivesse estudado e convivido na juventude. E, como nós veremos mais adiante, Tiago, irmão de Jesus, talvez tenha aparecido de maneira mais identificável para aqueles que leram o Documento de Damasco e o aceitaram sem qualquer objeção.

Em Marcos, 14:43, quando Jesus é capturado por uma "grande multidão" de sacerdotes, escribas e anciãos, o grupo aparece armado com espadas e varapaus. Vejamos portanto a interpretação do texto de Números, 21:18, que aparece no Documento de Damasco: "O *Cajado* [ou varapau] é o Intérprete da lei sobre o qual Isaías declarou que produz a ferramenta para sua obra" (Isaías, 54:16). Será que a rejeição sofrida por Jesus diante dos "seus" pode ter sido motivada por um conflito grave a respeito da interpretação da lei? Essa ideia parece fazer sentido imediato em vista dos muitos conflitos com fariseus e outros grupos apresentados nos evangelhos canônicos.

Nenhum dos homens que entraram para a Nova Aliança da terra de Damasco, e que novamente a traíram e se afastaram da fonte

da água viva, participará do Conselho do povo ou terá seu nome inscrito em seu Livro desde o dia de sua reunião com o Professor da Comunidade até a vinda do Messias de Aarão e Israel.
(Documento de Damasco)

Se um homem como Jesus viesse a insinuar por um segundo que fosse que *ele* era o Messias, os guardiões da Nova Aliança considerariam que o homem que eles haviam conhecido previamente e cuja família haviam conhecido tinha assinado a sua sentença de morte. A punição para uma blasfêmia dessa ordem não podia ser outra senão a morte. E se o contexto estiver correto, devemos considerar ainda outra consequência relevante de uma rejeição a Jesus por parte dos entusiastas do grupo dos "filhos de Zadoque", defensores da entrega sacerdotal perfeita: os irmãos e irmãs de Jesus – assim como talvez seu pai e sua mãe também – seriam igualmente banidos. Está escrito no Documento de Damasco: "Nem eles [os transgressores] nem seus parentes devem ter lugar na casa da lei".

Isso explicaria perfeitamente por que Jesus resolveu assumir o seu próprio *cajado,* reunir seus próprios seguidores, no seu próprio assentamento, com adeptos próprios – a sua própria "nova Israel". E quase certamente um grupo assim incluiria membros da família de Jesus.

O trecho do evangelho de Mateus que cita os *nomes* dos "doze" (em 10:2-4) não é exatamente uma cópia do que vemos no relato de Marcos: Simão "chamado Pedro" (que no grego quer dizer "pedra"), é descrito como irmão de André (diferente do que lemos em Marcos), seguido por Tiago (Jacó) filho de Zebedeu e João "seu irmão", Filipe e Bartolomeu, Tomás, Mateus, o publicano, Tiago "filho de Alfeu", Lebeu "apelidado de Tadeu" (Marcos só menciona Tadeu), Simão, o Zelote (que em outras versões da Bíblia foi chamado de "cananita" por causa da tradução equivocada do termo em aramaico para "zelote" ou "guerreiro santo"), e "Judas Iscariotes".

É perfeitamente compreensível que, sob pressão das circunstâncias, dogmatistas católicos tenham se sentido tentados a usar esse "Tiago, filho de Alfeu" para abafar as incômodas referências de São Paulo a "Tiago irmão do Senhor", ou então a recorrer aos textos apócrifos – ou fontes não autorizadas, na sua própria definição – para sugerir que Maria podia ter uma *parente,* talvez até mesmo uma *irmã* (!) ou cunhada *também chamada Maria* que também teve filhos, e que portanto esses podiam ser chamados de "irmãos" num sentido mais genérico ou "parentes", mas que não seriam *tão* próximos a Jesus ao ponto de pôr em perigo o dogma crucial envolvendo a virgindade de Maria – sem o qual teríamos um Jesus manchado pelo pecado original e arriscado a ver cair por terra, pelo menos dogmaticamente falando, as imputações de proporções cósmicas lançadas sobre si. Só que, é preciso reforçar, os registros canônicos fazem uma distinção bem clara entre os doze e os aparentados – um dos irmãos de Jesus é chamado Tiago e ele não é um dos doze, ou pelo menos não segundo o cânone.

Igualmente tentadora é a suspeita mais recente que, diante da coincidência de nomes entre os doze e os irmãos de Jesus, leva à conclusão não exatamente brilhante de que só poderiam ser as mesmas pessoas, ou pelo menos que alguns seriam os mesmos, dependendo da tese que se esteja tentando comprovar. Desse modo, Simão, seja o Cefas (Pedro) ou o Zelote, seriam ambos ou pelo menos um deles o Simão irmão de Jesus; o seu irmão Tiago teria sido identificado equivocadamente como "filho de Zebedeu" (sendo esse "Zebedeu" um nome derivado de Zabda, um curandeiro judeu em um livro de medicina) ou "filho de Alfeu" (ou então Alfeu seria outro nome do pai "verdadeiro" de Jesus, um certo Cléofas ou Clopas); Lebeu seria uma distorção de um apelido de Tiago ("Oblias", talvez um "baluarte" ou "coluna" como São Paulo chama Tiago, o irmão do Senhor), e, por isso, um dos irmãos também; João (sendo apresentado como irmão de Tiago "filho de Zebedeu") também seria irmão de Jesus; Tomé, que significa "o gêmeo" (e é citado em João, 21:22, como Tomé "Dídimo" – que também quer dizer gêmeo) só pode ser irmão gêmeo de Jesus ou de outro discípulo; e Judas Iscariotes – bem, ele também deve ser o mesmo Judas, irmão de Jesus, talvez até seu gêmeo, já que há no apócrifo Livro de Tomé o Contendor referências a um *Dídimo Judas Tomé* como sendo "gêmeo e verdadeiro companheiro" de Jesus. Somente o pobre José é deixado de fora da teoria – como o que foi desprezado pelos irmãos na história famosa. (Mas talvez *ele* fosse José de Arimateia!).

Nesse cenário pintado com cores radicais, não havia estrita ou necessariamente doze seguidores, mas Jesus, seus três irmãos e mais André, Filipe, Bartolomeu e Mateus. O Evangelho de João acrescenta outro nome de discípulo, Natanael, que alguns convenientemente identificam com "Bartolomeu" – em parte porque esse último não é propriamente um nome e sim uma corruptela de "Bar (filho de) Tolmai" (que em aramaico é o "homem que lavra" ou fazendeiro) ou de Bar-Ptolemy, e em parte para manter a tradição dos doze apóstolos intacta. *Quem paga a conta encomenda a música.*

Mas, alguma dessas coisas tem alguma utilidade para nós? Parece que para contrariar a tendência católica mais comum de negar a situação fraternal de Tiago usando a coincidência do seu nome com o do "filho de Alfeu", os oponentes mais radicais do dogma católico se jogaram ao mar e nadaram até a margem oposta. Meu Deus, então seriam quase TODOS eles irmãos de Jesus! Preparem-se, crianças, porque temos aqui uma verdadeira *DINASTIA*! E esperem só até os madalenistas começarem a desfiar a história das "irmãs" dele!

Para mim, um ponto está bem claro: eu não preciso me fiar nos autores canônicos quando a questão são os nomes dos doze apóstolos. Em parte porque eu não entendo muito o porquê dessa questão com o número doze nos evangelhos. Obviamente existe aí um paralelo com as doze tribos de Israel e talvez até com os signos do zodíaco. Mas tirando o caso de Judas Iscariotes, cujo título pode se originar do nome da tribo de Isschar, cujas terras se situavam às margens do mar da Galileia e abrigavam membros que receberam responsabilidades financeiras e divinatórias no reinado de Salomão (*percebem?* Judas era "o tesoureiro")... Bem, tirando isso, nenhum dos outros "nomes" – e eles são em grande parte apenas isso – tem qualquer papel ou simbolismo especial atrelado a si. São um grupo bem sem graça. A identidade dos doze fica solta no contexto, sem nenhum sentido para cobrir sua nudez. A implicação por trás disso pode ser que os autores canônicos não faziam muita ideia do que Jesus pretendia quando formou seu grupo de doze seguidores. Mas em seguida, claro, chegamos ao "cerne principal": Tiago, Pedro e João – o que é interessante por muitos motivos sobre os quais não podemos discorrer aqui. Depois há ainda cerca de setenta a cento e vinte outros discípulos...

E depois... Ora, depois vêm os irmãos de Jesus – e a sua mãe querida, Maria, que é brindada com participações ocasionais, mas muito peculiares, ao longo de toda a narrativa. Mas, antes de mais nada, nós temos mesmo algum motivo para aceitar a referência vista em Marcos aos irmãos e irmãs de Jesus como sendo mais exata do que a sua lista dos "doze"? Bem, existe um: o registro que fala dos irmãos de Jesus é consistente em todas as fontes onde ele ocorre, ao passo que na lista dos doze aparecem variações. Isso nos registros canônicos, dos quais pelo menos um nome é confirmado em textos da mesma época: o de Tiago. Outro que nos salta aos olhos é o de Judas. E não podemos deixar de notar que se em algum momento houve a intenção de se fazer uma conexão significativa entre os doze com o patriarca Jacó e seus doze filhos, os irmãos de Jesus cujos nomes são citados nos fornecem um bom número de elos dessa corrente: Jacó, Judas, José. Jacó, o patriarca, guiou sua família até o Egito na época da grande fome. E, claro, foi Josué ("Joshua", "Jesus") que levou triunfantemente as tribos de volta para a Terra Prometida.

Mas antes de deixarmos de lado o grupo de resmungões que desrespeitaram Jesus apenas porque talvez estivessem familiarizados demais com a família dele (coisa que não podemos dizer a respeito de nós mesmos), consideremos uma possibilidade que talvez possa ajudar a costurar melhor a história dos doze e até dos irmãos, e que com isso ofereça uma explicação para os nomes em comum e as identidades duplicadas.

Há uma tese amplamente aceita de que na época de Jesus provavelmente havia uma comunidade da Nova Aliança ultrarradical ainda em funcionamento em Khirbet Qumran, às margens do mar Morto, assim como presença deles em "assentamentos" e "cidades" mistos (do ponto de vista mais estrito), onde conviviam com não membros e também com gentios. E dentre as muitas regras que regiam esses grupos da Nova Aliança aos quais os Manuscritos do mar Morto fazem referência havia uma que determinava a convocação do chamado Conselho da Comunidade:

> *No Conselho da Comunidade deve haver três homens e três Sacerdotes, perfeitamente versados em tudo o que esteja revelado na lei e cujos pilares sejam a verdade, a retidão, a justiça, a compaixão e a humildade. Eles devem perseverar na fé em sua Terra com constância e mansidão e expiar seus pecados pela prática da justiça e através das dores da penitência. Eles devem andar lado a lado com todos os homens segundo o padrão da verdade e a regra de seu tempo.*

(IQS VIII, 1-4; retirado de *The Complete Dead Sea Scrolls in English*, traduzido por Geza Vermes, Penguin Classics, 2004)

Doze homens e três sacerdotes. Até onde se sabe, alguma forma desse preceito *ainda estava em vigor* no tempo em que João Batista se debruçaria em sua cela na Fortaleza de Maqueronte para ver, se tivesse uma janela, o seu parente Jesus preparando alguma coisa importante na margem oposta do mar Morto, ao norte. Nessa exposição de regras que veio desaguar nas praias do século XX depois de passar dois mil anos presa numa caverna, nós temos um modelo de conselho de liderança composto por doze homens que, acompanhados por três sacerdotes, devem "andar lado a lado com todos os homens segundo o padrão da verdade".

Os registros não canônicos deixam muito claro, como veremos, que Tiago, irmão do Senhor, era um sacerdote. E o próprio Jesus, obviamente, será descrito na Epístola aos Hebreus da Bíblia canônica como um sacerdote "segundo a Ordem de Melquideseque". E talvez vocês se lembrem de ver também Jesus ser tratado ocasionalmente como "Mestre" (João, 1:38). Em outros dos "textos de Qumran" relacionados, lemos que o posto do chefe supremo da comunidade era ocupado pelo "Guardião", também chamado de Mestre (*maskil*). Isso indica que o modelo para a atuação de Jesus pode ter sido tirado dessas fontes ou de outras que fossem comuns aos autores de Qumran e a Jesus. Tentar identificá-las, entretanto, por tentador que possa parecer, poderia levar-nos numa direção totalmente equivocada. Os ensinamentos da Comunidade da Nova Aliança presentes nos textos de Qumran (ou do mar Morto), ensinamentos de *zedek* e *hesed*, de retidão e devoção, que foram proibidos para serem mantidos longe dos olhos dos não membros, não oferecem nenhuma correspondência com o grande volume de dizeres atribuídos a Jesus, muito embora lidem em grande parte com exatamente as mesmas questões e usem as mesmas referências das escrituras como ponto de apoio.

A tese de que o "Jesus evangélico" tenha sido uma criação para se contrapor à abordagem legalista dos textos de Qumran – como é sugerido pelo professor Eisenman, por exemplo – requereria um grau de inventividade extraordinário por parte dos fraudadores envolvidos. E com que propósito? Um esforço dessa monta seria empreendido simplesmente para refutar as convicções de uma seita rival, numa oposição que só seria possível que existisse – a menos que eu me engane – caso as tais convicções inventadas já existissem de antemão? Encarar os evangelhos como sendo, fundamentalmente, pouco mais do que uma peroração da postura "anti-Qumran", ou melhor, anti-Tiago, o Justo, carece de credibilidade. Que o pensamento paulino influenciou fortemente a teologia dos evangelhos, quando não a sua própria narrativa, já é um consenso. E por certo essa influência pode ter sido seriamente subestimada, como Eisenman sugere, no que diz respeito também aos Atos dos Apóstolos de Lucas. Mas uma leitura crítica e minuciosa dos evangelhos revela as suas inconsistências como instrumentos polêmicos organizados. Como a história comprova, os textos contidos neles podem servir a praticamente qualquer tipo de interesse religioso – até mesmo, ao que parece, à sua própria destruição como narrativas dotadas de credibilidade e valor!

Em última instância, o que temos é o seguinte: se os textos de Qumran forem um sapato, o pé de Jesus como é apresentado nos evangelhos não serve nele. Conclusão número um: o sapato não é dele. Conclusão número dois: esse pé é uma invenção; na verdade o pé *em questão* era... o do seu irmão! Um irmão, notem, não da pessoa "Jesus" – "ele" não existiu de verdade – mas uma doutrina de salvação designada como "Yeshua": Deus é salvação. Esse é um dos *teasers* apresentados na análise muito inteligente, embora talvez não inteligente o bastante, feita por Eisenman em *James the Brother of Jesus* – certamente um evangelho para todos aqueles que veem o cristianismo como antissemita por excelência.

Se "Jesus" foi concebido desde o princípio como uma invenção polêmica baseada em "outras" figuras messiânicas, então essa invenção teria necessariamente de apresentar mais consistência interna do que a que apreendemos da leitura dos textos costurados, desiguais, por vezes assombrosos, em outras ingênuos ou excessivamente imaginativos e em grande parte confusos das narrativas evangélicas. Como observa Geza Vermes, o oponente interpretativo de Eisenman, é justamente a individualidade, para não dizer humanidade pungente, de Jesus, o Judeu, que nos permite enxergar as falhas da solução de Qumran para os problemas de Israel e perceber por que essa solução se tornou hoje uma relíquia buscada pelos mortos.

Entretanto, como nós vimos, é bem possível que Jesus tivesse em mente uma *organização* nos moldes da descrita nos Manuscritos do mar Morto, ou até mesmo o conjunto completo de panaceias doutrinárias que a acompanhava. Como os registros canônicos revelam que ele passou temporadas no deserto da Judeia e também ao norte da Decápolis, na "terra de Damasco", com finalidades espirituais, e que parecia ter um ótimo conhecimento da sua região (sem nunca sequer precisar de um mapa!), podemos supor que Jesus estaria evitando entrar em contato com pessoas familiarizadas com as regras para a comunidade, como indicamos? Ele talvez tenha convivido com eles até completar 30 anos, idade na qual – vejam vocês – os membros da comunidade passavam a ser considerados inteiramente responsáveis como tais. Pode-se argumentar inclusive – no rastro de Eisenman – que Jesus talvez tenha elaborado conscientemente a sua contestação às ideias vigentes sobre a aplicação e o espírito das leis de Deus para que elas chamassem a atenção pelo contraste com a posição do grupo da Nova Aliança, e não que seus ensinamentos sejam, como sustenta o professor Eisenman, um produto da oposição de Paulo às regras da comunidade implantado *a posteriori*.

Entretanto, seguindo adiante na argumentação, depois de ter "enfrentado" fariseus e saduceus, e até mesmo – se tomarmos o texto de Lucas como verdadeiro – os arrogantes levitas e escribas, o próprio Jesus já havia angariado para si (da mesma maneira que a Nova Aliança) inimigos o bastante! E, assumindo que as narrativas de Marcos e Mateus têm fundamentação histórica, ele talvez tivesse arrumado problemas até com a própria família. Se os seus familiares estivessem vivendo, como é sugerido nos textos, em um assentamento ou cidade em meio ao que restava da comunidade de partidários da retidão, podem ter absorvido crenças residuais suficientes para assumirem uma posição conflitante com a de Jesus quanto a diversos assuntos. Um cenário assim pode ter sido a inspiração por trás de dizeres famosos de Jesus, tais como: "Ninguém deita vinho novo em odres velhos", ou "Limpa primeiro o interior do copo". Jesus queria o frescor de uma organização totalmente nova; eu não creio que fosse se dar por satisfeito assumindo a de qualquer outra pessoa. Isso também explicaria a famosa discussão entre os discípulos sobre quem ocuparia que posição no suposto desfecho final, messiânico e apocalíptico.

Eisenman especula que o irmão de Jesus, Tiago, pode ter sido o "Professor da Retidão" dos textos de Qumran, e identifica o seu maior oponente, o "sacerdote iníquo" também chamado de "Homem da Mentira" ou "Declamador" com a figura do sumo sacerdote Ananias, que condenou o irmão sagrado de Jesus à morte por apedrejamento. Essas identificações experimentais são parte da suspeita mais ampla de Eisenman de que o primeiro grupo "cristão" ou messiânico da Palestina deve ter se localizado entre os hebreus dos textos de Qumran, e não entre os gregos dos evangelhos e das epístolas de Paulo, Pedro e João. Aparentemente, traços autênticos de cristianismo ou de um protocristianismo podem ser encontrados na epístola de Tiago, irmão do Senhor. As *obras* são o que atesta a retidão do homem, sem nada da conversa fiada e colaboracionista paulina de "justificação pela fé" feita para gentios incircuncisos! Isso me lembra um pouco o "Cânon Marcionita" – basta defenestrar as obras de que você não gosta e venerar aquelas que o agradam. A visão de Eisenman é bastante radical, e evocada para muitos posicionamentos com os quais ele pessoalmente não concordaria, mas como Geza Vermes bem observa, ela tem a grave desvantagem de ter sido "impingida sobre" o material de Qumran em vez de haver emergido dele. Ou seja, você primeiro se dá conta de que está diante de um material revolucionário e sensacional ao ponto de lhe permitir declarar que *os documentos de Qumran são registros protocristãos autênticos e inconspurcáveis* e só então parte atrás de provas para que tudo seja apenas uma questão de "fazer as conexões". E as "provas" nesse caso vêm sob a forma de uma cadeia interminável de especulações em torno da interpretação de palavras-chave e raízes de palavras, baseada na premissa de que a posição paulina, onde quer que ela se encontre nos evangelhos, é sempre espúria, antijudaica e não confiável. Paulo foi um inovador que distorceu um movimento judeu transformando-o em algo que ele jamais tencionara ser: um substituto para a Sagrada Lei de Israel.

Não seria mais sensato tentar analisar os Manuscritos do mar Morto em seus próprios termos?

Eu não concordo que "Tiago, irmão do Senhor" tenha sido o "Professor da Retidão" da comunidade de Qumran, embora talvez ele fosse *um* professor de retidão e um verdadeiro profeta – mesmo os evangelhos canônicos não demonstrando ter qualquer conhecimento disso. As epístolas de Paulo, por outro lado, parecem ter algum conhecimento do fato e, como veremos, é a compreensão de Eisenman sobre o conflito de Paulo com a proto-Igreja de Jerusalém que realmente vai lançar uma luz sobre a nossa busca pela Família Desaparecida.

CINCO

CISÃO FAMILIAR?

E*, falando ele ainda à multidão, eis que estavam fora sua mãe e seus irmãos, pretendendo falar-lhe. E disse-lhe alguém: Eis que estão ali fora tua mãe e teus irmãos, que querem falar-te. Ele, porém, respondendo, disse ao que lhe falara: Quem é minha mãe? E quem são meus irmãos? E, estendendo a sua mão para os seus discípulos, disse: Eis aqui minha mãe e meus irmãos; porque, qualquer que fizer a vontade de meu Pai que está nos céus, este é meu irmão, e irmã e mãe.*

(Mateus, 12:46-50)

Essa atitude de Jesus teria sido uma postura de enfrentamento com a própria família?

Embora seja razoável concluir através dos registros canônicos que Jesus estava trabalhando para estabelecer uma nova comunidade dinâmica, um novo agrupamento, usando para isso a tática de desafiar os membros das "sinagogas" existentes a se unirem a ele, a reação dos próprios familiares aos seus esforços é – ainda segundo o cânon – na melhor das hipóteses apenas ambígua.

O discurso de Jesus registrado no capítulo 12 do Evangelho de Mateus deve ter partido o coração da sua mãe. Ela foi posta no mesmo patamar de qualquer pessoa que aos olhos de Jesus estivesse do lado certo da verdade. Em Marcos, 3:31, lemos a mesma história, exceto pelo fato de que os discípulos não são mencionados diretamente como sendo espiritualmente os irmãos, irmãs e mãe de Jesus, apenas "os que estavam assentados ao lado dele". Mateus provavelmente leu isso e presumiu que a intenção de Marcos havia sido se referir aos discípulos mais exclusivamente. O relato que lemos em Lucas (8:19) é bem mais incisivo:

> *E foram ter com ele sua mãe e seus irmãos, e não podiam aproximar-se dele, por causa da multidão. E foi-lhe dito: Estão lá fora tua mãe e teus irmãos, que querem ver-te. Mas, respondendo ele, disse-lhes: Minha mãe e meus irmãos são aqueles que ouvem a palavra de Deus e a executam.*

Por um lado, o golpe é suavizado; por outro, vemos uma insinuação de que os familiares talvez estivessem negligenciando suas obrigações. De qualquer forma, Jesus não relaciona a sua missão com eles. Não há indício de uma dinastia familiar nesse caso – pelo menos no que diz respeito aos ensinamentos espirituais, todos são igualmente seguidores: *Vinde e segui-Me*. É novamente o filho desgarrado "tratando dos assuntos de seu Pai", com uma ponta de impaciência diante da interferência ou da insinuação de que a família deveria vir antes da sua missão em curso. Para fins do trabalho espiritual de Jesus, os familiares parecem ter sido deixados de fora. Eles podem esperar na fila com os outros – sem nenhum privilégio especial. Mais uma vez, as distinções empregadas deixam claro que ele é praticamente indiferente aos desejos de quem é sangue do seu sangue.

Mateus abre espaço para a possibilidade de que os irmãos de Jesus sejam resultado da união sexual entre Maria e José:

> *E José, despertando do sono, fez como o anjo do Senhor lhe ordenara, e recebeu a sua mulher; E não a conheceu até que deu à luz seu filho, o primogênito; e pôs-lhe por nome Jesus.*
>
> (Mateus, 1:23-25)

Está tudo aí. Ele não a "conheceu", ou seja, não teve relações conjugais com Maria, *até que* Jesus nasceu. Ele foi o seu primogênito; outros estavam por vir. Mateus pode ser um defensor da ingerência do Espírito Santo na concepção de Jesus, mas ele não apoia a ideia de que Jesus não tenha tido irmãos nascidos da mesma mãe terrena. Mas um outro conceito que Mateus também capta, provavelmente a partir do texto de Marcos, é a imagem de um Jesus que não necessariamente se entendia bem com sua família. Jesus fora separado, consagrado. E ele parece ter tomado para si o direito de escolher quem seriam os seus parentes. Entretanto, há registros mostrando que pelo menos um de seus irmãos, Tiago, também era "consagrado desde o ventre de sua mãe". Ambos consagrados a Deus, eles deviam ter muitas coisas em comum.

Mas relações familiares sempre podem ser muito complexas. Há quem passe a maior parte da vida profissional ignorando a família apenas para deixar todos os seus bens para parentes que mal tiveram a chance de conhecer quando vivos e, aos amigos mais próximos e à pessoa amada, nada além de lembranças. Não que seja preciso escolher uma coisa em detrimento da outra. Mas nós não vemos nos evangelhos muitas expressões de afeto entre Jesus e seus familiares. Claramente, os autores não se mostram inclinados a compartilhar segredos familiares.

Em Mateus 27:55-56 lemos sobre alguém que à primeira vista parece ser Maria, a mãe, assistindo a distância a Crucificação: "E estavam ali, olhando de longe, muitas mulheres que tinham seguido Jesus desde a Galileia, para o servir; Entre as quais estavam Maria Madalena, e Maria, mãe de Tiago e de José, e a mãe dos filhos de Zebedeu". O jeito de falar da mãe de Jesus soa estranho: "mãe de Tiago e de José"; e o irmão Judas some completamente de cena. Talvez esse texto tenha sido adulterado. Versões mais antigas do Evangelho de Mateus trazem a forma "Joses" para José, indicando que existiram variantes. Ainda assim, há uma estranheza aí.

Lucas não fala em "Maria" de forma nenhuma, somente das mulheres da Galileia em geral. Marcos, que provavelmente apresenta o relato mais antigo desse ponto em especial, diz: "Maria Madalena, e Maria, mãe de Tiago, o menor, e de José, e Salomé; (As quais também o seguiam, e o serviam, quando estava na Galileia; e muitas outras, que tinham subido com ele a Jerusalém)". A ambiguidade não pode deixar de ser notada, é claro: o que é esse "Tiago, o menor"? A palavra grega é *mikrou,* como em "microscópico". Pode significar que ele era "o pequeno", "o miúdo" ou até "o jovem". Nada que ajude muito. Pequeno em relação a quem? *Muito estranho.* Há menção também a uma "Salomé" e, embora o texto seja ambíguo, a Maria citada parece ser mãe dela. Epifânio, Pai da Igreja por volta do ano 400 d.C., interpretou dessa maneira. Salomé foi identificada por ele como uma das irmãs de Jesus. Mas, é bom lembrar, essa Maria não é apontada especificamente como a mãe de Jesus. Isso obviamente gera uma escapatória compassiva para os católicos defensores da perpétua virgindade e pode ser usado por um oponente determinado para lançar uma sombra de dúvida sobre todo o quadro montado para a família de Jesus. E então, bem quando você começa a achar que talvez vá conseguir decifrar a confusão, João, 19:25-27, chega para derramar de vez o caldo com o seguinte:

> *E junto à cruz de Jesus estava sua mãe, e a irmã de sua mãe, Maria mulher de Clopas, e Maria Madalena. Ora Jesus, vendo ali sua mãe, e que o discípulo a quem ele amava estava presente, disse a sua mãe: Mulher, eis aí o teu filho. Depois disse ao discípulo: Eis aí tua mãe. E desde aquela hora o discípulo a recebeu em sua casa.*

Embora seja reconhecidamente o último evangelho a ser aceito amplamente no cânon, isso não quer dizer necessariamente que a narrativa de João seja desprovida de credibilidade histórica – embora devamos admitir que registrar a história não era o objetivo principal do escritor ou compilador. Seja qual for a sua origem, a cena que vemos ser montada é muito impactante, formando quase uma charada trágica. Ao contrário das descrições dos evangelhos sinópticos, essas mulheres não estão afastadas do local da Crucificação. Estão próximas o suficiente para uma última troca de palavras em particular. Só que as identidades exatas das presentes não são expostas claramente no texto grego, se é que clareza era mesmo o objetivo inicial.

Há diversas possibilidades de leitura. Podemos assumir que eram quatro mulheres, na ordem citada: a mãe de Jesus, a irmã da mãe de Jesus, Maria "de Clopas" (no grego, *Maria hē tou Klōpa*) e Maria Madalena. Ou, se tomarmos a expressão *Maria de Clopas* como um aposto explicando a identidade da "irmã de sua mãe", ficamos com três mulheres: Maria mãe de Jesus, a irmã dela "Maria mulher de Klopa" e Maria *Magdalēnē*. Nesse caso, Maria mãe de Jesus teria então uma irmã *com o mesmo nome,* uma ideia que joga por terra o propósito de dar nome aos filhos para começo de conversa: "Maria, venha cá! *Você* não, a *outra* Maria!". E por falar em "outra Maria", passemos ao trecho de Mateus, 28:1, em que as mulheres acorrem ao sepulcro do Jesus crucificado: "E, no fim do sábado, quando já despontava o primeiro dia da semana, Maria Madalena e a outra Maria foram ver o sepulcro". Mateus também cita algo sobre "a outra Maria", embora não pareça ter a menor ideia de quem ela fosse. Será que João pode ter se apossado da tal "outra Maria" a partir da narrativa de Mateus, ou que havia uma tradição comum sobre uma outra Maria por trás dos textos dos dois?

Talvez Marcos nos ofereça uma explicação. Em Marcos, 16:1, a sua versão da cena do "Domingo de Páscoa" apresenta "Maria Madalena, e Maria, mãe de Tiago [o irmão de Jesus ou, possivelmente, aquele 'Tiago filho de Alfeu' que era um dos apóstolos], e Salomé [identificada como irmã de Jesus por Epifânio 400 anos mais tarde], compraram aromas para irem ungi-lo." Se João estivesse ciente de que o nome Clopas era equivalente a Alfeu, como atesta um fragmento altamente suspeito das obras do Pai da Igreja Papias (*circa* 60-135), então isso explicaria a "Maria de Clopas" citada em seu evangelho. A Maria "de Clopas" seria nesse caso a mãe de Tiago (possivelmente um meio-irmão de Jesus. Ou não!) Para aumentar ainda mais o mistério, os versículos anteriores do texto de Marcos indicam que o sepultamento de Jesus na sexta-feira à noite foi testemunhado por "Maria Madalena e Maria, mãe de José [Joses]".

Mais uma vez, por que essa figura materna de Maria não é identificada como a *mãe de Jesus*? Em um versículo é Maria, mãe de José, no seguinte, Maria, mãe de Tiago. Se tanto Tiago quanto José eram irmãos de Jesus como o capítulo 6 do Evangelho de Marcos indica, então por que chamar a mãe de Jesus, e mãe de José e Tiago, por designações separadas? *De quantas Marias nós estamos falando aqui?* Essa confusão a respeito de quem estava presente na cena parece ser o resultado de testemunhos discrepantes ou tradições conflitantes, ou então de uma manobra deliberada de adulteração ou obscurecimento. O caráter ambíguo da construção do texto de João pode simplesmente ser o fruto de um impasse semelhante do autor diante do registro de Marcos. Sendo assim, segundo João nós temos uma "irmã da mãe de Jesus" que *talvez seja* Maria "de Clopas". Clopa ou Clopas não é mencionado em nenhum outro momento dos registros canônicos. Quanto a Mateus a impressão que se tem é que ele leu o relato de Marcos e, igualmente confuso, decidiu-se por uma solução mais vaga: *"a outra Maria",* simplesmente se esgueirando para longe do problema e passando ao largo dele – vai ver o evangelista nesse dia estava sem muito tempo sobrando.

E quem seria essa "outra Maria"? Ela podia ser a "irmã" da mãe de Jesus – ou seja, meia-irmã graças a um segundo casamento do marido de Maria mãe de Jesus, José – ou, no caso de a "irmã" e "Maria de Clopas" serem pessoas distintas, uma filha de um segundo casamento de Maria mãe de Jesus com um certo Clopas ou Cléofas, ou ainda uma filha de outro casamento da mãe apócrifa de Maria, mãe de Jesus, "Santa Ana" ou Hannah, embora seja difícil imaginar o que levaria uma mãe a batizar outra filha com um nome igual ao da primeira, mesmo sendo de outro casamento. Outro cenário possível é que a "outra Maria" fosse filha de um casamento anterior de outro dos maridos de Santa Ana. Cada uma dessas hipóteses especulativas e conflitantes encontrou defensores entre os autores "patrísticos" – os primeiros apologistas do cristianismo ou "Pais da Igreja". As variantes também aparecem nos evangelhos apócrifos, que ampliam bastante as anomalias e discrepâncias vistas nos registros canônicos e criam belas historinhas em torno delas, muito atraentes para os cristãos de inclinação mais romântica por conta do seu sugestivo exotismo e grau de novidade.

Todas essas especulações a respeito das identidades vão depender de que leitura se faz dos originais gregos. Por exemplo: *Maria hē tou Klōpa* quer dizer "Maria de Klopa", ou seja, Maria esposa de Klopa ou "Clopas", ou será que significa "Maria, *filha* de Klopa"? A segunda possibilidade nos cria uma brecha para imaginar Maria, anteriormente casada com José, num casamento subsequente com um Klopa ou Clopas – reafirmando o dogma e acabando com o nervosismo católico com um cenário onde os chamados irmãos de Jesus podem ter vindo de um casamento anterior do segundo marido Clopas, tornando-se portanto apenas enteados de Maria, mãe de Jesus. Vejam a tentação que é suspender todas as buscas quando chegamos a esse ponto! Outros comentaristas preferem explicar simplesmente que os irmãos e irmãs de Jesus nasceram de um segundo casamento de Maria, sendo portanto irmãos e irmãs postiças de Jesus. Mas, na narrativa de João, a mãe Maria é separada da irmã e de "Maria de Clopas". A maior parte dos comentaristas assume que João tenha querido se referir a Maria, esposa de Klopa, Clopas ou Cléofas em vez de Maria, filha de Klopa.

Uma explicação mais simples e igualmente válida, por estar de acordo com o original grego, é que "Maria de Clopas" fosse a *cunhada* de Maria, mãe de Jesus. Nesse caso, Klopa seria irmão de Maria e o problema estaria resolvido – a menos que alguém decida invocar a doutrina da Imaculada Conceição para insistir, sem qualquer evidência comprovável, que Maria teria que ser a "filha unigênita" de sua mãe. A existência de um irmão, tio ou outro parente de Maria chamado Klopa pareceria a conclusão mais direta se assumíssemos que a intenção de João em seu texto tenha sido ser direto, naturalista e razoável no sentido mais comum do termo. E, além disso, convenientemente abriria espaço para a existência de dois Tiagos: um filho de Maria e outro filho ou enteado da cunhada homônima de Maria.

E o fato é que as famílias dos messias em ação são capazes de aprontar as coisas mais constrangedoras, como levar vidas perfeitamente comuns e em sintonia com o seu tempo, sem sequer parar para pensar no conflito entre seus assuntos privados e dogmas religiosos vindouros. Será que essas mulheres *queriam* ser canonizadas – será que os mortos podem recusar deferências póstumas? Alguém sequer dá ouvidos à família em questões desse tipo?

Pessoalmente, eu não vejo razão para fechar as lacunas de ambiguidade. Pelo idioma grego é plausível que Maria "de Klopa" seja irmã de Maria, mãe de Jesus ou uma outra pessoa. Mas há menção direta a uma irmã de Maria, mãe de Jesus, como vimos, e essa pode muito bem ser a cunhada de Maria. Se soa confuso para nós, devia ser confuso para eles também: duas ou três Marias ao pé da cruz, isso sem falar no discípulo amado! E se alguém aí está imaginando que esse "discípulo amado" era Maria Madalena porque leu o Evangelho Gnóstico de Filipe ou o texto fragmentário do Evangelho de Maria, ou simplesmente porque Maria Madalena estava lá, João diz muito claramente que a mãe de Jesus deveria chamá-lo de "seu filho", no masculino. Jesus entrega o discípulo amado à sua mãe e a sua mãe ao filho dela.

A atitude de Jesus para com sua mãe nesse ponto parece um pouco excêntrica; será que nós podemos estar diante de algum tipo de charada? Jesus a chama de "Mulher", quando seria de se esperar que nesse momento extremo (ele está morrendo na cruz) ele dissesse "Mãe". E o direito de chamar Maria de "Mãe" ele entrega ao discípulo amado, sugerindo que ele a acolha em seu coração e, somos informados em seguida, em sua casa também.

Eu devia mesmo ter imaginado que os princípios sólidos da lógica não ajudariam ninguém a montar uma rede segura de conjecturas a respeito dessa passagem tão significativa. Isso, entretanto, nunca bastou para deter os curiosos, e já houve muitos casos de esqueletos precários se passarem por "fortaleza sólida" aos olhos daqueles que preferem não verificar as fundações. A suposta revelação de Papia, por exemplo, é o que permite que Robert Eisenman identifique Tiago, irmão do Senhor, como sendo o mesmo que Tiago, filho de Alfeu (ou Cleofas), fazendo com que o patronímico José pudesse voltar ao seu status de suposta referência messiânica geral para um Salvador das tribos do norte, baseado no fato de que as tribos do norte de Israel (um reinado que deixou de existir politicamente em 722 a.C.) também eram conhecidas como "tribos de José". Dessa forma, Tiago *ganha* identidade histórica ao passo que Jesus *perde* – e isso deixa uma questão em aberto, de certa forma: "Maria, a mãe" era mãe exatamente de quem, afinal? Mas eu suponho que sempre poderemos argumentar que Maria, mãe de Jesus, era de fato a *verdadeira* "outra Maria", e que essa *outra Maria* não passou de uma invenção que pudesse fornecer a um princípio-salvador imaginário ("Yeshua") uma via de acesso ao mundo terreno.

Quanto a mim, eu prefiro aplicar a Navalha de Occam para eliminar de vez essa massa inclemente e emaranhada de pelos nazaritas.

Talvez o melhor mesmo seja tentarmos refletir sobre o que o autor do "evangelho espiritual" de João podia estar querendo dizer nesse ponto. Para começo de conversa, por que não questionar que motivos levariam Jesus a entregar a mãe ao "discípulo amado" como se ela fosse uma velha viúva solitária necessitada de assistência social? Isso só pode indicar que antes do episódio inoportuno da sua prisão era *ele* que estava cuidando dela, e que portanto agora precisava passar a tarefa a um cuidador substituto. Mas todos os vestígios de evidência de que dispomos apontam no sentido oposto: era a mãe de Jesus e os amigos dela que vinham tomando conta *dele*. Além disso, certamente não faltavam a Maria outros parentes com quem pudesse contar – e talvez até mesmo um segundo marido – além de contatos e conhecidos numerosos.

A história da forma como nos é passada não faz sentido.

Entretanto, ela fez sentido para um grupo interessante de comentaristas bíblicos. A passagem saltou aos olhos de intérpretes "gnósticos" do século II, que leram nela uma revelação de que Jesus fizera referência ao segredo da *Grande Mãe,* chamada por eles de "Barbelo". Esse nome, como eu explico no meu livro *O beijo da morte – O Evangelho de Judas,* pode vir da palavra grega para designar "pessegueiro silvestre": *barbelos* – uma árvore com as raízes fincadas no céu, suspensa acima do mundo material e com os galhos carregados de frutos espirituais.

"Barbelo" é o segredo da Sabedoria divina, em grego *Sophia.* A questão é que o adepto do gnosticismo sempre *precisa saber quem é a sua verdadeira Mãe,* porque o espírito do gnóstico encarnou através da ação da Mãe, Barbelo, Mãe de todos os espíritos. Assim, se a intenção de João era mesmo passar um segredo esotérico em seu texto, a passagem é muito bem escrita: todas as ambiguidades são calculadas para conduzir o leitor iniciado a uma verdade oculta. O "discípulo amado" ou "o discípulo a quem Jesus amava" é aquele (ou aquela) que vê a si mesmo/a *nele*, ou seja, que tornou-se "gêmeo" ou reflexo de Jesus na Terra. *Você* poderia ser o "discípulo amado" se incluísse a si mesmo na história e se ativesse ao seu sentido. Assim, vemos que a narrativa de João é uma alegoria. Jesus apresenta sua "Mãe", encarnada na forma da "Mulher", ao novo "filho" dela, o discípulo amado ou Igreja espiritual, e o novo "filho" deve reconhecer a sua "Mãe" verdadeira e levá-la para sua "casa", ou coração ou templo. Essa união constituirá a nova semente da vida espiritual na Terra depois que Jesus deixar a sua forma encarnada. Conhecendo a sua verdadeira Mãe – e seu pai – ele ou ela poderá se elevar no final até a árvore divina de onde o seu espírito caiu originalmente.

Como sugere a velha história associada a Isaac Newton, o fruto cai, a iluminação acontece, e a iluminação permite que o fruto volte ao seu lugar por conhecer a lei que o rege.

Ora, há quem possa argumentar que essa interpretação não passa de uma glosa gnóstica aplicada retroativamente a um evangelho "inocente" de João. Mas o texto de João é um oceano de alegorias, e pessoalmente eu acho bastante provável que tenha sido o seu autor que ao ler as passagens nos evangelhos sinópticos onde Jesus pergunta bruscamente "quem é minha mãe?" percebeu que havia nessa postura não uma certa descortesia com os pais terrenos, mas sim a tentativa de abrir uma janela para uma verdade mais profunda – verdade essa que não se resume à ideia católica de que os seguidores de Jesus constituirão a sua nova família "em Cristo", como diria Paulo, mas se referia mais especificamente a um laço esotérico secreto a ser compreendido por aqueles que eram verdadeiramente os seus discípulos "amados". Sim, Jesus tinha em mente uma elite de seguidores que estava em contato com realidades espirituais mais elevadas. O Jesus de João se abre para uma nova família mística, um reino dos céus no qual ele reinará eternamente entre aqueles que *O conhecem*. Ele eleva os seus amados para fora dos limites do tempo, transfigurados.

A consciência que João mostra da profundidade espiritual do seu tema não significa indiferença para com o aspecto histórico. Há uma trama densa de vestígios históricos que acompanha a arquinarrativa do Verbo que se fez carne e habitou no plano do tempo linear por um período. Sendo assim, seria um erro afirmar que o texto de João não tenha nenhuma influência ou reflexo dos eventos da época – a questão é só que eles foram relatados, ao que tudo indica, sob uma perspectiva desvinculada do ponto de vista estritamente terreno.

O registro feito por João do ministério de Jesus na terra se destaca por uma série de motivos, entre os quais o fato de em diversos momentos apresentar o Mestre fazendo conexões entre sua família e as atividades que desempenhava com seus seguidores.

Caná fica cerca de 25 quilômetros a oeste do extremo oeste do mar da Galileia. Segundo lemos em João, 2:1, Jesus foi para Caná "no terceiro dia" depois que dois seguidores de João Batista repararam na forma de João saudar Jesus como sendo o Messias. Devidamente inspirados ao ouvir essas palavras, eles seguiram Jesus de "Bethrabada [alguns textos trazem Betânia] do outro lado do Jordão" até o lugar onde o Mestre habitava, de localização não revelada. Lá, os dois discípulos – dos quais só temos indicado o nome de André – uniram-se a Simão Pedro e todos prosseguiram até a Galileia.

Na véspera do casamento em Caná, Filipe e Natanael são chamados por Jesus. Os dois, junto com os outros três, presumivelmente acabam convidados para as bodas. O convite parece ter surgido graças à presença da mãe de Jesus na cerimônia. Mas não seria uma ocasião comum. Quando a mãe comenta com o filho que eles "não têm vinho", Jesus retruca: "Mulher, que tenho eu contigo?", acrescentando: "Ainda não é chegada a minha hora". Sem se deixar abalar, a mãe de Jesus ordena então aos servos: "Fazei tudo quanto ele vos disser".

A fala, uma ordem expressa, é pinçada diretamente da versão grega da Bíblia, do Gênesis, 41:55. A circunstância lá é a grande fome no Egito, durante a qual o povo clama por pão ao faraó: "e o faraó disse a todos os egípcios: Ide a José; o que ele vos disser, fazei". À passagem, segue-se o relato de como "José, pois, era o governador daquela terra; ele vendia a todo o povo da terra; e os irmãos de José chegaram e inclinaram-se a ele, com o rosto em terra".

A mãe de Jesus trata o filho como o "novo" José, ou "filho de José" como diz Filipe, ou seja, um *salvador do povo* – a livrá-lo da fome: "não têm vinho". Fome espiritual. *Não têm vinho*. A premissa também é uma das que definem os nazaritas, aliás: *eles não têm vinho*. Em Ezequiel, 44:17-31, lemos que os "filhos de Zadoque", quando entrarem no átrio interior do templo, devem usar apenas vestes de linho; eles não poderão raspar as cabeças nem deixar crescer demais os cabelos, e também "nenhum sacerdote beberá vinho".

Um Filho de José: *Um salvador do povo*. Mas quem é "o povo"? O povo são aqueles que não têm "vinho", não têm o espírito, ou vida em Deus. Jesus irá declarar, ainda no texto de João, que *ele* é o verdadeiro vinho, o verdadeiro salvador, o elixir genuíno da vida: é ele o reflexo de Deus em forma de homem. Onde antes havia a fome, agora há o vinho. Onde antes havia somente a lei, agora há o Espírito Santo. Podemos ver a crítica espiritual à retidão conforme a lei tão crucial na Igreja Paulina. Um salvador que oferece o fruto das vinhas seria bem compreendido pelos pagãos convertidos à fé (vindos de Baco/Dionísio): anátema ímpio aos olhos dos filhos de Zadoque.

O autor do Evangelho de João obviamente examinou com atenção as cenas mais prosaicas descritas em Mateus, Lucas e Marcos nas quais os "irmãos" de Jesus são identificados como aqueles que atendem a vontade de Deus. Em seu texto, levando essa ideia incomodamente um passo mais adiante, os irmãos de Jesus são ligados *diretamente* aos irmãos insensíveis de José, e Jesus é um "filho de José".

No trecho anterior ao da boda de Caná, quando Natanael fica sabendo que Jesus é o filho de José, de Nazaré, ele pergunta se alguma coisa boa pode vir de Nazaré. Após esse comentário Natanael é recebido por Jesus com honras. O Mestre cita Salmos 32:2, saudando Natanael como "um verdadeiro israelita, em quem não há dolo". A rejeição demonstrada por Natanael para com a pátria aparente ou *visível* de Jesus lhe rende elogios (o que faria sentido de forma ainda mais chocante caso Natanael soubesse que "Nazaré" era um assentamento nos moldes daqueles da Nova Aliança!). A cena se encaixa perfeitamente com a descrita um pouco antes, onde André e o outro discípulo de João Batista perguntam a Jesus onde ele mora e ele lhes responde: "Vinde, e vede". Vinde. E *vede*. Esse convite certamente esconde algo nas entrelinhas, e a verdadeira morada de Jesus também é um local que se mostra facilmente a um olhar menos esclarecido. Natanael intui isso.

"Nazaré" no texto de João torna-se uma espécie de símbolo alegórico para "o mundo" do qual os amados são chamados a seguir o Mestre. O "mundo" ou *kosmos* na narrativa de João é sempre iníquo. Talvez o conceito fundamental desse "mundo" tenha vindo da "casa da lei" temida pelo grupo da Nova Aliança.

Mesmo tudo isso sendo mais uma indicação, para dizer o mínimo, de uma tradição a esse ponto já consolidada de que havia uma ruptura fundamental entre Jesus e sua família, seria imprudente usar textos tão carregados de alegorias e simbologia como base para ponderações históricas. A narrativa das bodas de Caná está repleta de alegorias; talvez seja até mesmo *inteiramente* alegórica e, assim como a francomaçonaria, "um sistema peculiar de moralidade toldado por alegorias e explanado através de símbolos".

João chega até a insinuar que Jesus é Deus, pois o "mestre-sala" chama o "esposo" e comenta com ele que embora o costume seja servir antes o melhor vinho num casamento, naquele dia observara que "tu guardaste até agora o bom vinho". Ora, eu não vejo aí uma base para argumentar que Jesus era quem estava se casando em Caná, mesmo que o texto mostre sua "mãe" aparentemente numa posição de comando na situação; trata-se, em vez disso, de uma admissão clara de que o fim dos tempos messiânico está prestes a despontar e que a verdadeira Israel irá se reconciliar com seu criador. O banquete messiânico se inicia com o chamado aos convidados, um chamado aos forasteiros. Uma Israel redimida e Yahweh são a noiva e o noivo. A imagem do noivo aparece novamente pela boca de João Batista no capítulo 3, versículo 29: "Aquele que tem a esposa é o esposo", onde a esposa aparentemente é Israel. A interpretação da teologia cristã aponta a Igreja como sendo a noiva divina a ser entregue a Deus em matrimônio. Assim, no texto de João nós vemos o tema da Família Desaparecida ganhar todo um colorido espiritual que pode muito bem ter soado incômodo para os parentes de fato de Jesus e seus descendentes.

O versículo que encerra o episódio-símbolo de Caná nos informa que os *discípulos* de Jesus acreditaram nele (João, 2:11). Essa frase funciona como um *preludium* para o que vem adiante. O versículo seguinte diz que após Caná, "desceu a Cafarnaum, ele [Jesus], e sua mãe, e seus irmãos, e seus discípulos; e ficaram ali não muitos dias". Atentem para o trecho *seus irmãos, e seus* discípulos. Ele nos informa que pelo menos durante um tempo Jesus atuou em companhia tanto dos irmãos quanto dos discípulos, mas a passagem é *non sequitur*. Cafarnaum, destino para o qual não vemos qualquer explicação, na verdade fica a noroeste da Caná, mas já que Caná está situada nas montanhas e Cafarnaum às margens do mar da Galileia isso explicaria o "desceram para" – embora por outro lado o sentido também possa ser figurativo, como em "descer ao plano terreno". A transformação da água em vinho que se dá em Caná, um sinal do reino que está por vir, teria ocorrido num nível mais elevado que o da vida cotidiana.

De Cafarnaum, sim, Jesus "desce" ou viaja para o sul rumo a Jerusalém, na Judeia, onde se dá a sua escandalosa expulsão dos vendilhões que encontrou no Templo. A sós, Jesus se depara com sábios locais que duvidam de sua palavra. Ele debate especialmente, à noite, com um certo fariseu e "príncipe dos judeus" chamado Nicodemos. E esse simpatizante da causa da Judeia se torna o destinatário abençoado de uma lição extraordinária sobre a necessidade de nascer novamente. Além da mensagem espiritual que contém, o colóquio altamente influente com o príncipe dos judeus pode ser tomado como uma implicação de certo desprezo pelo valor espiritual da linhagem ou descendência familiar de um indivíduo. É como se estivesse sendo dito com essa passagem que nosso nascimento terreno não basta para angariar reconhecimento celeste ou divino: "O que é nascido da carne é carne, e o que é nascido do Espírito é espírito". O pertencimento a determinada família ou a posse de primazia dinástica não constituem, por essa perspectiva, nada que vá fazer grande diferença.

No capítulo 7 do Evangelho de João, Jesus volta à companhia de seus familiares. O encontro joga uma pitada extra de veneno diabólico ao quadro lamentável que já havíamos presenciado:

> *E depois disto Jesus andava pela Galileia, e já não queria andar pela Judeia, pois os judeus procuravam matá-lo. E estava próxima a festa dos judeus, a dos tabernáculos. Disseram-lhe, pois, seus irmãos: Sai daqui, e vai para a Judeia, para que também os teus*

discípulos vejam as obras que fazes. Porque não há ninguém que procure ser conhecido que faça coisa alguma em oculto. Se fazes estas coisas, manifesta-te ao mundo. Porque nem mesmo seus irmãos criam nele.

Disse-lhes, pois, Jesus: Ainda não é chegado o meu tempo, mas o vosso tempo sempre está pronto. O mundo não vos pode odiar, mas ele me odeia a mim, porquanto dele testifico que as suas obras são más. Subi vós a esta festa; eu não subo ainda a esta festa, porque ainda o meu tempo não está cumprido. E, havendo-lhes dito isto, ficou na Galileia. Mas, quando seus irmãos já tinham subido à festa, então subiu ele também, não manifestamente, mas como em oculto.

(João, 7:1-10)

Não se trata de uma sequência de acontecimentos muito conhecida. Mas tampouco ela soa surpreendente. Os "irmãos" parecem estar disputando para superar a maldade flagrante dos irmãos de José no famoso episódio da túnica colorida. Trata-se quase de um caso em que a história – ou mito – repete a si mesma. E a meu ver é exatamente isso que o autor está tentando passar por meios secretos ou místicos: na narrativa da salvação de Israel, que o autor acredita estar se aproximando do desfecho com a manifestação do Verbo encarnado, aquilo que víramos prenunciado no Gênesis, o início, devia se repetir novamente, agora com o sentido e o glamour de sua glória total. Sim, Jesus é um "filho de José". Ele *é* um José. E quem são seus irmãos? Ora, eles são os anônimos Filhos de Israel: os pais das tribos, os jovens invejosos que não conseguem suportar o presente divino do amor paterno dedicado a um que é sangue do seu sangue. O autor do Evangelho de João olhou através da narrativa dos evangelhos sinópticos e enxergou não a história, mas um processo divino que transcende a história, no qual ela nada mais é do que a casca de uma meta-história na qual dramas divinos como o de José e seus irmãos cruéis podem ser reencenados repetidas vezes na dimensão do tempo. Sempre que a eternidade toca o tempo, o mesmo drama reaparece. Numa narrativa sem fim.

Nós vemos os irmãos de Jesus, sempre designados como "os irmãos", com uma farta carga alegórica sempre atrelada a *eles* que se afastaram do amor do pai; nós os vemos praticamente tramar a queda de Jesus, atuando quase como conspiradores da sua crucificação ao se esconderem por trás de "sábias palavras" repletas de veneno. Seus questionamentos nos lembram as provocações dirigidas a Jesus na cruz: "Salvou os outros, e a si mesmo não pode salvar-se?". Aqui os irmãos sugerem que Jesus caminhe "abertamente" para a armadilha criada por seus inimigos. Isso, dizem, seria o exemplo do tipo de abertura esperada daquele que deseja ser reconhecido abertamente. Eles querem que o Mestre revele seu "segredo messiânico" antes que seja chegada "a hora". Pura obra de Satã, na compreensão de João; agir assim certamente impediria a salvação. No plano terreno, a tentação arguta apresentada pelos irmãos nada mais é do que um convite ao assassinato, espelhando precisamente o episódio em que os irmãos de José o lançam na cova para morrer. Os irmãos tentam enredar Jesus usando um apelo à vaidade e até à retidão.

O tratamento dado por João à família de Jesus é espantosamente cruel. Se o texto é, como parece, uma espécie de *midrash* ou *pesher* dos evangelhos de Marcos ou Mateus, só o que se pode dizer é que o autor – no intento de passar uma mensagem espiritual infinitamente poderosa – simplesmente tomou a "história" e a usou para seus propósitos, exagerando enormemente as supostas divergências entre Jesus e os seus e criando um contraste operístico entre o mundo, a carne e a eternidade. O que João teria a dizer em sua defesa seria, suponho eu, que como a essência da história já era muito bem conhecida (ou seja, que os "familiares de Jesus não o acolheram", em todos os sentidos) e todas as ações de Jesus já estavam prenunciadas nos textos proféticos (incluindo o Gênesis, atribuído a Moisés), por inspiração divina ele, João, foi levado a enxergar a verdade tanto óbvia quanto chocante: os irmãos de Jesus não acreditavam nele, numa reedição profética da história de José com os seus irmãos.

E se algum dia as convicções de João a esse respeito avançaram para além das suas crenças pessoais, isso nos dá bons motivos para compreendermos de que maneira a família verdadeira de Jesus acabou se perdendo na história.

Devo acrescentar ainda que, sob essa perspectiva, qualquer interpretação de viés gnóstico já feita das passagens envolvendo a Mãe/Mulher no relato de João sobre a crucificação torna-se uma leitura flagrantemente equivocada das intenções do evangelista. Ao voltar-se para sua mãe do alto da cruz e chamá-la de "Mulher", Jesus pretende apenas fazer uma distinção entre a sua ascendência divina e a simples "mulher" que o pôs no mundo terreno.

E para se certificar de que ninguém imaginaria que Jesus tinha medo de seus inimigos, João nos conta de sua ida para Jerusalém – não porque os irmãos o haviam aconselhado a ir, ou sob a "proteção" deles, mas porque ele tinha uma espécie de plano secreto: trabalharia lá à noite, longe dos olhos ímpios do mundo. Novamente vemos aí uma reedição do tema "José e seus irmãos": eles, irmãos de Jesus, também se encaminham antes para os festejos, uma cena representada anteriormente no Egito, onde os irmãos de José não o reconhecem na figura daquele que alimentou a multidão e a situação toda se encaminha para o seu desenlace divino, em que vemos os irmãos se curvarem para adorar àquele que antes rejeitaram e contra quem conspiraram. E quem são "os irmãos"? São justamente os pais dos judeus que estavam, segundo João, cegos demais para enxergarem a salvação que estava sendo preparada para eles; eles não são aqueles a quem Jesus amava. A pedra que os construtores *rejeitaram* tornou-se a pedra fundamental do novo Templo.

Para um leitor que alimente qualquer grau de simpatia pela família de Jesus, o evangelho de João soará como um texto odioso e carregado de um triunfalismo espiritual que chutou a história e os personagens da Família Desaparecida – ou perdida – para outro universo.

Mas será que os irmãos de Jesus *realmente* o rejeitaram, como o Evangelho de João quer nos levar a crer?

Por certo, todos os evangelhos canônicos não exatamente reforçam a ideia de que havia muita tolerância, estímulo ou cumplicidade na atitude dos irmãos para com Jesus. E essa afirmação é justamente o tipo de atenuação que obscurece as questões envolvidas! De qualquer forma, a sensação que se tem é que os evangelhos, na medida em que demonstram qualquer interesse que seja pelos familiares de Jesus, trabalham sempre com a tradição de que havia divergências entre eles e o Mestre – tradição essa que João leva aos extremos mais dramáticos, dolorosos e, não se pode deixar de suspeitar, historicamente inverossímeis.

Por outro lado, uma releitura mais atenta das passagens sinópticas mostra que a questão não se refere tanto as diferenças que os irmãos tinham com relação a Jesus, mas sim o fato de Jesus parecer praticamente indiferente *em relação a eles*. Eles o tratam sem qualquer honraria ou respeito em sua própria casa, alega ele. O seu território, carente de fé e crença, não tem muito a oferecer aos planos de Jesus. O Mestre chega a negar que os seus laços de sangue tenham em si qualquer implicação espiritual. Ele mesmo, Jesus, irá decidir quem é seu irmão ou irmã. Ele os deixa esperando. Ele dá preferência à companhia de seus discípulos escolhidos. Mas em que medida essa atitude, nós podemos nos perguntar, não será projeção retroativa de uma época futura em que a família de Jesus e a religião que ela representa se transformara em mera chateação descrente para a nova experiência *arrivista* dos cristãos gentios?

Segundo o simpatizante dos gentios Dr. Lucas, essa tendência à indiferença com a família começa quando Jesus, por volta dos 12 anos, repreende a mãe por querer afastá-lo das coisas de seu "pai", Yahweh. Ele havia sido "separado", consagrado ao serviço divino. João Batista aparece como o único parente que o compreendia.

Reconhecidamente, essa polêmica subjacente da rejeição familiar se faz mais presente nos *últimos* textos canônicos. Lucas costuma ser datado entre os anos 80 e 130 d.C., enquanto João é ainda posterior: 90 a 130 d.C. Marcos e Mateus não enfatizam a ideia de uma cisão ou desacordo familiar, e seus textos provavelmente são anteriores – o de Marcos surgido por volta dos anos 65 a 80 e o de Mateus entre 80 e 100 d.C. Parece ter havido um endurecimento das artérias no que dizia respeito ao tema da família de Jesus, especialmente depois que as igrejas cristãs começaram a absorver o impacto da rebelião judaica contra os romanos iniciada no ano 66 d.C. e que culminou com a destruição do Templo em 70 e o ato suicida em Massada em 73. A conclusão inevitável é que a tendência à difamação da família de Jesus parece coincidir com a rejeição crescente à identidade judaica por parte do Império Romano e com o aumento da ingerência dos gentios na Igreja Cristã, baseada na calúnia de que os nativos da Judeia haviam falhado em reconhecer tanto o Messias anunciado em suas próprias profecias quanto o Cristo universal dos novos tempos. Deus então puniu a "eles" indiscriminadamente. Isso para não falar em Judas Iscariotes...

As epístolas de Paulo não encorajavam o respeito aos seguidores judaicos de Jesus; Paulo considerava a própria doutrina superior tanto à de Tiago, irmão de Jesus, quanto à do discípulo Cefas (Pedro). Paulo se acreditava capaz de uma comunicação privilegiada com "a mente do Cristo", e se sentia compelido a partilhar a visão que tinha dela com qualquer pessoa que se dispusesse a ouvi-lo. Quanto aos seguidores judeus de Jesus que criticavam ou se horrorizavam com a postura paulina com relação à lei dos hebreus, Paul os tachava de "fracos", revisionistas antiquados determinados a manter os gentios presos a uma "lei estrangeira". Como

Pedro e Tiago haviam conhecido pessoalmente Jesus, enquanto Paulo enfaticamente não o conhecera, a sua pretensão tão às claras fazia balançar o lado judaico da questão que levava precariamente a vida numa Judeia à beira da revolta cataclísmica.

O intento de denegrir a experiência messiânica judaica não apontou suas armas apenas para os familiares diretos de Jesus, mas também para os seguidores do seu parente João Batista – o legado de João passou a ser cada vez mais marginalizado. Na época em que o Evangelho de João veio a ser escrito, o autor achou por bem deixar totalmente claro que João não era "a luz", mas apenas havia sido chamado para testemunhá-la. O fato de as mensagens de "Arrependei-vos!" bradadas por Jesus e de os batismos com água serem um empréstimo direto ou continuação do legado de João Batista foi praticamente esquecido. Todos os participantes da narrativa evangélica, tirando Jesus, são relegados à posição de coadjuvantes. E nas epístolas de Paulo pode-se até dizer que o Jesus humano e histórico se tornou coadjuvante também.

Já a questão das mulheres da família não é tão clara assim. Embora aparentemente não haja nada contra elas, todas são apresentadas como meras parasitas chorosas, carpideiras profissionais e servas do lar "cuidando" de Jesus. Como já foi muitas vezes comentado, uma das vítimas desse tratamento foi Maria Madalena, que é mencionada em todos os evangelhos canônicos sem nunca merecer traços de personalidade ou significância própria. Como já dissemos, os evangelhos simplesmente não se interessam pela posição dinástica de Jesus na Casa de Davi da Judeia exceto na medida em que ela sirva de apoio para justificar a sua missão messiânica universal – missão essa que o mundo gentio *jamais* conseguiu aceitar como sendo política, embora o *imperium* tenha percebido acertadamente o tamanho da ameaça a longo prazo que até mesmo um Messias espiritual representaria ao ser usado para orientar ações políticas. Os evangelhos canônicos nos dizem que aqueles que crucificaram Jesus não tinham "nenhum rei exceto o César". Mas não há meios de afirmar com certeza que Jesus concordasse com isso. Se os familiares de Jesus haviam se tornado um incômodo para as lideranças da Igreja, isso é sinal de que eles ainda estavam em cena. E se eles ainda estavam em cena só pode ter sido porque Jesus os havia aceitado de alguma maneira e vice-versa – *de que maneira*, exatamente, já é uma outra questão.

CISÃO FAMILIAR?

Os mais antigos documentos cristãos coerentes, descontando os elementos supostamente protocristãos dos Manuscritos do mar Morto, são algumas das epístolas atribuídas a São Paulo: as cartas aos Tessalonicenses (1), Filipenses, Gálatas, Coríntios (1 e 2), Romanos, Filemom e Colossenses são todas datadas de algum ponto entre 50 e 60 d.C. Será que alguma delas nos fornece algum indício sobre a posição ocupada pelos familiares de Jesus durante o período formativo do cristianismo?

Sim, fornece.

Mas antes de examinarmos esse material, devemos lembrar que a ideia mais comum que temos de "Paulo" na verdade vem em grande parte dos "Atos dos Apóstolos" de Lucas (*circa* 80-130 d.C.), que se dedica a relatar as aventuras de Paulo e é amplamente influenciado pelo seu ponto de vista. Assim, é interessante notar como mesmo aqui no coração do território paulino nós nos deparamos com a presença ativa da família de Jesus na comunidade de seguidores dele em Jerusalém. É possível até que haja dois irmãos deles representados dentre os "onze" discípulos remanescentes depois que Judas Iscariotes teve, segundo relata Lucas, uma morte um tanto curiosa. Tirando o fato de que boa parte do capítulo parece uma narrativa mutilada, distorcida e baseada numa fonte primária sobre como *Tiago* tornou-se bispo da assembleia de Jerusalém (*ver v.* 23), é interessante notar como a família de Jesus não mostra uma postura de rejeição com relação a ele nem sofre rejeição por parte dos discípulos:

> *E, entrando, subiram ao cenáculo, onde habitavam Pedro e Tiago, João e André, Filipe e Tomé, Bartolomeu e Mateus, Tiago, filho de Alfeu, Simão, o Zelote, e Judas, irmão de Tiago [literalmente "Judas de Jacó"]. Todos estes perseveravam unanimemente em oração e súplicas, com as mulheres, e Maria mãe de Jesus, e com seus irmãos.*
>
> (Atos, 1:13-14)

A lista dos apóstolos (os "onze") chama a atenção. Onde foi parar o "Tadeu" de Mateus, 3:18? E temos também um outro Judas: "*Ioudas Iakōbou*", Judas de Tiago (Jacó). Esse pode ser Judas, filho de Tiago ou

Jacó, ou simplesmente Judas, irmão de Tiago, a tradução preferida. *De qual* "Tiago" o texto não diz, tampouco nós ficamos sabendo que "Judas" iremos encontrar nesse ponto. Mas vale lembrar que segundo Mateus e Marcos, "Judas" e "Tiago" realmente eram irmãos... *de Jesus*. Estaremos diante, portanto, de um resgate completo, ou recuperação do bom nome dos irmãos?

Seja como for, os irmãos de Jesus também são mencionados como tais logo adiante – talvez pela segunda vez no mesmo trecho, nesse caso – juntamente com a mãe de Jesus, e todos os seguidores juntos se unem em oração. E até onde podemos inferir eles permaneceriam desse modo até Saulo de Tarso surgir em cena, primeiro perseguindo mortalmente os membros do movimento messiânico de Jerusalém num frenesi de superioridade moral hipócrita e em seguida, depois de uma conversão dramática e estadias no deserto e em Damasco, voltando a Jerusalém e se desentendendo com a liderança estabelecida. Quem exatamente constituía essa liderança é uma questão que fica em aberto.

Segundo lemos nos Atos, a assembleia escolheu dois nomes para substituírem Judas Iscariotes. Isso depois de Pedro fazer citações dos Salmos, 69:25 e 109:8. A segunda é uma adaptação: "e tome outro o seu bispado". Originalmente, o Salmo 109 se refere ao "homem mau" que tem o seu *"ofício"* retirado. O termo "bispado" é usado deliberadamente, mas de modo que soa confuso. Desde quando *Judas Iscariotes* havia sido "bispo" da assembleia de Jerusalém? Quando foi que Jesus nomeou um "bispo" para sucedê-lo, ou Judas? Pode-se inferir que a função de Judas como "o tesoureiro" da missão talvez fosse o que pudesse estar implícito no termo grego *"episkopos"* (=bispo) em primeiro lugar. "Episkopos" significa supervisor, ou administrador, não tesoureiro. A função correspondente na Nova Aliança, segundo os Manuscritos do mar Morto, seria o termo hebraico *mebakker*. Talvez o papel de "bispo" tenha surgido de alguma forma a partir daí.

Mas será possível que Judas tenha sido confundido com uma outra pessoa totalmente diferente? Robert Eisenman chama atenção para o relato da morte de Judas Iscariotes nos Atos dos Apóstolos, comparando-o com a execução de Tiago, irmão do Senhor no ano 62 d.C. – ele que, também como Judas, caiu de cabeça, com a diferença de que no caso de Tiago isso foi antecedido pelo golpe de um malho. As entranhas de Judas se derramaram em cumprimento ao que estava num dos salmos e também na profecia de Zacarias. Ele não foi perdoado.

Seja como for, a narrativa dos Atos refere-se a alguém que toma o lugar de Judas Iscariotes para completar "os doze" – *mas a mando de quem*? Que tipo de autoridade os doze – ou onze – têm nesse ponto da história? A julgar pelo que nos é apresentado nos Atos, havia no total cerca de 120 discípulos. Seriam os doze uma espécie de conselho superior, juntamente com a família de Jesus? Esse parece ser o quadro pintado nos Atos. Estariam os apóstolos então nomeando um "bispo" pela primeira vez? Não é o que nos diz o texto principal. Eles estavam escolhendo um substituto para Judas. Mas a palavra "bispado" está lá, inserida deliberadamente na citação do Salmo 108 feita por Pedro.

Ora, mas segundo o historiador judeu Hegesipo (*circa* 165 a 175 d.C.) citado por Eusébio (nascido por volta do ano 260), o primeiro *bispo* de Jerusalém teria sido Tiago, o Irmão do Senhor.

Segundo lemos nos Atos dos Apóstolos de Lucas, dois nomes são apresentados como substitutos para Judas. Eisenman os considera suspeitos do ponto de vista histórico, e eu suspeito que ele tenha razão. "José, chamado Barsabás, que tinha por sobrenome o *Ioustos*" (*Justus* = Justo; o *Ziddik*) aparece como um deles; Matias como o outro. Os apóstolos então lançam a sorte para saber quem completará os doze; o vencedor é Matias, e desse ponto em diante não ouvimos falar mais uma palavra a respeito dele.

Mas quem era o tal José, chamado Barsabás, de sobrenome *Justus* (a forma latina de *Ioustos*)? Bem, "Justus", o "Justo", o *Ziddik,* é o título dado por diversos autores patrísticos a Tiago, Irmão do Senhor, também conhecido como Tiago, o Justo. O termo em inglês "just" (ou justo, em português) esconde a identidade zadoquita de Tiago – os zadoquitas eram um grupo de sacerdotes, os "filhos de Zadoque", cuja ênfase no *zedek* ou retidão entrava em confronto direto com o cristianismo aberto aos gentios e de viés mais *leve* pregado por Paulo. As interpretações zadoquitas da lei imperam nas regulamentações sectárias vistas no texto não canônico dos manuscritos de Qumran. A partir dessa coincidência, se é que se trata mesmo de uma, Eisenman deduz que o protocristianismo era idêntico às doutrinas ligadas ao "Professor da Retidão" de Qumran. Nós analisaremos melhor essa visão radical quando chegar o momento devido. Por ora, entretanto, o que podemos notar é que José Barsabás é igualmente intrigante como nome, não só porque no capítulo 6 de Marcos ficamos sabendo que Jesus teve um irmão chamado José e porque "José" era o nome do patriarca associado ao Messias da Galileia, mas também porque "Barsabás" parece ter ligação com o termo aramaico que designava "lavagem" ou purificação, *subba* (sendo que "Bar" quer dizer "filho de"), e cujo som evoca de forma intrigante Barrabás ("filho do pai", que a princípio não teria significância alguma), o criminoso que foi apresentado junto com Jesus pela autoridade romana para que o povo da Judeia escolhesse quem seria crucificado. Será que o povo foi forçado a escolher entre dois *irmãos*? Esse seria um golpe especialmente cruel da parte de Roma, bem condizente com a reputação de Pôncio Pilatos como um sujeito ao mesmo tempo sanguinário e meticuloso.

Segundo o texto apócrifo *Legenda áurea* do fim da Idade Média, a irmã de Santa Ana, mãe de Maria, chamava-se "Sobe". "Sobe" era mãe de Santa Isabel e, portanto, avó de João Batista. Sendo assim, se tomarmos "Sobe" como uma corruptela de "Subba", esse "José, chamado Barsabás" talvez fosse o tio de João Batista – ele pode ter sido confundido com Tiago, o Justo, ou então usado deliberadamente para disfarçar a verdadeira posição de Tiago na Igreja dos Atos.

Outra interpretação é que Tiago talvez tenha tido uma posição de liderança *junto com* seu irmão José, uma vez que nos Atos os irmãos de Jesus são vistos sempre como um conjunto: "os irmãos". Nesse caso poderíamos incluir aí também o "Judas de Tiago" de Lucas – todos eles trabalhando em colaboração com Cefas e João. Claramente, houve certa confusão ao final do século I a respeito de quem havia comandado a proto-Igreja em Jerusalém nas décadas de 30, 40 e 50 daquele século. Nós não somos obrigados a aceitar o relato de Hegesipo como "evangélico", da mesma forma como não temos que aceitar os próprios evangelhos dessa maneira!

Quaisquer que fossem as ideias de Lucas a respeito, o texto das epístolas paulinas não nos deixa dúvidas a respeito de quem passou a comandar o espetáculo em Jerusalém depois que Paulo desistiu de perseguir e "assolar" a Igreja (Gálatas 1:13). A Epístola aos Gálatas, aliás, também não nos deixa dúvidas sobre o desdém que sentia por essa liderança quando ela atrapalhava seus planos.

> *Nem tornei a Jerusalém, a ter com os que já antes de mim eram apóstolos, mas parti para a Arábia, e voltei outra vez a Damasco. Depois, passados três anos, fui a Jerusalém para ver a Cefas [Pedro], e fiquei com ele quinze dias.*
>
> *E não vi a nenhum outro dos apóstolos, senão a Tiago, irmão do Senhor.*
>
> (Gálatas, 1:17-19)

Nenhuma referência aí a Matias nem a "José, chamado Barsabás, de sobrenome Justo". Obviamente, sempre é possível que na época em que Paulo se rendeu plenamente à sua conversão tão peculiar e rumou para Jerusalém esse Matias já houvesse passado o bastão episcopal – ou *nezer* – para o irmão de Jesus; isso se Matias realmente chegou a existir. A questão no caso seria a respeito de em que momento ficou decidido que a assembleia dos apóstolos precisava de um "supervisor" (*episkopos*) – termo esse que Paulo, aliás, não usa em momento algum (não que ele fosse respeitar o cargo de qualquer forma). Paulo recebeu a sua "boa nova" não "através do homem". Ele não foi *ensinado;* mas sim se tornou veículo da "revelação de Jesus Cristo". O Filho de Deus revelou-se, diz Paulo, *nele mesmo*. Cristo era ele. Isso o transformava, efetivamente, numa lei por si mesmo – fato que Paulo insistia em preconizar aos gentios. Apenas através da comunhão com um Cristo interior o homem pode conhecer a verdade.

Segundo o místico Paulo, a lei dos judeus simplesmente fazia do homem um fracasso persistente, um condenado, afastando com isso o reino espiritual do seu campo de visão. Já os seus oponentes do grupo originário da Judeia, entre os quais podemos considerar os familiares de Jesus, acreditavam que apenas obedecendo à lei o homem poderia se purificar e assim estar aberto à graça e misericórdia divina, e também à profecia. Uma atitude pautada na retidão, e não os pensamentos, é que faria a diferença. A preocupação de Jesus, alegavam, não era com aquilo que os homens diziam mas sim com os seus *atos*. A fé era vista como poderosa, mas agir com retidão era essencial.

Na Epístola aos Gálatas, Paulo descreve uma volta a Jerusalém no ano 53 d.C., quatorze anos depois de sua última visita à cidade. Ele não sabe de praticamente nada do que ocorreu na cidade entre a partida de Jesus deste mundo e o momento de sua chegada lá, exceto da existência da assembleia de seguidores do Mestre e da autoridade exercida por ela através das pregações dos apóstolos tanto para judeus quanto para os gentios, mas predominantemente para os judeus fora da Palestina, na Síria e também mais ao Oriente na direção de Edessa e da Mesopotâmia.

Segundo conta na epístola, Paulo estabeleceu um "princípio de trabalho" ou relacionamento com a liderança em Jerusalém. Ele, Paulo, ficaria encarregado de se concentrar nos "incircuncisos" enquanto eles concentrariam sua pregação da vinda do Messias para os "circuncidados". Nós não sabemos se Tiago aceitara a ressuscitação; nós não sabemos exatamente qual a doutrina que estava sendo pregada, mas apenas que havia um consenso de que o reinado messiânico estava para chegar e que Jesus exigia retidão, misericórdia e amor de seu povo antes do julgamento final, quando ele iria voltar. O livro da vez era a Bíblia dos hebreus, vista como um testemunho contínuo a respeito de Jesus. "Examinai as escrituras", ele dissera, "são elas que de mim testificam". E assim eles faziam.

Em seu retorno a Jerusalém, Paulo se encontra com "Tiago, Pedro e João, que eram considerados como as colunas". Ele os considera quase como intrusos em sua concepção do serviço em Cristo: *"eram considerados como as colunas"*. Paulo quer dizer que eles *pareciam* ser as colunas, mas a nota cáustica de ceticismo é palpável: ele não ficou impressionado. Paulo era o verdadeiro "arquiteto" trabalhando as fundações do Cristo; se Pedro e Tiago eram Jaquin e Boaz, como se dizia, as colunas do Templo, então ele, Paulo, estava acima deles. Ainda assim, as colunas cumprimentaram Paulo apertando-lhe a mão direita em sinal de camaradagem, e sugeriram a ele que seguisse com sua missão, mas lhe pediram que se lembrasse dos "pobres". Essa era uma referência à pobreza da assembleia de Jerusalém e de seus seguidores, que aparentemente haviam adotado – por opção ou força das circunstâncias – os ensinamentos de Jesus no que dizia respeito às posses pessoais. Paulo, nós sabemos, coletava dinheiro para combater uma onda de fome que estava devastando o país. Os cristãos da Judeia viriam a ser conhecido como "os Pobres", se é que esse nome já não fazia parte da existência daqueles que se esforçavam em nome da retidão.

As coisas não correram muito tranquilamente. Paulo rumou para a Antioquia. Cefas (Pedro) se voltou para aquilo que Paulo via como o seu caminho pessoal. Essa "Antioquia" podia bem ser, como Eisenman sugere, a cidade de Edessa, no reino de Osroene, rebatizada em homenagem ao rei selêucida Antíoco IV. Sabe-se que a Rainha Helena de Edessa havia se convertido à fé da Bíblia e desejava mandar alimentos como donativo ao povo que sofria na Judeia. Provavelmente, o que aconteceu foi que Paulo tentou convencê-la de que seus filhos não precisariam ser, ou ter sido, circuncidados conforme a assembleia de Jerusalém costumava exigir dos gentios que entravam para o caminho da retidão. Diz a Epístola aos Gálatas: "E, chegando Pedro à Antioquia, lhe resisti na cara, porque era repreensível. Porque, antes que alguns tivessem chegado da parte de Tiago, comia com os gentios; mas, depois que chegaram, [Pedro] se foi retirando, e se apartou deles, temendo os que eram da circuncisão."

O relato é bem direto – e muito dramático. Paulo disse a Pedro onde ele podia "partir". Cefas respeitava – ou até mesmo temia – a autoridade de Tiago; ele não queria entrar em conflito com seus emissários. Os homens de Tiago haviam viajado à região para acertar aquela questão com os convertidos. A questão da circuncisão. Tiago a defendia como um pré-requisito essencial tanto para a conservação do estado de pureza quanto para manter a identidade espiritual com Israel, farol do mundo, para cuja salvação Jesus havia estado entre os homens.

Ora, estaria Tiago seguindo os ensinamentos do irmão? Como Paulo se vangloria por *sua* doutrina não ter vindo do homem, não ter sido ensinada, nós podemos concluir que a de Tiago havia, *sim,* sido ensinada e vindo do homem – homem esse que no caso era Jesus, seu irmão. Paulo afirma que "Jesus Cristo" revelou a doutrina *a ele.* Os gentios deveriam receber um tratamento muito diferente daquele reservado aos judeus. A autoridade de Paulo vinha do fato de ele, Paulo, estar "morto": "Já estou crucificado com Cristo; e vivo, não mais eu, mas Cristo vive em mim; e a vida que agora vivo na carne, vivo-a na fé do Filho de Deus, o qual me amou, e se entregou a si mesmo por mim". Paulo acreditava ser a encarnação da *vontade* de Jesus Cristo; os seguidores do Jesus "na carne" não poderiam se comparar a ele em autoridade. Ele tinha a *gnose*! E Paulo pouco se importava com a família de Jesus como tal. Esse desprezo pode muito bem ter se infiltrado nos evangelhos canônicos que começaram a aparecer depois desse turbulento confronto doutrinário na década de 50, possivelmente durante (e certamente na parte final) da Revolta Judaica. A dicotomia platônica clássica entre "carne e espírito" fora usada por Paulo, como seria pelo autor do Evangelho de João, para fazer a distinção entre a autoridade relativa dos irmãos de sangue de Jesus e seus irmãos espirituais. E a conclusão terrível parece ser que se alguém é irmão de sangue de Jesus, esse alguém passa a ocupar *ipso facto* uma posição inferior! Os familiares de Jesus certamente deviam considerar a postura de Paulo afrontosa e intolerável – ele estava tomando o controle das suas mãos.

Para conhecermos o pensamento de Tiago a respeito da "doutrina da justificação pela fé", ou da atitude de Paulo de forma geral, pode ser interessante fazermos uma análise mais a fundo da Epístola de Tiago. Se não foi escrita pessoalmente por Tiago, irmão de Jesus, ela certamente traz o tipo de visão ao qual Paulo se opunha em Jerusalém, Edessa/Antioquia ou qualquer outro lugar:

> *Meus irmãos, que aproveita se alguém disser que tem fé, e não tiver as obras? Porventura a fé pode salvá-lo? E, se o irmão ou a irmã estiverem nus, e tiverem falta de mantimento cotidiano, E algum de vós lhes disser: Ide em paz, aquentai-vos, e fartai-vos; e não lhes derdes as coisas necessárias para o corpo, que proveito virá daí? Assim também a fé, se não tiver as obras, é morta em si mesma.*
>
> (Tiago, 2:14-17)

Comparemos o trecho ao discurso de Paulo em Gálatas 2:16:

> *Sabendo que o homem não é justificado pelas obras da lei, mas pela fé em Jesus Cristo, temos também crido em Jesus Cristo, para sermos justificados pela fé em Cristo, e não pelas obras da lei; porquanto pelas obras da lei nenhuma carne será justificada.*

Esse "justificado" refere-se àquilo que será pesado em seu favor no momento do julgamento final diante de Deus. A doutrina da salvação segundo Paulo gira em torno da incapacidade da lei de justificar o homem no final, uma vez que ninguém é capaz de segui-la sem um deslize sequer.

O autor da Epístola de Tiago não vê incompatibilidade entre uma vida de fé e a prática de boas obras segundo manda a lei. A sua única reação seria a surpresa diante da afirmação de Paulo de que "se a justiça provém da lei, segue-se que Cristo morreu debalde". Se a justiça não provém da lei, de onde ela viria então? Por acaso não foi a lei a essência da aliança feita por Deus com seu povo?

É muito possível que essa carta de Tiago seja o único vestígio escrito autêntico que possamos atribuir a um membro da família de Jesus – Tiago, o primeiro bispo ou supervisor da primeira Igreja de Jerusalém:

> *Ouvi, meus amados irmãos: Porventura não escolheu Deus aos pobres deste mundo para serem ricos na fé, e herdeiros do reino que prometeu aos que o amam? Mas vós desonrastes o pobre. Porventura não vos oprimem os ricos, e não vos arrastam aos tribunais? Porventura não blasfemam eles o bom nome que sobre vós foi invocado? Todavia, se cumprirdes, conforme a Escritura, a lei real: Amarás a teu próximo como a ti mesmo, bem fazeis. Mas,*

> *se fazeis acepção de pessoas, cometeis pecado, e sois redarguidos pela lei como transgressores. Porque qualquer que guardar toda a lei, e tropeçar em um só ponto, tornou-se culpado de todos. Porque aquele que disse: Não cometerás adultério, também disse: Não matarás. Se tu pois não cometeres adultério, mas matares, estás feito transgressor da lei. Assim falai, e assim procedei, como devendo ser julgados pela lei da liberdade. Porque o juízo será sem misericórdia sobre aquele que não fez misericórdia; e a misericórdia triunfa do juízo.*
>
> (Tiago 2:5-13)

Essa compreensão da lei parece a esse autor tanto austera quanto humana. Ela condiz com o conhecido ensinamento de Jesus de que o homem deve procurar enxergar a bondade das leis elementares de Deus e não se deixar levar pela falsidade ou hipocrisia ou pensar que meras ações que não venham do coração possam ser aceitáveis aos olhos de Deus; de que são a condição e a intenção do coração que cumprem o sentido da lei, e não o simples discurso ou a observância externa visível. Notemos também que Tiago tenciona voltar o leitor para *Deus,* e não para uma experiência cristocêntrica como a que Paulo impinge a seus leitores. Podemos imaginar Tiago respondendo, quando confrontado por Paulo: "Esse homem acredita conhecer Jesus melhor do que ele conhecia a si mesmo".

Tendo perdido as vias de contato com a família de Jesus, Paulo criou a sua própria. Mas de qualquer maneira, argumentava – Paulo estava sempre argumentando – ele *havia* visto Jesus Cristo onde mais importava, *dentro de si mesmo*:

> *Não sou eu apóstolo? Não sou livre? Não vi eu a Jesus Cristo Senhor nosso? Não sois vós a minha obra no Senhor? Se eu não sou apóstolo para os outros, ao menos o sou para vós; porque vós sois o selo do meu apostolado no Senhor. Esta é minha defesa para com os que me condenam. Não temos nós direito de comer e beber? Não temos nós direito de levar conosco uma esposa crente, como também os demais apóstolos, e os irmãos do Senhor, e Cefas?*
>
> (1 Coríntios 9:1-5)

Se tanto Paulo quanto Cefas e todos os irmãos do Senhor haviam visto o mesmo Jesus Cristo, como era possível que agora se encontrassem em lados opostos? Quem falaria em nome de Jesus depois que ele já não estava mais entre os homens?

SEIS

A FAMÍLIA DESAPARECIDA DOS APÓCRIFOS

Tendo examinado os registros evangélicos oficiais, faremos agora uma busca pela Família Desaparecida no âmbito menos conhecido dos evangelhos e escritos "apócrifos". Nós já vimos que os familiares de Jesus foram identificados com judeus suspeitos de se rebelar contra Roma – dando mais motivos à Igreja para querer apagar a sua existência da história. Nós revelamos também a identidade do famoso "Discípulo Amado".

A origem sacerdotal da família é atestada nas fontes apócrifas; os relatos sobre parentes de Jesus se tornam obscuros após a destruição do complexo do Templo no ano 70. Tiago, irmão de Jesus, tem um papel importante nesses textos. Através deles, nós descobrimos a hostilidade que Paulo alimentava contra Tiago. Tiago terminou seus dias assassinado. Por que Paulo encorajou o assassinato de Tiago depois de amaldiçoá-lo?

Paulo abriu um precedente. Se ele podia falar em nome de Cristo por ter recebido uma visão do "Jesus ressuscitado", então qualquer autor que alegasse a mesma ligação com a chamada "mente do Cristo" poderia produzir obras cuja autoridade se firmasse unicamente sobre revelações individuais. Para os grupos tradicionais essa mudança foi deplorável, e ela ainda iria se intensificar.

As assembleias que recebiam cópias das epístolas de Paulo as liam como instruções apostólicas legítimas, e foi assim que elas se tornaram parte do acervo canônico. Testemunhos que pudessem ser vinculados a

Paulo de alguma maneira também ganharam confiabilidade: o Evangelho de Lucas e os Atos dos Apóstolos são grandes exemplos disso. Algumas das epístolas atribuídas a Paulo no cânon na verdade não foram escritas por ele, mas a inclusão de seu nome lhes garantiu a devida autoridade. "Paulo" tornou-se uma espécie de selo de legitimidade. Mas depois que um cânon paulino já havia sido reconhecido, existia um limite para o uso do distintivo com seu nome.

À medida que os homens e mulheres da geração de Jesus foram morrendo e os últimos que guardavam na lembrança o contato direto com os primeiros discípulos e suas atividades deixaram sua posição central no palco da vida, quem estaria habilitado a julgar a veracidade ou utilidade de um novo trabalho, a exatidão de uma doutrina? Quem ficaria no comando?

A Igreja de Jerusalém atravessava uma fase turbulenta. Segundo a *História eclesiástica,* de Eusébio, antes que a Revolta Judaica explodisse no ano 66 d.C. os líderes da assembleia de Jerusalém foram exortados a deixar a cidade rumo ao norte até Pella, na outra margem do Jordão, onde estabeleceriam uma espécie de comando da Igreja "no exílio". Essa movimentação não pode ser separada do fato de que o líder principal, Tiago, o irmão do Senhor, havia sido assassinado brutalmente por ordem do sumo sacerdote Ananias no ano 62 d.C. Embora outro parente de Jesus tenha sucedido Tiago como bispo, a subsequente ruptura da vida normal na Judeia que culminou na carnificina por ocasião da destruição do Templo no ano 70 sem dúvida provocou uma reestruturação da organização cristã estabelecida na região. Jerusalém foi perdendo autoridade à medida que as igrejas paulinas da Ásia Menor e da porção ocidental do Império Romano se fortaleciam.

Os novos cristãos estavam distantes da ordem original das coisas de uma maneira parecida com a forma como a porção final dos períodos vitoriano e eduardiano de repente começou a parecer remota ou incompreensível para a geração que chegou à maturidade depois da I Guerra Mundial. O passado era provavelmente como um sonho perdido. Depois do colapso militar e econômico da Judeia no final das décadas de 60 e 70 do século I, o cristianismo emergiu com uma aparência bem diferente. A base de poder da família de Jesus havia sido esfacelada. Quanto mais *judeanos* eles se parecessem, mais suspeitas despertariam. No comentário feito sobre os textos de Mateus, o autor patrístico Orígenes (*circa* 230 d.C.) registra a tradição vigente na época de que havia sido o assassinato de *Tiago, o*

Justo que levara a justiça divina a se lançar sobre a Judeia e Jerusalém na forma do futuro imperador Vespasiano e seu filho Tito. Cerca de 80 anos depois de Orígenes, Eusébio afirmou que a queda da Judeia fora um resultado da rejeição a Jesus por parte de seu povo e subsequente entrega à prática da violência indiscriminada. Essa visão era simplista demais, produto de intolerâncias herdadas. Muitas pessoas na Judeia haviam aceitado Jesus.

Depois do ano 70, ser um cristão na Judeia iria se tornar ainda mais difícil do que antes. Os "Pobres" ficaram ainda mais pobres depois que a sua estrutura de vida que girava em torno dos sacerdotes se esfacelou – Tito saqueara os tesouros do Templo e o violara com o derramamento de sangue humano. Destituídos do Templo, os familiares de Jesus – juntamente com todo o povo da Judeia – perderam o seu foco, uma porção importante de sua identidade e o alicerce da sua crença. Foi uma perda traumática. A causa de Paulo ganhou uma aura triunfante, enquanto a família de Jesus parecia ultrapassada. Roma se tornou o *grande lance,* ao passo que a Judeia e Galileia de antes da guerra se transformaram em lugares romanceados, com as arestas da realidade aplainadas de modo a formarem um plano de fundo *chiaroscuro* para "a vida do salvador". Não era fato que ele havia sido rejeitado pelos "seus", que por sua vez foram lançados no esquecimento por conta disso?

A família de Jesus se tornou invisível, desaparecida, perdida.

Ainda assim, os novos cristãos precisavam de informação. A questão era: "em que fontes eles poderiam confiar?". De modo geral, para uma obra ser aceita ela precisava comprovar ligação com um dos apóstolos originais e passar pelo crivo de uma nova geração de líderes da Igreja que reuniam todo o material que conseguiam. Os textos aprovados eram lidos em assembleias onde salmos e hinos simples eram cantados por aqueles batizados no "corpo de Cristo", a nova "família de Jesus".

Inadvertidamente, Paulo estabeleceu um princípio segundo o qual a revelação individual conferia autoridade. Se as visões eram o caminho para a revelação e a nova era trazida pelo salvador prometia visionários, os visionários foram devidamente providenciados. Autores visionários empreendiam viagens astrais ou meditações para adentrar o "passado eterno" e travar contato com símbolos de poder, palavras divinas, apóstolos, anjos, paraísos, Jesus, Paulo, Pedro e Maria Madalena. Se Paulo havia sido capaz de entrar na "mente do Cristo", esse nível de proteção desfrutado pelos cristãos lhes garantiria o acesso também à mente de

Judas Tomé ou até mesmo da Mãe Divina. Quem precisava da família de Jesus quando as portas dos céus e da história estavam abertas para serem "vividas em Jesus" pelos cristãos de batismo e de nascença? Que vantagens tinham os laços de sangue a oferecer sobre o espírito?

Os evangelhos canônicos aparecidos depois do cataclismo da Revolta Judaica de 66 a 73 d.C. não satisfizeram a todas as pessoas. Gerações posteriores começaram a mostrar interesse em detalhes que pareciam escapar a eles. Qual seria o ensinamento *secreto* de Jesus para os grupos "espirituais" dos novos tempos? O que havia acontecido com Jesus durante a sua infância? O que Jesus viu durante a sua transfiguração? Quem tinham sido seus pais e avós? O que acontecera com os outros discípulos? Para satisfazer essas necessidades, evangelhos *apócrifos* começaram a aparecer nas comunidades cristãs. Sem a autoridade da família e dos apóstolos autênticos, muitas vezes a questão era escolher entre a palavra do bispo ou do livro – do livro secreto.

O termo "apócrifo" vem da palavra grega que designa "obra secreta" (*apocryphon*) ou comentário ou discurso esotérico. Entretanto, embora os "Evangelhos Gnósticos" se encaixem nessa categoria de mensagens secretas ou esotéricas, o mesmo não se pode dizer da maior parte do acervo cristão apócrifo. Santo Agostinho refletiu sobre essa disparidade em seu *A cidade de Deus* (Livro XV, 23) e concluiu que os textos "são chamados de apócrifos porque suas origens não estavam evidentes para os Pais [da Igreja]", ou porque havia algo de secreto relacionado a eles, ou porque as evidências atestando sua credibilidade não haviam sido apresentadas, ou ainda porque a alegação para tal era baseada em conjecturas. Outra ideia para tentar explicar o rótulo de "apócrifos" era que seriam obras estudadas em segredo, longe das assembleias eclesiásticas: o estudo em particular podia levar a heresias cometidas em particular, já que os hereges costumavam se reunir secretamente para professar segredos. Na prática, isso tudo quer dizer que as obras apócrifas eram livros que as autoridades da Igreja se recusavam a aceitar no acervo canônico – e muitas vezes com boas razões para isso, já que eram textos produzidos a uma considerável distância cronológica ou pessoal daquelas que seus autores apontavam como sendo suas fontes primárias de inspiração.

Se os textos apócrifos não se mostrassem contrários às escrituras hebraicas ou aos evangelhos de origem atestadamente apostólica, eles poderiam até ser considerados obras interessantes por conter material de algum valor ou grau de novidade, mas jamais eram considerados como sendo "palavra de Deus" da mesma forma que os Salmos, os livros dos profetas hebreus ou os primeiros evangelhos e as epístolas paulinas. Wlliam Ralph Churton, em sua obra *Uncanonical and Apocryphal Scriptures* (Londres, 1884, página 10), nos diz:

> *Talvez a definição de autor apócrifo capaz de abarcar a maior parte dos escritos assim designados seja a de um autor que se utiliza de algum tipo de disfarce, seja para esconder o próprio nome ou posição social, ou, no âmbito das narrativas, as pessoas e acontecimentos que formam o tema de suas histórias.*

Não se pode dizer que as obras apócrifas tenham um pé no século I. De qualquer forma, é impossível verificar a sua veracidade história – a única coisa que se sabe é que ela já era questionada quando elas eram recentes, fato que nos obrigará a sermos cautelosos quando as vasculharmos em busca de conhecimentos autênticos a respeito da Família Desaparecida de Jesus.

Dada a proeminência de Tiago no cenário do protocristianismo, o mais sensato a fazer primeiro é analisarmos as diversas variantes existentes de uma obra que apareceu com títulos diferentes mas que é conhecida de maneira geral como "O Evangelho da Infância de Tiago" ou o *Protoevangelho* de Tiago. Hoje se presume que o nome de Tiago, Irmão do Senhor tenha sido usado para conferir credibilidade aos relatos, que tratam na verdade da geração da família de Jesus anterior ao nascimento deste e parecem provir das tradições orais de sua família, embora não haja na obra em si nada que endosse isso. Acredita-se que o cerne do texto tenha sido escrito entre os anos 140 e 170 d.C., pelo menos mais de um século e meio depois de os eventos descritos terem acontecido. Tiago é apresentado como um filho de um casamento anterior de José. Esse detalhe foi destacado pelo Pai da Igreja Orígenes (185- 254 d.C.), o primeiro a fazer referência ao texto em questão e que parece inquestionavelmente aliviado por ter encontrado um texto defendendo a perpétua virgindade de Maria.

A versão siríaca é estimada como sendo mais antiga do que as gregas, e contém divergências significativas se comparada a elas. Observou-se que embora a obra imite o Antigo Testamento (especialmente o relato do nascimento de Samuel), o conhecimento do autor sobre a vida e os costumes judaicos parece ser limitado. Sendo assim, é pouco provável que o texto tenha surgido diretamente de fontes apócrifas – embora ele traga um material interessante, de qualquer maneira.

Forjado a partir do nascimento de Samuel do ventre de uma mãe estéril – e do relato semelhante lido em Lucas sobre o nascimento de João filho de Isabel e Zacarias – vemos que até o nome atribuído à mãe de Maria, Ana, é o mesmo. O texto é um hino à virgindade – sua origem pode ter acontecido entre os seguidores de Polícrates, bispo de Éfeso no final do século II. Polícrates lembrou que o discípulo amado ao qual – segundo João – Jesus havia confiado sua mãe usara uma *petalon* sacerdotal (uma "pétala", ou seja: uma folha de ouro). O Talmude Judaico revela muito a respeito dessa *petalon* ou *ziz*, que vemos descrita no Êxodo, 28:36-38. A *petalon* era a lâmina ou folha de ouro usada pelo sumo sacerdote em sua mitra ou turbante. Quando o pai de Maria, Joaquim, tem suas oferendas aceitas no altar, a *petalon* rebrilha em sinal da benevolência do Senhor; Joaquim não deixara de ter filhos por vontade própria ou virtude. A *petalon* tem a virtude da conciliação. Esse detalhe vem intervir na significância que já atribuíamos à mitra ou *nezer* do sumo sacerdote, "a coroa da santidade" onde víamos gravada a inscrição "consagrado a Deus". Com isso, o "discípulo amado" poderia muito bem ser Tiago, o Irmão do Senhor, o que daria sentido imediato à exortação de Jesus crucificado para sua mãe vista no relato de João: "Mulher, eis aí o teu filho!" (João, 19:26). Nesse caso, as palavras de Jesus teriam sido apenas a declaração de um fato.

A mãe de Maria é uma serva do Templo, assim como sua filha também será. Mas Joaquim, por não ter filhos, é repreendido pelos outros sacerdotes. Ele e sua esposa não têm a benevolência do Senhor. Na intenção de descobrir se a esterilidade é mesmo um sinal de ausência da benevolência divina é que Joaquim busca o sinal da *petalon* sacerdotal. Ele havia feito tudo o que um sacerdote do Templo deveria fazer. E recordemos, nesse contexto, da conduta para os sacerdotes expressa em Ezequiel, 44:22:

E eles não se casarão nem com viúva nem com repudiada, mas tomarão virgens da linhagem da casa de Israel, ou viúva que for viúva de sacerdote.

Depois que Ana entoa um lamento por sua esterilidade e condição social inferior, um anjo aparece para anunciar que ela conceberá uma criança. Ana responde que se isso for possível ela oferecerá a criança ao serviço perpétuo ao Senhor no Templo. Joaquim ouve a história e procura por um sinal que confirme a sua veracidade. E, portanto, temos que:

> *Se o Senhor Deus me for propício, verei um sinal na lâmina de ouro do sacerdote. E ao entregar sua oferta, Joaquim fixou o olhar na lâmina do sacerdote logo que esse se achegou do altar de Deus e não encontrou pecado algum em sua consciência. E Joaquim disse: "Agora sei que o Senhor me é propício e me perdoou todos os pecados". E então desceu do Templo redimido, e foi para sua casa.*

A cena pode ter sido construída a partir da experiência de alguém que tomou a comunhão de um sacerdote usando uma *petalon*, indicando a persistência da organização sacerdotal do Templo entre os cristãos siríacos.

Maria nasce do ventre de Ana e desfruta de uma infância idílica no Templo, dançando no terceiro degrau do altar para o deleite de toda Israel. Aos 12 anos, seu futuro se transforma num problema para os sacerdotes. Nesse ponto, a versão siríaca assume um tom mais realista do que a grega – pode ser até que tenha informações históricas genuínas. Algumas vezes, a mãe de Maria é chamada de Dina, em outras de Hannah. O nome de seu pai é Zadok Yonakhir.

Essas variantes dos nomes dos pais de Maria também aparecem em outro texto siríaco, *A caverna dos tesouros*, cuja autoria é atribuída a Efrem, o Sírio, da localidade de Nisibis, 160 quilômetros a leste de Edessa na Mesopotâmia (*circa* 306-373 d.C.). É possível que a atribuição da autoria também seja apócrifa, entretanto, pois *A caverna dos tesouros* só ganhou a forma que conhecemos hoje pelo menos no século VI. O título dado pelo autor era *O livro da ordem da sucessão de gerações (ou famílias)* – listando os patriarcas e reis de Israel e de Judá. E ele talvez devesse ter acrescentado "da ordem *correta*", pois acreditava que a genealogia antiga dos judeus havia sido queimada no incêndio por ocasião da tomada de Jerusalém por Nabucodonosor no ano 587 a.C. As reconstituições feitas posteriormente foram relegadas como pouco exatas por árabes e judeus – o interesse árabe pela questão vinha de sua crença de que eram um povo também descendente de Abraão *via* Hagar e Ismael. As traduções para o árabe de *A caverna dos tesouros* são fruto desse interesse – os trechos cristãos do texto não eram incluídos nas traduções.

O autor reclama que "os judeus", alegando que Maria seria uma adúltera, haviam pressionado os filhos da Igreja para obter a sua genealogia verdadeira:

> *E a língua dos Judeus foi detida, e eles acreditaram que Maria era fruto da Casa de Davi e de Abraão. Mas não possuíam os Judeus as tábulas da sucessão que comprovassem a ordem verdadeira das famílias de seus pais, porque os livros haviam sido queimados por três vezes – uma nos tempos de Antíoco [IV, Epifânio], que arquitetou perseguição contra eles, e profanou o Templo do Senhor, e os forçou a oferecerem sacrifícios aos ídolos pagãos; a segunda vez nos tempos de ...; e a terceira no tempo de Herodes, quando Jerusalém foi destruída. Os judeus lamentavam esse fato, por não poderem assim dispor de uma tábula confiável das gerações de seus pais. E eles labutavam avidamente para descobrir a verdade, mas não conseguiam resultado.*

"Eu, no entanto", prossegue o autor, "detenho o conhecimento da genealogia correta, e revelarei a verdade aos homens." Quando os filhos de Israel deixaram a Babilônia:

> *Zerubabel gerou Abiud através de Malkath, filha de Ezra, o escriba. Abiud desposou Zakhyath, filha de Josué, o filho de Yozadak, o sacerdote, e com ela gerou Eliaquim. Eliaquim desposou Halabh, filha de Dornîbh, e com ela gerou Azor. Azor desposou Yalpath, filha de Hazor, e com ela gerou Zadoque. Zadoque desposou Kaltin, filha de Dornîbh, e com ela gerou Akhin. Akhin desposou Heskath, filha de Ta'il, e com ela gerou Eliud. Eliud desposou Beshtin, filha de Hasal, e com ela gerou Eleazar. Eleazar desposou Dibath, filha de Tolah, e com ela gerou Matthan. Matthan desposou Sebhrath, filha de Phinehas, e com ela gerou dois filhos da mesma concepção, Jacó e Yonakhir.*

Jacó desposou Hadbhith, filha de Eleazur, e com ela gerou José, que foi noivo de Maria. Yonakhir casou-se com Dina, filha de Pakodh, e com ela gerou Maria, de quem o Cristo nasceu.

Voltando ao *protoevangelho*, consideravelmente anterior, é fascinante notar como esse texto apócrifo lança uma luz sobre a palavra-chave do texto de Lucas em que Maria se autodenomina uma "serva" (ou escrava do sexo feminino) do Templo do Senhor. Terá o autor de Lucas captado esse termo e simplesmente criado a partir dele, ou será que pode haver uma fonte histórica legítima por trás de ambos os textos? Seja como for, o ambiente sacerdotal onde a família de Maria é encaixada emana um senso de autenticidade. E a perda desse ambiente com a queda de Jerusalém no ano 70 d.C. pode ser uma explicação substancial por trás do fato de a família de Jesus ter caído na obscuridade no século seguinte.

Segundo a versão siríaca, Maria ainda mora na casa dos pais aos 10 anos, quando ganha uma irmã chamada Paroghitha. Ao completar 12 anos, Maria se junta a um grupo de sete outras virgens que são entregues aos cuidados de um sacerdote idoso chamado Zadoque e de sua esposa Sham'i. Maria era chamada de a filha de Zadoque "segundo a lei do Senhor, mas era na verdade filha de Yonakhir por promessa". Presumivelmente, Maria deve ter sido adotada por um sacerdote zadoquita e passou a viver com ele e com sua esposa, pois somos informados de que Yonakhir e Hanna morreram quando a menina estava com 12 anos. Sham'i, madrasta de Maria, morreu quando ela estava com catorze anos.

O sumo sacerdote, identificado como Zacarias, pai de João Batista, é aconselhado a consultar o Senhor quanto ao casamento da menina agora que sua madrasta morreu e ela já chegou à adolescência. Zacarias adentra o Santo dos Santos e um anjo lhe ordena que chame "os viúvos do povoado", dentre os quais o Senhor mostraria um sinal ao homem que deveria desposá-la. O sinal é uma pomba que sai do bastão de José e lhe pousa na cabeça. A versão siríaca traz uma versão mais parcimoniosa dos eventos milagrosos: a assembleia de pretendentes é convocada por ordem do anjo, mas se trata de uma reunião de homens pertencentes à Casa de Davi. A pomba é uma das pombas do Templo. Ela pousa primeiro no cajado de José, depois na sua cabeça. E José já seria considerado um bom candidato de qualquer forma, porque ele e Maria eram "filhos dos tios um do outro". A objeção feita por José é pelo fato de ele ser um homem velho e já ter tido uma esposa mãe de filhos e filhas. O nome dado para ela é Maria, e seus filhos eram Jacó (Tiago) e José. Na versão siríaca, essa outra Maria parece estar ainda viva, mas na grega José aparece como viúvo e seu segundo filho se chama Samuel, nome que em alguns trechos é corrigido para Joses ou Simão. Certamente o que temos aqui é um autor apócrifo tentando contornar a questão das "outras Marias" que vimos ser associada aos irmãos de Jesus nos evangelhos sinópticos e nos textos de João. A virgindade de Maria é um dado importante para a missão cristã.

Tanto nos textos gregos quanto nos siríacos, as objeções de José são superadas. Ele aceita o encargo de cuidar da prima mais nova e a leva para sua casa em Jerusalém ou Belém – mas de qualquer forma na Judeia. Na versão siríaca, ele estava construindo uma casa em Belém – esse texto sugere ainda que Maria se torna uma pupila da esposa de José, Maria, e recebe o status de esposa para proteger seu nome quando a criança é concebida. Historicamente, um cenário assim poderia fazer sentido. Tomando-o como base, Tiago tomou a liderança da assembleia de Jerusalém por ser mais velho que Jesus, e mais conservador também. A sua mãe talvez fosse Maria, a primeira esposa de José (a *outra Maria, mãe de Tiago e Joses*), que assiste de longe à crucificação no evangelho de Mateus, encontra-se presente no momento do sepultamento de Jesus segundo Marcos, e está entre as testemunhas da ressurreição em Marcos e Lucas. Outra possibilidade é que isso tudo seja uma construção fictícia tortuosa para preservar a história da virgem que dá à luz, fruto apenas de um impulso de autoilusão dos autores. Se for esse o caso, vemos que a crença no status maternal incomum da mãe de Jesus parece estar arraigada desde as etapas mais primordiais da formação da mitologia e tradição cristãs. Apesar disso, o relato visto no capítulo 6 do Evangelho de Marcos a respeito dos irmãos de Jesus não traz qualquer advertência sobre eles serem apenas meio-irmãos vindos de "outra Maria", ou nada além de irmãos comuns de Jesus. Por outro lado, se a mãe de Jesus tinha mesmo um laço estreito de parentesco com José que não era o do casamento, talvez Marcos possa ter suposto que seus leitores já saberiam que a referência aos "irmãos" fora feita num sentido diferente do termo; ou talvez Marcos não soubesse mesmo de nada além do que escreveu – e não tivesse motivos para saber – e tenha aceito que os irmãos e irmãs de Jesus eram quem ele apresentou como tal porque foi assim que lhe passaram a informação.

Essa é uma daquelas questões espinhosas que aparecem sempre que nos pedem para comparar a credibilidade de uma fonte apócrifa com a do acervo canônico. A regra geral básica é levar em consideração primeiro o texto mais antigo, mas a verdade é que esse critério não garante muita coisa, porque as fontes antigas também podem conter anomalias e ambiguidades. Mas de uma coisa nós podemos ter certeza: tanto esse evangelho da infância quanto os evangelhos canônicos aceitam o fato de que Jesus pertencia à mesma família que os seus irmãos! Além disso, devemos acrescentar, o texto de Mateus em nenhum momento sustenta a virgindade *perpétua* de Maria, e não se sabe também se é *essa* doutrina que o quadro complexo apresentado no evangelho da infância se destina a validar. Todavia, é possível que alguns dos irmãos de Jesus fossem mesmo de um casamento anterior de José e que houvesse outros, ou mais um, vindos *após* o nascimento de Jesus. Talvez a família mantivesse a paternidade exata dos filhos de José e Maria como um segredo aos olhos da sociedade, um assunto particular. Mateus já atesta o fato de que José precisou proteger Maria do possível escândalo por ser uma garota solteira e grávida (segundo o *protoevangelho,* a virgem do Templo estava com 16 anos). A esse respeito, devemos voltar novamente a consultar as normas de conduta para os sacerdotes detalhadas em Ezequiel, 44:22:

> *E eles não se casarão nem com viúva nem com repudiada, mas tomarão virgens da linhagem da casa de Israel, ou viúva que for viúva de sacerdote.*

No caso de José ser um sacerdote, o que se encaixaria perfeitamente no quadro montado pelo *protoevangelho,* ele saberia que era proibido de tomar como esposa uma moça que já estivesse grávida. *Alguma coisa* escandalosa acontecera. O que quer que tenha sido, a "virgem" Maria aceitou tudo como sendo a vontade de Deus e se rendeu ao sistema ao qual havia sido entregue como serva.

Nós podemos nos dispor a aceitar o quadro mais simples, em que Maria teria dito a José que seu filho não tinha um pai terreno, havia sido uma dádiva de Deus e que caberia ao construtor aceitar esse fato ou não. É plausível presumir que as relações entre os sacerdotes do Templo e as escravas que o serviam nem sempre eram isentas de meandros; eventuais casamentos entre essas famílias já carregariam por si uma considerável carga religiosa e também mitológica. Se a esterilidade era vista como uma maldição divina, a gravidez certamente era sinal de bênção. E se os leitores dos evangelhos eram capazes de conceber como plausível a bênção especial recebida por Maria, podemos assumir que José também teria aceitado a possibilidade do milagre. Como homem sujeito às visões divinas em sonhos que era, ele devia ser uma pessoa *de fé* no sentido mais sincero do termo. O fato era que somente a mãe de Jesus conhecia a verdade absoluta, e – se nos permitirmos a ousadia de considerar a possibilidade de um milagre nestes tempos sombrios – talvez nem ela mesma tivesse plena certeza do que lhe havia acontecido. Ela era uma serva do Senhor e fez o que lhe foi ordenado. Qual era o grau de instrução sexual a que as meninas de 16 anos tinham acesso naquela época?

De uma coisa, nós podemos ter certeza: ao longo do século I, houve confusões em torno dessa questão. É possível que Tiago, chamado por Paulo e pelos Pais da Igreja de "o Irmão do Senhor", soubesse da história inteira e a tenha partilhado com alguém em algum momento. A falta de indícios desse momento de revelação sugere que uma peça do quebra-cabeças se perdeu ou foi distorcida no processo da perda, ou que foi deliberadamente suprimida em algum momento ou ainda que foi mantida como um segredo da Família Desaparecida.

Na narrativa *protoevangélica,* José em nenhum momento é mostrado na posição de um santo tolo; ele conhece bem os fatos da vida:

> *No sexto mês a seu lado, José voltou de suas construções. Ao entrar em casa, deu-se conta da gravidez avançada de Maria. Bateu no próprio rosto, atirou-se ao chão sobre um saco e chorou amargamente dizendo: "Com que semblante agora me apresentarei diante do Senhor meu Deus? Que prece farei eu agora por essa jovem? Recebi-a virgem do Templo do Senhor, e não soube protegê-la. Quem foi aquele que tramou contra mim? Quem cometeu esse crime em minha casa, deflorando a virgem? Será a história de Adão, repetida em mim? Afinal, quando ele foi louvar a Deus veio a serpente ter com Eva e, vendo-a sozinha, a seduziu – e agora o mesmo se abate sobre mim". E então, levantando-se do chão, José chamou Maria e lhe disse: "Ó, tu, predileta de Deus, o que fizeste? Esqueceste o Senhor, teu Deus? Por que aviltaste a tua*

alma, tu que foste criada no Santo dos Santos e alimentada pelas mãos de um anjo?". Mas ela chorou amargamente, dizendo: "Eu sou pura e não conheço varão". E José replicou: "De onde vem então aquilo que carregas em teu ventre?". Maria disse: "Juro por Deus, meu Senhor, que não sei como aconteceu".

Então José, cheio de temor, parou de falar com ela [ou deixou-a a sós] e pôs-se a refletir sobre o que faria com ela. E disse: "Se acoberto seu pecado, estarei procedendo contra a lei do Senhor; se a denuncio aos filhos de Israel, receio que aquilo que está com ela seja obra do anjo e que nesse caso eu esteja entregando um inocente à condenação e à morte. O que devo fazer, então? Despedi-la-ei em segredo". Mas eis que a noite veio. E um anjo do Senhor lhe apareceu em sonho, dizendo: "Não temais essa criança, pois o que traz em seu ventre é obra do Espírito Santo. Ela dará à luz um filho e deveis chamá-lo Jesus, porque ele salvará o povo de seus pecados". E José despertou do sonho e louvou ao Deus de Israel por ter-lhe concedido a Sua graça; e pôs-se a cuidar de Maria.

O estado de Maria logo salta aos olhos dos altos sacerdotes. O "escriba Anás" presume que José tenha consumado o casamento sem as devidas formalidades. Maria e José são condenados a beber a água amarga prescrita para os suspeitos de adultério em Números, 5:24-26. Os dois saem para as montanhas e voltam gozando de boa disposição: um sinal *prima facie* da sua inocência. "E o sacerdote diz: Se o Senhor não fez manifestar-se o pecado do qual se vos acusa, eu também não os condeno. E dispensou-os. José tomou Maria e retornou à sua casa cheio de alegria, louvando ao Deus de Israel."

O fato de a virgindade ser uma questão-chave para o autor do *protoevangelho* está bem evidente. Quando chega a hora de Maria dar à luz, José procura uma gruta nos arredores de Belém. Na versão grega, José vivencia uma parada completa do tempo: a eternidade manifestou-se neste mundo, suspendendo temporariamente as leis da Natureza:

E eu, José, estava a andar sem conseguir avançar. Ergui os olhos para o ar e vi o ar repleto de assombro. Quando me voltei para o firmamento, encontrei-o imóvel, e as aves do céu imóveis. E voltando o olhar para a terra vi um prato arrumado, e vi trabalhadores sentados à volta do prato com as mãos estendidas para comer: aqueles que estavam a mastigar não mastigavam, e os que estavam erguendo porções de comida não erguiam, e os que a levavam à boca não o faziam; estavam todos com os rostos voltados para o alto. Havia também ovelhas a caminhar mas que estavam paradas, e o pastor que ergueu o cajado a conduzi-las e ficou com a mão suspensa no ar. E eu olhei para a água do rio e vi as crianças com as bocas abertas mas sem beber. E então, num instante, tudo voltou ao seu curso normal.

Uma parteira aparece:

E eu lhe disse: "É Maria, que foi criada no Templo do Senhor e recebi-a por sorte como mulher; mas não é minha esposa, concebeu por obra do Espírito Santo". Perguntou ela: "É verdade?" E José lhe disse: "Vem e verás". E a parteira assim fez.

A parteira examina Maria após o nascimento, e ela continua virgem. Essa passagem cobre a parte da perícia judicial.

O desfecho do *protoevangelho* o caracteriza como o clássico material apócrifo:

Eu, Tiago, escrevi esta história em Jerusalém quando levantou-se o tumulto pela morte de Herodes, e retirei-me para o deserto até cessar essa confusão, louvando ao Senhor, Todo-Poderoso, que me concedeu a graça e a sabedoria para escrever este relato. Que a graça esteja com todos aqueles que temem o Nosso Senhor Jesus Cristo; a ele seja dada a glória pelos séculos dos séculos. Amém.

A passagem não pode ter sido escrita por Tiago, morto muito antes, mas não há nela certa ressonância da turbulência em torno da sucessão de Arquelau, que discutimos no capítulo dois? Esse Tiago, como o grupo da Nova Aliança dos Manuscritos do mar Morto, "retirou-se para o deserto". Terá sido isso que aconteceu à família de Jesus depois da destruição de Jerusalém?

A FAMÍLIA DESAPARECIDA DOS APÓCRIFOS

A trama do evangelho da infância, com sua aproximação tão bem-feita entre fatos aparentemente históricos e romance, provocou um grande impacto. Ela tocou em especial os leitores que sentiam a necessidade legítima de conceber a realidade de uma família em torno de Jesus, com todos os seus laços e sentimentos, tristezas e esperanças profundas. Embora apócrifo, o texto era lido durante os festejos de Maria promovido pelos coptas, sírios, gregos e árabes. Na Igreja Romana, ele foi em grande parte evitado até a *Legenda áurea,* de Jacobus de Voragine, começar a se disseminar na Europa do século XIII e fazer com que Santa Ana se tornasse uma santa muito amada e parte integrante da iconografia religiosa em todo o continente católico. Se não fosse pelo *protoevangelho,* nós jamais teríamos tido a chance de ver as grandes pinturas e desenhos de Leonardo da Vinci retratando Santa Ana em companhia da Sagrada Família.

A história de Santa Ana narrada na *Legenda áurea* foi construída a partir do material apócrifo e das anomalias presentes nos evangelhos canônicos. Ela afirmava que Santa Ana foi casada não apenas uma vez – como haviam sustentado durante o período patrístico autores como São João Damasceno – mas sim três: a primeira com Joaquim, depois com Clopas e por último com um homem chamado Solomas. De cada casamento nasceu uma filha: Maria, mãe de Jesus, Maria de Clopas e Maria Salomé, respectivamente. A irmã de Santa Ana era identificada como Sobe, a mãe de Santa Isabel. A *Legenda áurea* se tornou extremamente popular, confirmando a necessidade de as pessoas formarem para si a imagem de um Jesus completamente humanizado, com quem pudessem se identificar através dos laços afetivos, necessidades e realidades mais profundas comuns a toda família.

As especulações medievais em torno das "outras Marias" deram origem a lendas, cada uma das quais tentando decifrar os enigmas envolvendo as Marias dos registros canônicos, apresentadas com suas personalidades obscuras relacionadas a locais de veneração. Como praticamente não se sabia nada a respeito delas, a mitologia floresceu livremente como muitos "mistérios" nascem do vácuo de informações. E não há dúvida de que foi o caráter humano dessas mulheres, combinado ao mistério em torno da figura delas, que despertou tanto interesse. Por causa disso, nós encontramos na tradição oral da Occitânia uma lenda medieval falando de três Marias vindas da Palestina cujo barco fica à deriva e vai dar milagrosamente nas praias da Provença. A localidade onde isso teria acontecido se chama hoje Saintes-Maries-de-la-Mer, ou "Santas Marias do Mar", e certamente se beneficiou da associação lendária com Maria, "esposa de Alfeu" e mãe de Tiago e José, Maria Salomé e Maria de Clopas. A mãe de Tiago tinha uma serva egípcia, Sarah, que é venerada até hoje pelos ciganos. É interessante notar como o folclore e as lendas populares instintivamente se voltaram para os personagens mais fugidios, apócrifos ou semiapócrifos. Eu penso que o seu atrativo é essa combinação de humanidade e mistério-magia; e também algum tipo de intuição de que talvez a verdade esteja sempre um pouco distante de uma versão oficial que muitas vezes carece do toque de imaginação e assombro que seriam condizentes com um rebento de Deus.

As relações apócrifas entre as Marias alimentaram o que talvez deva ser denominada de uma história patrística-apócrifa atribuída ao Pai da Igreja Papias (*circa* 60-135 d.C.). Eusébio, Bispo da Cesareia, identificou Papias (a quem ele considerava faltar destreza intelectual) como o Bispo de Hierápolis – hoje Pamukkale – na Turquia. O nome de Papias é mais conhecido como o do autor que guardou de memória o testemunho de um certo "presbítero João" que havia ouvido pessoalmente pelo menos um apóstolo genuíno dentre os anciãos de seu tempo. Em seus "cinco livros", Papias também menciona um milagre relacionado a um certo Justo, alcunhado de Barsabás. Para Eisenman, o "José Barsabás, que tinha por sobrenome Justus" citado no Evangelho de Lucas é apenas uma distorção do nome de Tiago, o Justo.

Mas Papias relata uma história curiosa contada pelos anciãos do século I, segundo a qual esse Justo teria tomado um veneno mortal e sobrevivido ileso a ele pela graça do Senhor. E é também a Papias que devemos a informação de que o Evangelho de Marcos teve seu conteúdo baseado nas memórias de Simão Pedro. Não há um meio termo: ou colocamos Papias na lista dos autores confiáveis, ou o deixamos de fora. Além do mais, essas histórias têm procedência melhor do que a que veremos a seguir: uma fonte "papiana" apócrifa que ganha uma relevância especial na nossa investigação por ter sido a usada por Robert Eisenman para basear sua alegação de que o nome Cléofas (ou Clopas) e o nome Alfeu são na verdade intercambiáveis. Foi ela que permitiu que Eisenman identificasse o discípulo canônico "Tiago, filho de Alfeu" como membro da família de Jesus (por meio da ligação com Maria de Cleofas, Clopas ou Klopa).

Vejamos a seguir o suposto fragmento da obra de Papias que contém a identificação:

> *(1.) Maria, a mãe do Senhor; (2.) Maria, esposa de Cleofas ou Alfeu, que era mãe de Tiago, bispo e apóstolo, e de Simão e de Tadeu, e também de José; (3.) Maria Salomé, esposa de Zebedeu, mãe de João Evangelista e de Tiago; (4.) Maria Madalena. Essas quatro estão presentes no Evangelho. Tiago e Judas e José eram filhos de uma tia (2) do Senhor. O outro Tiago e João eram filhos de outra das tias (3) do Senhor. Maria (2), a mãe de Tiago Menor e de José, esposa de Alfeu, era irmã de Maria, mãe do Senhor, que João nomeia como "de Clopas" por causa de seu pai, de seu clã ou algum outro motivo. Maria Salomé (3) tem esse Salomé em seu nome ou por causa do marido ou de seu povoado de origem. Há autores que afirmam que ela é a mesma Maria de Clopas, porque tinha dois maridos.*

Esse "Fragmento Dez" dos testemunhos de Papias foi encontrado por um estudioso chamado Grabe num manuscrito da Biblioteca Bodley (há também uma outra cópia em Cambridge). Na margem havia uma inscrição dizendo "Papia". Westcott acreditou se tratar de parte de um dicionário organizado por um "Papias" medieval. A origem medieval é atestada pelo fato de a inscrição "Maria é chamada *Illuminatrix*, ou Estrela do Mar" ter sido acrescentada ao texto. Esse simbolismo usado com relação a Maria é medieval; ele aparece também no texto da *Legenda áurea* na história de Maria Madalena. Maria é a estrela da manhã, Vênus, o Amor, arauto do amanhecer, refletido na natureza, cujo número é o oito. O fragmento papiano me parece mais adequado para explicar a pletora de Marias diferentes que aparecem na narrativa apócrifa romanceada medieval do que um texto autêntico. Se Eisenman pretende usá-lo para comprovar que Alfeu e Clopas são nomes intercambiáveis, então ele precisa aceitar também que a mesma autoridade patrística define Barsabás Justus como o nome de um indivíduo de verdade.

É difícil saber se podemos chamar o Evangelho Segundo os Hebreus de evangelho apócrifo, pois só uma parte muito pequena dele chegou até nós. O texto é citado por diversos Pais da Igreja com ligações egípcias e, em especial, alexandrinas: Clemente de Alexandria e seu colega Dídimo, o Cego, Orígenes e Jerônimo, todos eles recorreram a uma obra que aparentemente foi escrita na primeira metade do século II para a comunidade de judeus cristãos ativa na cidade. Até onde se pode saber, esse evangelho reunia relatos de uma tradição oral independente sobre os eventos importantes da vida de Jesus.

O mais marcante nos fragmentos que chegaram a nós é o respeito muito óbvio dirigido à figura de Tiago, irmão do Senhor. Os sete fragmentos desse evangelho refletem o clima de abertura à filosofia gnóstica aplicada à religião que iria florescer em Alexandria, na Síria e em Roma a partir de meados do século II. Num dos fragmentos usados por Orígenes no comentário feito por ele a respeito da passagem lida em João, 2:12, nós ficamos sabendo que Jesus considerava o Espírito Santo como sua "mãe". Dídimo, o Cego, busca embasamento no Evangelho dos Hebreus para lançar a ideia de que Levi não era Mateus como o Evangelho de Lucas afirma, mas sim Matias, "aquele que substituiu Judas, o mesmo que Levi, conhecido pelos dois nomes". Trata-se de um testemunho raro da identidade real de Matias dentro de um evangelho que compreendia e respeitava o primeiro bispo de Jerusalém. Uma história um tanto peculiar envolvendo Tiago, o Irmão do Senhor, é registrada no Fragmento 5 do evangelho "que os Nazaritas estão acostumados a ler" por Jerônimo, no seu *Homens ilustres*, (2):

> *O Evangelho chamado de "Segundo os Hebreus", que há pouco tempo eu traduzi para o grego e também para o latim, um evangelho usado com frequência por Orígenes, registra os seguintes eventos após a ressurreição do Salvador: "Mas depois de ter entregue o sudário à serva do sacerdote, o Senhor apareceu para Tiago. Tiago havia feito a promessa de que não comeria o pão desde o momento em que bebeu da taça do Senhor até que o visse reerguido dentre aqueles que dormem". E logo em seguida, diz: "E o Senhor mandou que arrumassem uma mesa e um pão". E continua: "Ele tomou o pão e o abençoou, partiu e deu a Tiago, o Justo, dizendo "Comei o teu pão, meu irmão. Pois eis que o Filho do Homem levantou-se de entre aqueles que dormem".*

Tiago, Bispo de Jerusalém, irmão do Senhor, é o grande astro de outra obra tida em alta conta pelos judeus cristãos. O caçador de heresias Epifânio escreve em seu *Panarion* (*circa* 400 d.C.) que esse texto era estimado pela "seita" dos "ebionitas", os "Pobres" judeus cristãos da Síria na época. Trata-se de uma narrativa apócrifa em forma de romance ou novela, atribuída a Clemente. Assume-se que esse "Clemente" seja ou o bispo de Roma no princípio do século II ou Tito Flávio Clemente, primo de Domiciano e membro da família imperial.

A novela chegou até nós em dois formatos principais: as *Homilias clementinas,* formadas por vinte livros escritos em grego, e os *Reconhecimentos clementinos,* uma tradução para o latim feita por Rufino antes de sua morte no ano de 410. As duas versões coincidem palavra por palavra em muitos trechos, e provavelmente se baseiam num texto primário perdido. Esse texto pode ser o que aparece pela primeira vez na história no trecho escrito por Eusébio, Bispo da Cesareia, em 325 d.C.: "Faz poucos dias trouxeram-me outra composição longa e palavrosa, dizendo ser de Clemente, que continha diálogos entre Pedro e Apião sobre os quais não existe qualquer menção nos mais antigos". (*História eclesiástica*, Livro III:38). Mirando direto na gênese da composição, o atento Eusébio acertou em cheio: as *Homilias* e os *Reconhecimentos* eram só ficção.

De qualquer forma, a narrativa é fascinante. Ela supostamente contém as reminiscências de Clemente sobre sua juventude passada em busca da verdade espiritual. Dessa forma, lemos que em Alexandria Clemente se encontra diante do companheiro missionário de Paulo, Barnabás, e que presencia o sermão de Pedro, um dos dois heróis da trama. O outro e talvez mais importante é Tiago, irmão do Senhor, apresentado como aquele que tinha primazia sobre toda a Igreja – palavras que esperaríamos encontrar talvez num texto originário do litoral sírio-fenício no século IV, vindo bem do meio da Controvérsia de Ário (*Jesus era divino?*). Ário e as igrejas dos judeus cristãos se davam por satisfeitos com a ideia de que Jesus era o Filho de Deus, o Messias humano divino apenas na medida em que todas as criaturas do Pai podem assim ser chamadas, aquele que seguiu plenamente a Sua vontade e viveu agraciado pelo Seu Espírito Santo. Do ponto de vista da carne, Jesus era cem por cento humano. A posição de Tiago quanto a essa questão era usada como o argumento principal deles: Tiago, o "baluarte" da Igreja, jamais pregara que Jesus teria sido "consubstancial ao Pai" no que dizia respeito à sua divindade, como Atanásio e Roma agora vinham afirmando. Sendo assim, o texto das *Homilias clementinas* começa com uma carta de Pedro para o irmão de Jesus, que era seu superior em Jerusalém:

> *De Pedro a Tiago, senhor e bispo da santa Igreja sob o Pai de todos nós e por Jesus Cristo, desejando-lhe a paz sempre.*
>
> *Ciente, meu irmão, de seu ardente desejo por perseguir aquilo que seja para o bem de todos nós, eu lhe imploro que não revele a nenhum dos Gentios os livros das minhas pregações que eu lhe enviei, e nem a ninguém de sua própria tribo antes do julgamento; somente os confie a quem tiver provado o seu mérito e valor, da mesma maneira que Moisés confiou os seus livros aos Setenta que o sucederam. Porque os frutos dessa cautela estão entre nós até hoje: os homens desta nação guardam as mesmas normas da monarquia e do estado por toda parte, incapazes de pensar de outra maneira ou de se deixarem desviar do caminho expresso nas Escrituras. Segundo a norma que lhes foi passada, eles empenham-se em aplainar as discordâncias vistas nas Escrituras no caso de alguém que desconheça as tradições deixar-se confundir diante das variações de discurso entre os profetas. E assim não incumbem ninguém de ensinar, a menos que ele antes tenha aprendido como devem ser usadas as Escrituras. E é assim que têm para si um só Deus, uma lei, uma esperança.*

Nesse trecho, o autor está explicando por que as *Homilias* levaram tanto tempo para aparecer: foi pedido a Tiago que guardasse a verdadeira doutrina contra os despreparados e que fossem indignos dela. Nós chegamos então ao cerne da discussão: uma forte insinuação de como *Paulo* pervertera as doutrinas originais de Pedro – e também de Tiago. É um ataque de proporções devastadoras contra aquele que é percebido como o poder de corrupção dos escritos de Paulo, a partir dos quais – deduz-se – as definições recentes de Jesus como sendo Deus haviam ganhado força:

> *A fim de que, portanto, aconteça entre nós o mesmo que se viu entre os Setenta, eu lhe rogo que entregue os livros das minhas pregações a nossos irmãos passados pelo mistério da iniciação, para que eles passem a doutrina àqueles que desejarem fazer parte*

da pregação. Se não for dessa forma, nossa palavra verdadeira poderá ser infiltrada por muitas opiniões. Eu sei disso não por ser profeta, mas por já ter visto com meus olhos o princípio de tamanho mal. Há alguns entre os Gentios que vêm rejeitando minha pregação legítima para aproximarem-se dos ensinamentos corruptos e reles daquele que é meu inimigo. E isso foi tramado enquanto ainda estou vivo, a tentativa de distorcer minhas palavras através de certas interpretações desviantes almejando a dissolução da lei; como se eu mesmo concordasse com esses pensamentos e só não os expressasse livremente – que Deus me perdoe! Fazer isso seria opor-me à lei de Deus proclamada por Moisés e atestada por nosso Senhor em respeito à sua perpetuação eterna; pois assim ele disse: "O céu e a terra passarão, mas nem um ponto ou um traço da lei passará sem ser cumprido." [Mateus 5:18, em citação livre]. E assim Ele disse, que tudo há de passar. Mas esses homens que professam, nem eu mesmo sei como, conhecer o meu pensamento, arvoram-se a explicar as palavras que ouviram da minha boca melhor do que eu mesmo que as disse, e dizem aos seus catecúmenos que esse era meu intento quando eu jamais sequer o imaginei. E se eles ousam agir dessa forma enquanto ainda estou vivo, do que serão capazes ainda aqueles que vierem depois de mim?

(Capítulo Dois, Homilias*)*

Paulo é sem dúvida o vilão da história. Se o vilão *nomeado* diretamente, o mágico e talvez protognóstico Simão Magus, é inserido na narrativa como um substituto para o nome não mencionado de Paulo todas as vezes, não se sabe ao certo. É fato que as artes de prestidigitação e astúcia de Simão Magus são usadas em certas passagens para representar a oposição neoplatônica e pagã contra o cristianismo imperial sustentada pelo sucessor de Constantino, Juliano, o Apóstata. Mas Simão também parece simbolizar os efeitos anteriores do pensamento de Paulo sobre os ensinamentos do Senhor – numa identificação tão forte, aliás, que F. C. Baur, fundador da "Escola de Tübingen" de teologia no princípio do século XIX, se convenceu de que a literatura clementina preservava fatos autênticos das origens do cristianismo: Paulo seria um apóstata renegando um evangelho originalmente de inclinação judaica e afinidade com a Torá. Baur situava os escritos clementinos no princípio do século II. Derrubada nos idos de 1850, a visão de Baur há pouco foi resgatada em novas bases através do trabalho de Robert Eisenman, que toma o material escrito por Clemente como um elemento-chave para fundamentar suas hipóteses relativas às origens do cristianismo. Eisenman dedica atenção especial a uma passagem na qual Tiago, irmão do Senhor, é atacado fisicamente, e faz uma ponte entre ela e a morte de Tiago ocorrida no ano 62 d.C. pelas mãos do sumo sacerdote herodiano Ananias.

Eisenman chama atenção para uma expressão forte presente no texto dos *Reconhecimentos:* "o verdadeiro Profeta". Ele a relaciona a termos análogos nos textos sectários dos Manuscritos do mar Morto. O verdadeiro Profeta é o bastião da retidão, o "Zaddik", aquele que "se põe de pé"; Jesus é apresentado como o verdadeiro Profeta por Pedro tanto nos *Reconhecimentos* quanto nas *Homilias,* enquanto Eisenman considera a alcunha mais adequada a Tiago, o Justo, o Zadoquita. Em *Reconhecimentos* (1.22-74), Pedro demonstra como foram cumpridas as palavras do Antigo Testamento com a vinda do "verdadeiro Profeta". Ele dá o seu relato da rejeição, paixão e ressurreição do verdadeiro Profeta e diz como esses eventos devem ser pregados aos gentios. A pregação é consistente com os feitos e o conhecimento divino do "verdadeiro Profeta", e se mantém consistente em Pedro, em Jesus e em Tiago.

Segundo lemos em *Reconhecimentos,* a Igreja de Jerusalém vinha sendo liderada por Tiago havia uma semana de anos quando os apóstolos retornaram de suas missões em outras terras para se reportar a ele. O sumo sacerdote Caifás então pergunta a eles se Jesus era o Cristo. Os apóstolos mostram como as visões dos saduceus, samaritanos, escribas, fariseus, dos discípulos de João e do próprio Caifás a respeito foram sendo sucessivamente desqualificadas por eles. Peter então antevê a destruição do Templo. A profecia enfurece os sacerdotes, que só são aplacados por um discurso proferido pelo Rabino Gamaliel. Tiago então prega por sete dias seguidos. No momento em que o povo se deixou persuadir e está prestes a se entregar ao batismo, um *inimigo* não nomeado na narrativa os incita contra Tiago. Tiago é atirado pelas degraus do Templo abaixo e deixado lá para morrer. Essa cena dramática pode ser um relato alegórico da interferência de Paulo nas pregações da proto-Igreja, de como ele difamou Tiago chamando suas ideias de "fracas" e provocando revoltas no Templo como vemos relatado nos Atos, ou melhor, não *inteiramente* como o que vemos nos Atos: Paulo não era a *vítima* e sim o agitador, atuando sob proteção das forças herodianas e romanas.

Eisenman sugere de que a versão dos *Reconhecimentos* da manipulação do povo e ataque vergonhoso a Tiago pode ter sido transformada por Lucas no seu relato visto nos Atos dos Apóstolos, no qual "Estêvão" (que quer dizer "coroa") é apedrejado até a morte por ter declarado que o Templo seria destruído. Lucas descreve Saulo (Paulo), conhecido como e autodenominado *perseguidor* dos seguidores de Jesus, segurando as roupas dos apedrejadores: "E as testemunhas depuseram as suas capas aos pés de um jovem chamado Saulo. E apedrejaram a Estêvão que em invocação dizia: Senhor Jesus [...] E também Saulo consentiu na morte dele." (Atos 7:58 – 8:1).

O quadro ganha cores mais ricas quando notamos que, pela tradição patrística, a questão de quem testemunhou a morte de Tiago, irmão do Senhor, que também ergueu a voz em oração ao ser apedrejado por condenar o Templo à ruína, varia de uma forma intrigante. Epifânio (*circa* 400) vê a testemunha do apedrejamento de Tiago como um primo de Jesus, Simão bar Cleofas. Nos escritos muito anteriores do historiador da Igreja Hegesipo (fl. 165-175 d.C.), a testemunha é um sacerdote "recabita", embora, como veremos a seguir, o "recabita" e o primo pudessem ser equivalentes. Se é verdade, como Einsenman afirma, que nos Atos dos Apóstolos Lucas "substituiu" uma cena "extremamente constrangedora de agressão física de Paulo contra Tiago" (Eisenman, p. 444) da forma que foi refletida no texto consideravelmente posterior dos *Reconhecimentos clementinos,* por um relato substituto *invertido* onde Estêvão fica com a "coroa" de mártir, então ele também deve ter trocado a presença do primo de Jesus Simão bar Cleofas pela do "inimigo" pseudoclementino, ou seja, Saulo. Essa é uma denúncia impactante, um exemplo que ilustra de maneira singular a forma como a família verdadeira de Jesus tornou-se "desaparecida" como um resultado deliberado dos conflitos que agitaram os primórdios da Igreja.

Ao tratar os Atos dos Apóstolos como um texto pouco isento e carregado com a ideologia pró-paulina, Eisenman está apenas refletindo um princípio já bem estabelecido entre os estudiosos do assunto, mas afirmar que o seu conteúdo refletiria uma posição anti-Tiago disfarçada é ir um passo além do que a maioria dos teólogos se permitiria ou gostaria de avançar. De qualquer maneira, o argumento de Eisenman é muito bom. Até mesmo o nome "Estêvão" pode facilmente ter sido tirado da primeira Epístola de Paulo aos Coríntios (1 Cor. 1:16, 16:15). Paulo escreve:

"Agora vos rogo, irmãos (sabeis que a família de Estéfanas é as primícias da Acaia, e que se tem dedicado ao ministério dos santos)". Em Atos 7:51, "Estêvão" chega a usar uma construção marcadamente paulina para condenar o sumo sacerdote e aqueles que o apoiam: "Homens de dura cerviz, e incircuncisos de coração e ouvido". A frase equivale a comparar, ou juntar no mesmo saco, o irmão sagrado de Jesus e o próprio sacerdote que o assassinou! Quando Paulo rejeita a convocação de Tiago para que os gentios se submetessem à circuncisão caso quisessem se converter à Igreja (como por exemplo em Gálatas 2:12), ele argumenta que o que conta é a "circuncisão do coração". No texto dos Atos, "Estêvão", provavelmente ele mesmo um gentio, profere essa posição paulina diante do sumo sacerdote (que, diz-se, pode ter sido inserido como substituição para o sermão mais factual de Tiago para o sumo sacerdote que acabou levando ao assassinato dele no ano 62 d.C.). Afinal, fora Paulo que insistira em levar seguidores gentios incircuncisos para as dependências do Templo numa afronta a Tiago e à Igreja de Jerusalém (Atos 21:18-28), provocando a revolta que só foi aplacada com a ajuda de soldados e centuriões romanos.

Para Eisenman, o papel de Paulo nessa vitimização de Tiago condiz precisamente com os ataques de fúria do "Declamador" ou "Homem da Mentira", inimigo do "Professor da Retidão", nos *pesherim* (comentários) notavelmente pertinetes dos Manuscritos do mar Morto sobre os profetas Naum e Habacuque. Entretanto, tudo pode ser apenas um caso de a história espiritual repetindo a si mesma, uma vez que as questões que provocavam a discórdia entre os justos e os transatores das questões mundanas permaneceram fundamentalmente as mesmas ao longo de todo o período: a lei e a corrupção. Bastava que surgissem um sacerdote iníquo e um professor da retidão para todas as citações proféticas voltarem a se aplicar novamente; e não faltaram representantes numerosos para ambos os papéis durante o período pós-macabeu. A datação analítica feita por Geza Vermes do material de "Qumran" parece se encaixar melhor com as referências histórias esparsas encontradas nos próprios documentos do que a tentativa de arriscar uma data baseada apenas em premissas ideológicas.

Seja como for, o texto dos *Reconhecimentos* registra que Tiago sobreviveu a esse ataque em particular, uma vez que os "Pobres" chegaram ao final do século I a despeito de toda oposição enfrentada. Segundo o registro apócrifo dos *Reconhecimentos,* Tiago é levado para Jericó junto com cinco mil discípulos. Enquanto se recupera por lá, ele envia Pedro a

Cesareia para refutar "Simão" (Magus). Pedro é recebido lá por Zaqueu, que lhe relata as ações de Simão. Talvez por concluir que essa história seria inconsistente com os eventos narrados nos Atos, o autor das *Homilias* pseudoclementinas decide omiti-la em seu texto. Os *Reconhecimentos* provavelmente foram escritos por uma pessoa inteligente e perceptiva o bastante ao ponto de captar a trama subjacente no texto dos Atos e o fato de ela ter sido distorcida por um autor que carecia de isenção. Se o romancista clementino tinha bases históricas mais sólidas nas quais se apoiar é algo que desconhecemos. Pode ser que a independência do ponto de vista do autor tenha eliminado qualquer dependência do texto em relação aos Atos dos Apóstolos de Lucas. A perseguição direta a Tiago empreendida por Saulo pode ser uma tradição baseada em fatos reais. E de qualquer maneira é uma verdade aceita pelo cânon que antes de sua conversão Saulo havia perseguido até a morte os seguidores de Jesus. A questão que Eisenman levanta é se o antagonismo entre ele e o irmão de Jesus teria sido intenso ao ponto de levar Tiago à morte, *depois* da conversão ocorrida.

A ideia de que Paulo era o personagem representado na figura do "Simão Magus" pseudoclementino tem muitos indícios a seu favor. Contudo, certas passagens relatando as doutrinas peculiares de Simão, como por exemplo a que diz que não foi Deus quem criou os céus e a terra, parecem mesmo genuinamente simonianas. Elas certamente não podem ser consideradas paulinas – mas pode ser também que o autor tenha decidido adotar uma sutileza extrema, deixando a identificação subjacente a cargo do bom senso do leitor. Simão Magus foi um dos primeiros pervertedores dos ensinamentos do Senhor; assim como Paulo também foi, segundo o autor. Fora isso, um dos componentes principais do pensamento simoniano e de heresias correlatas era o fato de considerarem o Deus da *lei* como uma entidade inferior ao remoto "Pai" de Jesus. Um judeu cristão veria o gnosticismo, com seu pendor antilegal e radical, como filho bastardo de um ataque fundamental à lei que fora formatado literariamente pela primeira vez pelas mãos de Paulo. O nome de Paulo em si não é mencionado na novela clementina. E isso provavelmente é um sinal de que o seu autor desejava que ele jamais tivesse existido.

A situação básica descrita na novela pseudoclementina é que Pedro e Tiago detêm as palavras do "verdadeiro Profeta" e a sabedoria para compreendê-las, e existe alguém, "Simão", que vem distorcendo a verdade.

A ênfase antipaulina fica muito clara na passagem das *Homilias* (Livro II 17) na qual a doutrina dos duplos opostos ou *syzygy* é enunciada: primeiro as trevas, depois a luz; primeiro Ismael, depois Isaac, o herdeiro; primeiro o tolo Esaú, depois o devoto Jacó; primeiro Aarão, o sacerdote, depois Moisés, o legislador; primeiro o Anticristo, depois o Cristo de fato. Nesse esquema de coisas, o melhor sempre segue um precursor ilusório:

> *Segundo essa disposição podemos reconhecer o lugar verdadeiro de Simão, aquele que antes de mim falou aos Gentios [como fez Paulo], e também o meu lugar, eu que apareci depois dele e o sucedi como a luz sucede as trevas, o conhecimento a ignorância, a cura a doença. Dessa forma, portanto, como disse o profeta verdadeiro, um falso evangelho deverá vir antes da boca de um impostor para que só então, depois da destruição do local sagrado, o verdadeiro evangelho possa ser propagado para a correção dos seguidores que estão por vir.*

Primeiro Paulo foi falar aos gentios e só depois Pedro, com o apoio de Tiago. Agora que Jerusalém está devastada, a verdadeira doutrina pode finalmente ser apresentada ao mundo: depois do caos, a revelação.

Se os judeus cristãos – junto com, possivelmente, os descendentes da família de Jesus – acreditaram que as turbulências atravessadas pela Igreja no século IV levariam à revelação gloriosa da sua verdadeira doutrina, eles estavam enganados. A própria relutância vista na novela clementina quanto a fazer referências diretas a Paulo já é um indício em si do poder que o nome dele havia acumulado nessa época. O nome havia se tornado uma autoridade. Não demoraria muito para os ebionitas serem acusados de hereges. Eles haviam repelido um apóstolo verdadeiro!

O quanto de história há por trás desses derradeiros escritos clementinos é uma questão que sempre será influenciada pelas pré-concepções do investigador em questão. Os textos constituem uma boa munição para quem pretende reafirmar a polêmica antipaulina, mas antes de tomá-los como evidências é preciso que se registre que eles pertencem a um mundo muito distante do período originalmente retratado, que contam histórias fictícias compostas num cenário de discordâncias doutrinárias que sequer existiam no século I, e que as obras clementinas sempre foram consideradas como material de propaganda desde a sua concepção. O que nos resta então é o sentimento de descontentamento prevalente entre os judeus cristãos pelo fato de o seu ponto de vista estar sendo esmagado sob o peso político de Roma, e a sensação de que as suas tradições – que incluíam a da primazia de Tiago, irmão de Jesus – deveriam ser tratadas com respeito acima de tudo. Além disso, é preciso considerar o fato de que se o material clementino não constitui um ponto de interesse essencialmente polêmico para Eisenman, esse aspecto claramente era essencial para o texto em si. Pedro está *do lado deles;* ele é dos *Pobres* e não pertence a Roma: a primazia romana é uma falácia, uma cópia mal-ajambrada do verdadeiro templo sagrado da Terra Prometida. Pedro e Tiago eram um só em sua doutrina, mas Pedro se submetia à importância de Tiago. Quem queria legitimidade devia procurar a família devota de Jesus, os "seus", aqueles que nunca o rejeitaram da maneira como a Igreja ocidental de fato estava fazendo ao permitir a distorção dos ensinamentos que haviam emanado da fonte espiritual de toda a verdade e santidade.

SETE

IRMÃO EM SEGREDO

Nós vimos que a literatura pseudoclementina defende a doutrina dos judeus cristãos contra as incursões institucionais e doutrinárias da Igreja do Ocidente nos séculos III e IV alegando o apoio especial de Tiago, irmão do Senhor, e de Pedro. São eles – os judeus cristãos – e não Paulo, os detentores da doutrina verdadeira. Curiosamente, o suposto apoio de Tiago e Pedro também foi usado para atestar a veracidade de princípios gnósticos tachados de "hereges", em diversos manuscritos gnósticos importantes. O que são esses manuscritos e o que eles têm a nos dizer sobre a família de Jesus?

Em 1945, um camponês árabe chamado Muhammad Ali al-Samman, do povoado de Al Qasr, próximo a Nag Hammadi no Alto Egito, encontrou com seus irmãos um esconderijo contendo 52 textos até então desconhecidos agrupados em livros chamados de códices. Publicada na íntegra apenas em 1977, a coleção é conhecida hoje como a Biblioteca de Nag Hammadi ou, em algumas menções, os Evangelhos Gnósticos. Embora tenham sido escritos por volta de 300 a 367 d.C., algumas das obras vêm do século II e há textos, como o do Evangelho de Tomé, que podem ser ainda mais antigos. Nem todas as produções que integram os códices "rezam pela mesma cartilha", mas o tema comum partilhado pela maioria delas é que o presente máximo trazido por Jesus à terra foi a *gnose*. A gnose, ou *conhecimento* espiritual, abre-se para aqueles que através da graça, da fé, da sabedoria e do discernimento espiritual conseguem ver além da "corrupção" do mundo material para enxergar a fonte da lei, do amor e da vida. A gnose é a salvação das agruras do mundo, e o seu sinal: uma nova mentalidade. Receber o "conhecimento" significa despertar para a natureza transitória e relativa do mundo, despertar para a sua capacidade de aprisionamento, para o significado da mortalidade do corpo e da natureza, e despertar também para os pais verdadeiros do tesouro que há dentro de cada indivíduo, o espírito vivo de Deus. Com destaque para o termo "pais", ou "pais verdadeiros". O gnóstico é aquele que encontrou, e também aquele que *foi encontrado*.

O gnóstico é aquele que conheceu o Pai, refletido sob a forma do Cristo, *em si mesmo*. Esse conhecimento é a pérola oculta para os que vagam perdidos pelo mundo, uma pérola que permanece longe dos olhos dos "mortos" que habitam este mundo e, uma vez encontrada, redesperta neles a lembrança da morada do espírito, o lugar de onde "aquele que conhece a si mesmo" surgiu originalmente. E esse processo passa pela imitação do guia de almas de personalidade mercurial que, segundo o relato de João, disse: "Ninguém chega ao Pai senão por mim", e "Eu e o Pai somos um". O reencontro com a divindade é a meta; o *conhecimento* o caminho para ela. Entrar neste mundo é mergulhar na inconsciência. A salvação definitiva está na consciência plena, em conhecer o Deus Pai dentro de si mesmo, ascender até o Pai através do conhecimento e do amor abnegado do Pai – Jesus apontou o caminho.

A gnose foi chamada por Clemente de Alexandria (*circa* 150- 215 d.C.) de o *cumprimento* da fé, a percepção de que, no recôndito secreto e desconhecido do *self*, o gnóstico é um com o Pai; e o fruto dessa união: o amor. Foi esse o conhecimento que Jesus trouxe para o mundo de um plano mais alto da existência: e esse, de acordo com aqueles apelidados de "gnósticos", foi o propósito maior e essencial da sua passagem por aqui, foi a razão pela qual ele se entregou conscientemente ao sofrimento deste mundo, esta "prisão da alma". Ele veio sacudir o embriagado e acordar o sonhador. Na prática, era uma espécie de "*gnana* yogi" (iogue do conhecimento), ensinando a união ou reencontro com Deus através do conhecimento espiritual. O homem foi criado originalmente não na terra de acordo com o tempo e o espaço, mas na eternidade, à imagem de Deus. O reflexo primário, entretanto, acabou se obscurecendo e distorcendo por conta de sua ligação com o fluxo do cosmos, com a vida sensorial privada da iluminação. O homem caiu neste mundo, enamorado de seu reflexo material – seu ego, não mais a entidade espiritual autêntica.

O "eu" ordinário do homem, ou ego, vive preso ao mundo, é uma falsa identidade. O seu Verdadeiro Eu vem do alto, como um anjo. Quando o falso ego se entrega à Luz vinda do alto, o gnóstico tem a experiência da consciência plena, da dissolução do ego aprisionado ao tempo e ao espaço e união com o "Pai" outrora desconhecido. Essa vivência interior ou drama psíquico-espiritual é projetado nas parábolas e mitos gnósticos para o cosmos como um todo. Assim, o "Senhor deste Mundo", o Demiurgo ou anjo do tempo e do espaço, o autoproclamado *Patocrator* do cosmos, funciona como um falso eu, um "deus ciumento" ou ego, acima do qual – *embora o falso deus não conheça esse fato* – está o Pai incognoscível da incalculável e completamente ilimitada profundidade espiritual. O "Deus" dos não iluminados é basicamente nada mais do que o Ego do Cosmos, o "Grande Eu Sou" sempre irado e bradando a respeito de si próprio e de como não há nada maior do que ele: uma entidade grandiosa, sem dúvida, cujo "tamanho" em si reduziu o Homem à prisão terrena da eterna reverência, do medo e da autodepreciação. O grande Demiurgo padece de um todo-poderoso "complexo do EU". Os gnósticos eram encorajados a achar graça dessa imagem, a vê-la como o Demônio enganador ou o grande arconte, aquele cujo reinado se reflete na terra no comportamento dos sedentos de poder: os políticos, os imperadores e os ricos, os mercadores materialistas que devoram os homens e cospem fora suas famílias como escravos, serviçais, incapazes.

A posição dos gnósticos, parodiada e grosseiramente deturpada em sua apresentação, simplesmente horrorizava os seus inimigos. *Como eles podem? Como ousam?* Só podem estar loucos! Hereges movidos pelo Diabo! Indignado, o bispo Irineu proclamou por volta do ano 180 d.C. que os gnósticos eram pessoas mergulhadas num abismo de loucura e blasfêmia. Claro que existe a possibilidade de que alguns "gnósticos" tomassem os mitos dos falsos deuses e anjos verdadeiros passados por seus mestres ao pé da letra – quem pode saber? Mas tais mitos se baseavam numa análise sistemática e em muitos aspectos reveladora de certas passagens bíblicas. As conclusões podem parecer escandalosas, mas faziam perfeito sentido para aqueles imbuídos da gnose.

Dessa forma, os gnósticos olhavam para determinadas passagens da Bíblia e enxergavam o que hoje poderíamos chamar de "neurose" – quando não *psicose* pura e simples – nas ditas ações do "todo-poderoso". Diante, por exemplo, da narrativa do Gênesis sobre Adão e Eva, eles viam que o deus do Éden era vingativo e egoísta, que queria guardar o Homem só para si e mantê-lo preso na mesma inconsciência dos animais. O fruto da Árvore do Bem e do Mal era a gnose, a consciência plena simbolizada na figura da serpente doadora da vida eterna, que apresenta o conhecimento. Os gnósticos reconheciam que o episódio do oferecimento do conhecimento ao primeiro homem e à primeira mulher havia sido deturpado no texto do Gênesis na forma de um crime, de modo que ao partilhar o conhecimento eles não mergulharam na luz e sim na escuridão do mundo material. Ao tomar o que já era seu por direito, o homem é condenado à morte por sua desobediência e a mulher a sofrer a dor ao dar à luz. *Mas que Deus é esse?,* os gnósticos se perguntavam. Esse comportamento divino era percebido pelos gnósticos – de uma maneira bastante surpreendente para a época – como "ciumentamente" egoísta ou, se me permitem o termo, neurótico demais para o Deus do Éden – que na visão gnóstica era nada menos que um falso paraíso. O deus neurótico e "ciumento" se vingou do Homem porque ele havia tomado para si algo que esse próprio deus desconhecia: o alto conhecimento espiritual. E aí estava a base para a afirmação gnóstica de que eles estavam "acima do mundo". Jesus se originou da "mãe" ou árvore chamada de Barbelo, cujas raízes não estão neste mundo (o jardim material) e sim no plano superior; Jesus veio trazendo a gnose, o despertar e o conhecimento da cura. Ele é portanto uma espécie de anjo que o senhor deste mundo pensou que poderia destruir pregando numa cruz como os romanos faziam. Talvez agora vocês possam entender por que Jung dizia que os gnósticos foram os primeiros psicólogos. Tudo o que ele descobriu, Jung afirmava, os gnósticos já sabiam no seu tempo.

Alguns entre eles especulavam por quE, sendo voltado inteiramente para a pureza do espírito, o Pai do Céu também podia ser responsável pela ignorância espiritual, a brutalidade e fatalidade da natureza. Ignorância e fatalidade que os gnósticos viam refletidas no cosmos sob a forma de ciclones sufocantes de matéria a girar, ciclos incessantes e imperfeitos de reprodução e coros angélicos decaídos uivando de dor e vaidade. Os gnósticos mais radicais assumiam que a *ignorância* da ordem natural era partilhada pelo seu criador. E assim chegavam a conclusões escabrosas não só sobre o "Elohim" ou os "Deuses" do Gênesis hebraico, como também sobre o "Deus ciumento" que dera a Moisés leis fundamentadas na negatividade. A partir das críticas que Paulo fazia à lei, os gnósticos radicais a viam como um mero sistema de adestramento para ignorantes, inadequado a uma "educação superior" e, quando obedecido servilmente e como um fim em si mesmo, um verdadeiro mal que impedia o espírito de emergir à consciência do gnóstico, privando-o assim da percepção da sua identidade divinal e miraculosa.

O gnóstico devia se libertar dos grilhões da lei e perfurar as carapaças do cosmos para alcançar a liberdade ilimitável do espírito que havia além. Em resumo: o "Deus" que havia expulsado Adão e Eva do Paraíso não passava de uma *entidade menor* fazendo-se passar pelo Pai Celestial. A lei dessa entidade *se originava* no conhecimento de algo mais elevado, mas carecia do argumento espiritual mais essencial, da "verdade da nossa liberdade" como definia o Evangelho da Verdade também encontrado em Nag Hammadi. O seguidor do gnosticismo é exortado a não se apegar demais às raízes terrenas – a sua verdadeira família está no alto.

Os cristãos gnósticos do Egito e da Síria depois da metade do século II começaram a perceber o monopólio crescente da doutrina exercido pelo episcopado como nada mais do que a obra manifesta dos ignorantes, dos cegos, daqueles devotados às percepções limitadas de um deus menor, um deus falso. Do outro lado, os bispos "ortodoxos" como Irineu de Lyon se escandalizavam diante da ideia de que o criador da terra pudesse ser outro que não o Deus Pai de Jesus. Para os ortodoxos, a criação era uma manifestação da Sabedoria divina, e o ser celestial que habitava em Jesus era parte dessa criação. Vendo a ênfase dada por seus oponentes ao termo *gnose,* as lideranças ortodoxas passaram a condenar as visões do gnosticismo e a se referir desdenhosamente ao movimento como "inapropriadamente denominado de gnose". O conhecimento "gnóstico", afirmavam os ortodoxos, era conhecimento *falso* – o verdadeiro conhecimento consistia na fé humilde em Nosso Senhor Jesus Cristo, em saber sobre a sua crucificação, ressurreição e ascensão ao Pai profetizada nas escrituras, em segui-lo e obedecer aos seus apóstolos e seus sucessores, os bispos da Igreja.

A resposta dada pelo gnosticismo era muito simples: "Pelo contrário, senhor bispo. Os apóstolos falaram da gnose; eles (os verdadeiros apóstolos), falavam em *nosso nome.* " A gnose fora um ensinamento restrito, *reservado* àqueles que eram mais próximos do salvador; ela foi revelada logo *depois* da Ressurreição e agora estava ao alcance das pessoas que haviam vivenciado uma ressurreição espiritual em suas vidas. Os bispos, os gnósticos afirmavam, eram "leitos secos" – eles não tinham em si a água da vida. Criada somente com o alimento inadequado vindo deles, a flor da gnose potencial haveria de definhar e morrer. A Igreja não conhecia o segredo do renascimento espiritual; entregue às suas mãos, a semente permanecia estéril. A mensagem dos ortodoxos apontava unicamente para a moral e a legalidade: era o puro aprisionamento espiritual.

É notável que um aspecto dessa polêmica seja encontrado também nos igualmente apócrifos textos clementinos, os *Reconhecimentos* e as *Homilias*. A Igreja "ocidental" havia, segundo insinuavam esses escritos mais tardios, sofrido sob as deficiências de uma doutrina falsa e inadequada, muito diversa daquela pregada por Pedro e por Tiago, irmão do Senhor. O estranho nesse caso é que embora a Biblioteca de Nag Hammadi tenha sido copiada mais ou menos na mesma época da aparição do material clementino, os pontos de vista fundamentais dos dois conjuntos de textos não poderiam ser – num olhar superficial, pelo menos – mais diferentes. Os judeus cristãos insistiam no cumprimento à lei e na manutenção de uma figura mais humanizada de Jesus. Os gnósticos, de maneira geral, fundamentavam-se numa imagem sobrenatural de Jesus e no desdém pela lei. Será que esses dois pontos de vista podem ter se aliado temporariamente durante esse período, para enfrentar um inimigo comum? Será que os gnósticos tomaram a ideia da "primazia de Tiago e de Pedro" dos judeus cristãos, ou foi o autor da protonovela pseudoclementina que bebeu da fonte da propaganda gnóstica? Seria possível ser um judeu cristão e, simultaneamente, cultivar alguma espécie de gnosticismo? Será que membros da família de Jesus chegaram a adotar aspectos da filosofia gnóstica?

Entre os textos de Nag Hammadi existem três obras devotadas, cada qual à sua maneira peculiar, a Tiago, o irmão do Senhor. Elas são o Apócrifo de Tiago e o Primeiro e o Segundo Apocalipse de Tiago. Esses textos impressionantes têm ligações entre si. Todos foram atribuídos ao século III, ou no máximo ao final do século II. Eles trazem temáticas fortes envolvendo a chegada à gnose, mas – é interessante notar – nada têm a dizer diretamente sobre as visões gnósticas mais radicais quanto à estupidez do criador do mundo ou a falta de serventia da lei. Como na literatura pseudoclementina, Pedro e Tiago são os escolhidos para revelar a gnose secreta reservada àqueles que estão prontos para recebê-la. Paulo não é mencionado. Será que esses textos podem ter alguma ligação com a Família Desaparecida de Jesus?

A mensagem inicial do Senhor para Tiago no Primeiro Apocalipse nos dá o que pensar:

> *Vê agora o completamento da minha redenção. Eu dei a ti um sinal dessas coisas, Tiago, meu irmão. Pois não foi sem razão que eu o chamei de irmão, embora tu não sejas meu irmão no mundo material. E eu não ignoro aquilo que concerne a ti; quando eu te der um sinal, então – percebe e escuta.*

Esse "apocalipse", que é o mesmo que dizer "revelação do que está oculto", não mostra interesse por Tiago como membro da família de Jesus. A obra se concentra em dois aspectos da figura de Tiago: primeiro, em sua posição de autoridade, seu papel como líder e detentor da doutrina verdadeira e mais próxima de Jesus; e segundo, em Tiago como um *sinal* dessa verdade, um aspirante à redenção gnóstica – "meu irmão" no caso quer dizer irmão *espiritual,* alguém que é e que viu aquilo que Jesus é e viu.

A ideia da autoridade de Tiago, o irmão do Senhor, provavelmente era familiar para o autor desse Apocalipse de Tiago através de pelo menos duas fontes: a tradição dos judeus cristãos, predominante na Síria, onde se estima que o texto tenha sido composto, e o Evangelho de Tomé (situado entre os anos 50 e 140 d.C., aproximadamente), o mais famoso dos Evangelhos Gnósticos.

No lógion 12 do Evangelho de Tomé, o discípulo questiona: "Nós sabemos que Tu [Jesus] irás nos deixar. Quem será pois o nosso líder?" E Jesus lhes diz: "Onde quer que estiverdes, vós deveis buscar por Tiago, o Justo, por causa de quem os céus e a terra foram criados".

Vós deveis buscar por Tiago, o Justo... Tirando a primazia dada inequivocamente ao irmão Tiago, o sentido da parte final da frase é pouco claro. Teriam os céus e a terra sido criados por causa da "retidão" (*zedek*), ou seja, estaria o mundo esperando a revelação do "verdadeiro Profeta", do bastião máximo da retidão? Seria o propósito da criação a manifestação da retidão, ou dos devotos "filhos de Deus", ou, por outro lado, será que a frase significava que céus e terra apareceram por causa de

Tiago, o Justo, *em si*? Essa última interpretação soa um tanto exagerada, a menos que Tiago tivesse angariado seus próprios seguidores como um redentor por si mesmo.

Do ponto de vista do gnosticismo, a figura de Tiago realmente tem esse vulto todo. Para começar, Tiago, o Justo destaca-se como a imagem mais aperfeiçoada do gnóstico exemplar. Essa é a interpretação radical e revisionista do termo "Justo" inerente à obra. Tiago é, portanto, um modelo de perfeição espiritual, alguém com quem devemos almejar nos identificar. E a frase equivaleria a dizer que enquanto os céus e a terra passarão, *Aquele Que Conhece a Si Mesmo* permanecerá vivo para sempre: ele é o fruto íntegro, maduro e verdadeiro da tensão entre céu e terra.

Outra possibilidade é que o lógion ou sentença possa ser a preservação de um traço mais autêntico da relação verdadeira que havia entre Jesus e o seu irmão. Ou seja, que Jesus esteja fazendo um gracejo com a fraqueza do irmão: Tiago, o falante – tão cheio de si que chegava a achar que "os céus e a terra eram feitos só para ele!". Certamente todos nós conhecemos pessoas que se encaixariam numa descrição assim! Seria um toque de domesticidade que talvez estivesse na base dessa frase isolada. De qualquer forma, nós podemos ter certeza de que não foi essa a interpretação dada a ela pelos apologistas do gnosticismo. Eles certamente devem ter ficado com a visão anterior.

Aquilo que define a "retidão" de Tiago, que o faz "sobressair" e o transforma numa coluna ou bastião da criação é o fato de Jesus lhe ter passado diretamente a sua gnose divina. E era *isso* que tornava Tiago o seu "irmão": não os laços com a mãe terrena, mas com a mãe celestial, a divinal *Sophia* ou Árvore da Sabedoria – além, é claro, do relacionamento de Tiago com *Aquele Que É*. O lógion anterior (de número 11) resume bem: "Este céu há de passar, e o outro acima dele há de passar. Os mortos não estão vivos, e os vivos não morrerão". Tiago se torna o modelo máximo de como morrer, de como seguir Jesus; de como se identificar com ele.

Então, esses escritos gnósticos terão preservado alguma informação factual a respeito da família de Jesus?

Não há dúvida de que tanto o Primeiro quanto o Segundo Apocalipse de Tiago trazem passagens que demonstram uma sensação de familiaridade com episódios ocorridos em Jerusalém com Tiago, o irmão do Senhor.

Tiago disse: "Rabi, o senhor disse que eles hão de persegui-lo. Mas o que posso eu fazer, então?" E ele me disse: "Não temas,

Tiago. A ti também irão perseguir. Mas deves deixar Jerusalém. Pois é ela que sempre serve a taça da amargura aos filhos da luz. É ela o lugar onde habita um grande número de arcontes. Mas a tua redenção estará a salvo das mãos deles".
(Primeiro Apocalipse de Tiago, códice V, 3, p. 25)

Os "arcontes" são os grandes vilões da mitologia gnóstica. A palavra *arconte* quer dizer "governante", e nesse caso pode denotar os altos sacerdotes pró-herodianos do século I ou então o poder que os gnósticos viam *manifestado* neles: os anjos sombrios que serviam o "senhor deste mundo" e que eram capazes de dominar as almas de seus servos mergulhados na inconsciência. E era assim que Jesus podia dizer: "Perdoai-os, Senhor, pois não sabem o que fazem". Por não terem consciência de seus atos, Jesus percebia que seus inimigos não passavam de instrumentos, de marionetes ou massa de manobra nas mãos do verdadeiro inimigo espiritual, do demônio demiurgo, senhor das trevas e dos anjos caídos.

Da mesma forma aparente e perceptível, mas não verdadeiro, é o sofrimento de Jesus retratado em parte da literatura gnóstica. Quando descreve seu martírio para Tiago, Jesus diz que era tudo "em aparência", não verdadeiro: "Eu sou aquele que estava em mim". A morte libertou a *Ele*. E as pessoas que o flagelaram e crucificaram "existiam como um sinal dos arcontes", Tiago é informado. Jesus não se abate pela angústia; ele já havia enxergado para além das aparências e roga que Tiago faça o mesmo quando chegar a vez de *ele* ser perseguido pelos cegos:

Veja, Tiago, eu revelarei agora a tua redenção. Quando fores preso e submetido a esses flagelos, a multidão irá armar-se contra ti, a persegui-lo. E três deles em especial irão capturá-lo – aqueles que atuam como cobradores de impostos. Além de exigirem que se lhes paguem as taxas, eles também tomam as almas, roubando-as.
(Apocalipse de Tiago, códice V, 3, p. 33)

A história da morte de Tiago é usada pelo autor gnóstico para ilustrar essa questão quanto à realidade e a ilusão. Tiago é informado de que os três que irão persegui-lo são apenas instrumentos dos arcontes, "coletores de impostos" que tentarão segurar a sua alma quando chegar o momento de ascender no espírito do Pai. O mundo é o hotel do Diabo, segue a sua cartilha, e o Diabo cobra o seu preço. Trata-se de uma *meta-história* num nível assustadoramente íntimo.

O Segundo Apocalipse de Tiago se anuncia como um registro verdadeiro: "Este é o discurso de Tiago, o Justo, proferido em Jerusalém e escrito por Mareim, um dos sacerdotes. E que ele repetiu para Theuda, o pai do Homem Justo, que era seu parente". Soa bastante promissor. À medida que o texto avança, entretanto, nós rapidamente percebemos que esse Tiago, o Justo, é em si uma figura redentora do gnosticismo, um substituto do irmão numa ambientação visionária:

Eu [sou o filho] primogênito.
Ele irá destruir o domínio [deles] todos.
Eu sou o amado.

Eu sou o Justo.
Eu sou o filho do [Pai].

Eu falo assim como [eu] ouvi.
Eu ordeno assim como eu [recebi] a ordem.
Eu lhes mostro assim como eu [descobri].

O autor do apocalipse mostra conhecer a tradição de que era *Tiago* o "discípulo amado". Essa é uma identificação tardia interessante do "discípulo que Jesus amava" do Evangelho de São João, aquele a quem Jesus confia sua mãe terrena – e não é a primeira vez que nos deparamos com ela. Basta lembrarmos a forma como atribuir a Tiago a identidade de discípulo amado dá sentido às palavras de Jesus no Evangelho de João: "Mulher, eis aí o teu filho!", seguidas pelo que ele disse ao "discípulo a quem ele amava" e que "estava presente": "Eis aí tua mãe". O autor do apocalipse em questão tomou essa troca e ofereceu uma solução para ela: o discípulo amado era Tiago. Agora vocês sabem.

No Segundo Apocalipse, nós somos apresentados a Tiago sobre o especialmente exaltado quinto degrau do Templo, pregando para a multidão. A sua mensagem é gnóstica. Fala de uma gnose que irá emergir da carne: "Eu certamente estou morrendo, mas é nesta vida que hei de ser encontrado". Nesse trecho o autor reflete a tradição da Igreja de que Tiago rezou por seus algozes da mesma forma que Jesus perdoou os que o levaram à cruz, mas ele dá um viés totalmente gnóstico à tradição. Tiago não culpa os servos cegos e violentos dos arcontes: "Eu hei de libertá-los, quero elevá-los acima daquele que deseja exercer controle sobre eles [o falso deus]". "Se eles forem ajudados, eu serei o irmão em segredo, aquele que orou ao Pai até que..."

É uma expressão poderosa, não é mesmo? *O irmão em segredo*. Tiago pode ser *o seu* irmão!

O manuscrito está cheio de buracos provocados pelo longo tempo passado sob as areias do Egito, mas aparentemente seu autor estava familiarizado com a história contada nos escritos de Hegesipo (por volta de 165-175 d.C.) de como Tiago orou pelos seus executores até o momento da morte – "Perdoai-os, Pai, eles não sabem o que fazem." Na passagem reproduzida a seguir, a referência a Jesus abrindo a porta certamente demonstra conhecimento do relato de Hegesipo, em cujo texto sobre a morte de Tiago, o Justo, antes de matá-lo os altos sacerdotes perguntam a Tiago o que ele quis dizer com "a porta de Jesus":

Certa vez, enquanto eu [Tiago] estava meditando, [ele] abriu [a] porta. Aquele que vós odiastes e perseguistes veio para mim. Ele me disse: "Eu te saúdo, meu irmão. Eu te saúdo". E quando eu ergui o meu [rosto] para contemplá-lo, [minha] mãe me disse: "Não te assustes, filho, por ele ter dito 'meu irmão'. Fostes nutridos com o mesmo leite. É por isso que ele me chama de 'minha mãe'. Ele não é um estranho para nós. É seu [meio-irmão...]"

Ele abriu a porta... A passagem é profundamente alegórica, e seria imprudente tentar extrair dela quaisquer conclusões históricas. O "mesmo leite", por exemplo, é uma referência àquilo que nutre os gnósticos – o alimento espiritual – ao mesmo tempo em que alude aos laços familiares entre Jesus e Tiago herdados dos registros canônicos. A mensagem espiritual é o que importa no final.

E aqueles que costumam elaborar suposições a partir de um texto apócrifo muito danificado do Evangelho de Filipe que relata um beijo de Jesus na boca de Maria Madalena, o que denotaria um vínculo sexual entre os dois, deveriam atentar para a maneira visionária como Jesus se relaciona com o próprio irmão:

E ele beijou minha boca. Tomou-me nos braços, dizendo: "Meu amado! Ouve, que agora vou revelar-te aquelas [coisas] que [nem os] céus nem os arcontes conheceram".

Nos escritos gnósticos, a compreensão profunda e mentalidade comum são comunicadas por Jesus diretamente através do hálito. O espírito do Senhor é expressado através do amor do Senhor, por meio de um beijo. (O famoso beijo dado por Judas em Jesus também não passou despercebido pelos comentaristas gnósticos).

Depois de beijar Tiago, Jesus profere uma mensagem gnóstica radical. Tiago terá acesso a conhecimentos que aquele que se "gabava" dizendo coisas como "não há outro além de mim" não dominava. Isso só pode ser uma referência ao Deus da Lei Mosaica e da aliança, o Deus do mundo, artífice da matéria, o Grande Ego, o guarda-masmorra do tempo e do espaço. A referência a essa entidade indica que qualquer que seja o material histórico subjacente à mensagem alegórica e simbólica nessa passagem, o tom da mensagem em si não condiz com o Tiago histórico.

O que ocorreu foi que a imaginação literária do gnosticismo tomou para si personagens dos registros canônicos e atribuiu interpretações radicais a elementos de suas identidades tradicionais – enxergando em Tiago, por exemplo, uma definição especial do que significava ser "justo". Esse mesmo processo pode ser visto em outros escritos gnósticos, incluindo o hoje famoso Evangelho de Judas (em meu livro *O beijo da morte*, há uma descrição de como o autor usou o material canônico para construir um tratado gnóstico). Eu desconfio de que na verdade os autores "gnósticos" tenham sido muito poucos. Eles tinham uma genialidade e uma mesma fórmula que era reutilizada repetidas vezes. Isso aponta para a existência de um grupo social inteligentíssimo, não somente a obra de um "movimento religioso". O "movimento" que pode ter existido, eu tenho certeza, foi iniciado e alimentado por um grupo de mentes brilhantes.

Voltando ao "irmão em segredo" do Segundo Apocalipse de Tiago, nós vemos então que Tiago e Jesus são um só, mas não pelos laços de sangue. Eles são um pelo espírito e pela visão:

*Ele era aquele a quem o que criou o céu e a terra,
E habitou neles, não viu.
Ele era [aquele que é] a Vida.*

Ele era a Luz.
Ele era aquele que virá.

O Jesus vivo emerge do gnosticismo. E, então, ele está pronto para morrer:

"Por todo o dia, o [povo] e a multidão ficaram muito perturbados, mas eles demonstraram que eles não haviam sido persuadidos de modo algum. Então ele [Tiago] levantou-se e prosseguiu discursando deste [modo]. Mais tarde naquele mesmo dia ele entrou [de novo] no Templo e lecionou por horas. Eu estava lá com os outros sacerdotes e não revelei nada sobre a nossa amizade, já que todos eles começaram a dizer com uma só voz, 'Venham! Vamos apedrejar O Justo.' Eles todos se levantaram, dizendo: 'Sim, vamos matar este homem para que ele possa ser removido do nosso meio. Ele nunca terá utilidade para nós!'"

"Eles o encontraram no parapeito do templo, perto dos pilares, bem ao lado da imponente pedra angular. Então eles decidiram jogá-lo da altura, e eles o jogaram. E eles [...] eles [...]. Eles o pegaram e [bateram] nele enquanto arrastavam-no pelo chão. Eles o estenderam no chão, e colocaram uma pedra no seu abdômen. E todos puseram os pés deles na pedra, dizendo: 'Tu errastes!'"

"De novo, eles o ergueram, já que ele estava vivo, e o fizeram cavar um buraco. Eles o fizeram entrar no buraco. Após cobri-lo até o abdômen, eles o apedrejaram dessa maneira."

"E ele estendeu seus braços e orou, mas não como as tradições sobre ele dizem:"

Tiago então profere uma prece imponente ao seu Deus e Pai que o salvou "desta esperança morta". "Liberte-me desta jornada cruel!" *(o mundo).* "Tire-me vivo da tumba, pois a tua graça – amor – está viva em mim para realizar uma obra em sua completude!" (Perfeição). Eis a prece do gnóstico redimido. Ela salva o gnóstico mas deixa ao mundo a condenação.

O Apócrifo ou "livro secreto" de Tiago toma a consciência do leitor com uma mensagem semelhante àquela passada pelos dois Apocalipses. O livro é destinado a uma pessoa cujo nome foi apagado dos papiros com o tempo. Na carta em que Tiago escreve as suas supostas memórias a esse destinatário desconhecido, ele deixa claro que é um dos doze, mas que nem todos os doze receberam a mensagem. O livro descreve um sermão do Salvador dado 550 dias após a Ressurreição, apenas para Tiago e Pedro. Quase se pode ter a sensação de que o autor leu o material pseudoclementino. A teologia do Apócrifo consiste num balaio de gatos de generalidades cristãs proferidas com entusiasmo não pela boca de Tiago, mas do Salvador, ansioso por deixar este mundo e seguir seu caminho: "Eu devo partir para o lugar de onde vim. Se quiserdes vir comigo, acompanhai-me". O Salvador não consegue entender que, depois de tudo o que aconteceu e depois de tudo o que ele disse, Pedro e Tiago ainda temam a morte:

> *"Tu ousas poupar a carne, tu para quem o Espírito é uma muralha circundante? Se considerares quanto tempo o mundo existiu antes de ti, e quanto tempo ele existirá depois de ti, descobrirás que tua vida é apenas um dia, e teus sofrimentos, uma única hora. Pois o bem não entrará no mundo. Zomba da morte, portanto, e anseia pela vida! Lembra-te da minha cruz e da minha morte, e tu viverás!"*

O Senhor preparará uma casa especial para aqueles que "se apressarem para ser salvos sem precisarem ser impelidos", uma casa especial para aqueles "de quem o Senhor fez seus filhos".

Há um toque de sabedoria despretensiosa no livro secreto, talvez os ecos dos ensinamentos de Tiago na sua (?) epístola canônica: "Comece a odiar a hipocrisia e o pensamento maléfico; pois é o pensamento que dá à luz a hipocrisia; mas a hipocrisia está longe da verdade". Mas esses não são ensinamentos de Tiago, e sim as palavras do Senhor ressurrecto que Pedro e Tiago devem passar a quem tiver ouvidos para ouvir. É missão de Pedro e Tiago plantar as sementes do espírito. O ensinamento do Tiago canônico sobre as "obras" serem essenciais para a retidão é espiritualizado:

> *"Sejam rigorosos quanto à palavra! Pois a respeito da palavra, a primeira parte dela é fé; a segunda, amor; a terceira, trabalhos; pois destes vem a vida. Pois a palavra é como um grão de trigo; quando alguém o semeou, ele teve fé nele; e quando ele havia*

brotado, ele o amou, porque ele havia visto muitos grãos em lugar de um. E quando ele havia trabalhado, ele foi salvo, porque ele havia preparado isto como alimento, [e] novamente ele deixou [alguns] para semear. Deste mesmo modo vocês também podem receber o reino do céu; a menos que vocês recebam ele através da sabedoria, vocês não conseguirão encontrá-lo."

Sem a gnose, não pode haver colheita espiritual. O fruto é o "preenchimento" do discípulo; quando for "preenchido" ou tornado perfeito, ele estará pronto, disposto a deixar este mundo e voltar para a completude do Pai.

O livro secreto termina com uma visão do alto concedida a Tiago e Pedro. Em espírito, os dois ascendem aos céus, ouvem os sons dos eventos designados a tomarem a terra (a guerra) e o som dos hinos e do júbilo angelical. E só são "trazidos de volta à terra" pelas vozes que se interpõem, dos outros discípulos ansiosos para saber o que o "Mestre" disse à dupla privilegiada.

Tudo o que podemos afirmar com certeza é que os autores gnósticos viam a gnose em "Tiago", da mesma maneira que outros deles encontrariam a gnose na figura de Judas também, porque ele, Judas, havia visto o que os outros não enxergavam – os gnósticos chamavam a atenção para o fato de Judas ter "beijado" Jesus no momento em que o Senhor fora "entregue" aos seus inimigos.

Mas a missão de Tiago era produzir mais "irmãos" do Senhor e passar da Casa de Davi para uma Casa nos céus.

A meu ver, há um outro fator que leva à decisão dos autores gnósticos de mostrarem um interesse especial por Tiago, o irmão do Senhor, e esse fator nos dá uma chave brilhante para abrir o baú secreto da tradição do gnosticismo.

O Segundo Apocalipse de Tiago mostra Tiago no Templo pregando ao povo uma mensagem gnóstica sobre a redenção – que é repelida por quem a ouve. Aquelas palavras são demais para eles; Tiago acaba sendo apedrejado. Certos escritos gnósticos demonstram um forte interesse nas reações psicológicas das pessoas às supostas verdades nuas do caminho gnóstico da libertação espiritual. Os discípulos menos próximos de Jesus algumas vezes são destacados para demonstrar a ideia: o medo que o homem comum tem de enxergar. Ou seja, o temor dos discípulos não iluminados diante da Palavra é expresso através de um desejo incontrolável de apedrejar quem a profere. Incapazes de alcançar a visão, eles assumem uma postura raivosa, conspiratória, ressentida, dominadora. Essa ideia reflete em parte o episódio canônico em que os discípulos tentam afastar as crianças de Jesus. Esse pormenor captou a atenção dos autores gnósticos e eles deram às crianças e à noção de crianças um papel importante nas suas narrativas, cientes da profecia: "Um menino pequeno os guiará". No Evangelho de Judas, Jesus chega a aparecer de fato como criança para seus discípulos adultos. De forma semelhante, no Evangelho de Filipe o autor gnóstico demonstra notar um viés antifeminino no tratamento dado às mulheres nos registros canônicos; em muitas passagens, elas são repreendidas e mantidas à parte da ação principal. Assim, esse evangelho apócrifo mostra os discípulos reclamando com Maria Madalena sobre por que Jesus ama a ela mais do que a eles. O motivo para isso, claro, é o fato de ela não ter rejeitado a experiência espiritual visionária para a qual Jesus abriu seus olhos.

    Segundo o Evangelho de Tomé, Jesus oferece uma instrução espiritual íntima ao seu escolhido Tomé, identificado na narrativa evangélica como Dídimo Judas Tomé, irmão gêmeo de Jesus. "Jesus disse: 'Aquele que beber da minha boca tornar-se-á como eu sou e eu próprio me tornarei nele, e as coisas ocultas lhe serão reveladas.'" Eis aí a ideia do beber-da-boca, também expressa no beijo com que Jesus passa o espírito para o seu amado Tiago, e possivelmente também para Maria Madalena, no Evangelho de Filipe.

    No Evangelho de Tomé, quando Dídimo Judas Tomé retorna de sua instrução para a companhia dos discípulos, eles estão ansiosos para saber que ensinamentos o Mestre lhe passou. E o que ele tem a lhes contar é: "Se eu vos disser apenas uma das palavras que ele me disse, vós ides pegar em pedras e atirar-me-eis essas pedras; e fogo surgirá das pedras e queimar-vos-á". Exatamente o mesmo recurso é empregado no texto "gnóstico setiano" do Evangelho de Judas (esse "setiano" será explicado oportunamente mais adiante): depois que Judas recebe sua instrução espiritual mais elevada de Jesus, ele tem um pesadelo no qual se vê sendo apedrejado pelos outros discípulos.

Certamente essa metáfora do "apedrejamento" é significativa: a mente mundana não consegue suportar a verdade. "Aquele que nunca pecou atire-lhe a primeira pedra." Tanto fizeram os buscadores da retidão para dar nisso! Se os gnósticos partilhavam a tradição geral de identificar Maria Madalena com a "mulher pega em adultério" que foi ameaçada de apedrejamento, temos aí mais um exemplo do tema do apedrejamento que curiosamente vem alertar o autor gnóstico para um potencial espiritual não revelado. Pareceria óbvio para um autor gnóstico que depois de deter os apedrejadores hipócritas Jesus fosse transmitir a sabedoria espiritual a Madalena. A passagem que nos registros canônicos se resume ao "Vai e não peques mais" é estendida na forma de um sermão completo nos escritos gnósticos. Contudo, a sabedoria é *sempre mais ou menos a mesma* no gnosticismo dos textos apócrifos, não importando se o seu destinatário é Tiago, Pedro, Judas, Tomé ou Maria Madalena.

Autores versados na aplicação da fórmula de composição gnóstica viam a rejeição de Judas Iscariotes pelos discípulos, a rejeição de Tiago pelo "povo" e sua reação subentendida a Dídimo Judas Tomé e, é claro, a tentativa feita pelos arcontes de eliminar Jesus, como expressões de uma verdade perene, de um *arquétipo* até, iniciado pela expulsão de Adão e Eva do Paraíso. *Aquilo que o mundo rejeita, os valores gnósticos.* Caso a família de Jesus tivesse sido mais explicitamente rejeitada nos evangelhos canônicos, seria quase certo que existisse um Evangelho Gnóstico Segundo a Família de Jesus. Mas, num certo sentido, é exatamente isso que nós temos!

Vejamos as primeiras linhas do Evangelho de Tomé: "Esses são os ensinamentos ocultos expostos por Jesus, o vivo, que Dídimo Judas Tomé escreveu. E ele disse: 'Quem descobrir o significado interior destes ensinamentos não provará a morte'."

Quem é esse Dídimo Judas Tomé? Os evangelhos canônicos nos dão um Tomé, e um Dídimo, mas não um Dídimo Judas Tomé. O único outro local onde encontramos referência a um Dídimo Judas Tomé é no texto também apócrifo dos Atos de Tomé (*circa* 200-225 d.C.). Acredita-se que esse texto tenha se originado, não surpreendentemente para nós, na Igreja Cristã Siríaca baseada em Edessa, 400 quilômetros a nordeste de Damasco. A igreja de Edessa foi fundada por emissários enviados por Tiago, primeiro bispo de Jerusalém. Essa comunidade, quilômetros ao norte da Galileia, tinha Dídimo Judas Tomé em alta conta. Nos Atos de Tomé, inclusive, ele chega a ser apontado explicitamente como *irmão gêmeo* de Jesus!

"Tomé" é o termo aramaico para gêmeo. *Didymos* é a palavra grega para gêmeo. Portanto, o que temos é Gêmeo Judas, o Gêmeo. E essa ideia claramente pareceu muito atraente para os intérpretes do gnosticismo. Trabalhando a partir da tradição de que Jesus tivera um irmão chamado Judas e um discípulo de nome "Tomé", o Evangelho de Tomé lida com a ideia de que Jesus é o "irmão gêmeo" do espírito gnóstico redimido e anteriormente oculto, uma vez que o "Jesus vivo" é, segundo os cristãos gnósticos, a identidade oculta, o *daimon* espiritual do Homem. O Homem precisa "fazer aflorar" o "irmão gêmeo", ou é aniquilado. Não existiu nenhum Tomé *Incrédulo,* mas sim Tomé *Consciente:* ele não precisava sentir as feridas de Jesus para enxergar a verdade. Ele sabia olhar para dentro, e para além, de si mesmo.

Outra obra da Biblioteca de Nag Hammadi baseia-se no conceito gnóstico do "gêmeo" aplicado a Jesus e a Judas, seu irmão. O livro siríaco de Tomé, o Contendor também é identificado como originário da Edessa da primeira metade do século III. Ele traz uma troca de "palavras secretas" entre Jesus e o "Irmão Tomé" – Judas Tomé – escritas por um certo Mathaias (Mateus). O texto provoca o leitor com a ideia do preenchimento completo dos anseios espirituais. É possível "tornar-se o gêmeo", alcançar o mesmo patamar espiritual do Mestre de forma que o aprendiz não seja mais guiado, mas receba as palavras sagradas diretamente da boca de Jesus para dentro de si:

> *Agora, já que foi dito que és meu gêmeo e companheiro verdadeiro, examina-te e aprende quem tu és, de que modo existes, e como virás a ser. Já que és chamado meu irmão, não é adequado que sejas ignorante de ti mesmo. E eu sei que compreendestes, porque tu já entendestes que eu sou a sabedoria da verdade. Então, se estás a meu lado, mesmo sem compreensão tu [de fato] já viestes a saber, e serás chamado 'aquele que conhece a si próprio'. Pois aquele que não conheceu a si próprio não conhece nada, mas aquele que conheceu a si próprio conseguiu ao mesmo tempo alcançar sabedoria acerca da Profundidade do Todo. Então, tu, meu irmão Tomé, vistes o que está obscuro para os homens, isto é, aquilo em que eles ignorantemente tropeçam.*

O último trecho, que fala em ter visto o que está obscuro para os homens, traz uma referência curiosa a uma fala pouco conhecida do Jesus dos evangelhos:

> *Mas Jesus, fitando-os, disse: Que quer dizer, pois, o que está escrito: A pedra que os construtores rejeitaram, esta veio a ser a principal pedra, angular? Todo o que cair sobre esta pedra ficará em pedaços; e aquele sobre quem ela cair ficará reduzido a pó.*
> (Lucas, 20:17-18)

Não é a pedra que cai do céu que esmagará os ignorantes, mas sim aquela que os cegos não conseguem enxergar em seu caminho e por isso acabam tropeçando. É como Jesus diz a Judas Tomé: tu viste "aquilo em que eles [os homens não iluminados] ignorantemente tropeçam". Notemos, mais uma vez, o essencial "tema da rejeição". E devemos ainda notar enfaticamente que no Apocalipse de Tiago o irmão do Senhor se dirige ao povo postado bem ao lado da "imponente pedra angular" do Templo – ele está com o Senhor! E ele é rejeitado, assim como os gnósticos sentem que são rejeitados pelos cegos, assim como a gnose é rejeitada pela terra e por aqueles presos à matéria. A *Pedra* é inevitável: faze-a aflorar ou serás esmagado por ela. Quando Jesus renomeia Simão, ele o chama de Cefas: *pedra.*

A pedra vinda do alto, a "pedra rejeitada", "reduz a pó" aquele sobre quem ela cai; ela separa o joio (as trevas/a matéria inferior) do trigo (a bondade/o ouro), numa imagem talvez alquímica. Aquele que conhece a si mesmo foi "atingido pela pedra". E é importante mencionar neste ponto que foi graças a uma passagem dos Atos de Tomé que São Tomé foi escolhido como o santo protetor dos *pedreiros:* o episódio narrado nesse texto apócrifo em que Tomé constrói uma igreja para um rei indiano em sua jornada missionária para o Oriente. Podemos ver uma estátua de Tomé empunhando seu esquadro em frente à catedral de Lichfield – talvez ele tenha aprendido o ofício com seu pai.

Tomé também estava próximo da pedra angular – a Pedra Filosofal.

Caso os gnósticos acreditassem que Judas Iscariotes e Dídimo Judas Tomé eram a mesma pessoa, eles provavelmente teriam se debruçado com afinco sobre esse ponto – mas o fato é que não acreditavam. Eles *estavam* cientes, por outro lado, de que Jesus tivera uma família cujos membros não haviam sido devidamente valorizados ou compreendidos pelos professores ortodoxos. Mas o interesse do gnosticismo nunca foi genealógico, pelo menos não no sentido ordinário do termo.

Os escritos gnósticos mostram interesse por aqueles com acesso íntimo e profundo à mente de Jesus; o interesse deles na questão dos irmãos é da ordem do espiritual e do simbólico. E talvez essa fosse também a posição do próprio Jesus, mas quanto a saber se os seus irmãos tiveram ou não acesso à sabedoria espiritual, ou no que essa sabedoria *originalmente* teria se constituído, são questões que permanecem em aberto. Para os gnósticos, bastava saber que sua tradição vinha direto da fonte repassada, literalmente, pela transmissão oral. Por outro lado, a maior parte dos escritos gnósticos é apresentada como pertencendo ao âmbito da revelação, ou seja, originada a partir do acesso da mente do autor a um plano de eternidade onde os acontecimentos podem ser vistos sendo estampados na linha do tempo. Todavia, percebemos a dominância de um determinado itinerário de interpretação dentro do gnosticismo, e os seus padrões são condizentes com o grau de discernimento das pessoas da época em que as obras foram escritas. Não faz sentido especular se os descendentes da família de Jesus teriam endossado ou não o evangelho dos visionários. Com certeza, não há texto gnóstico que lance mão de qualquer alegação de vínculo com *descendentes* remanescentes dos familiares de Jesus do século I, e esse fato seguramente tem uma significância.

Há, entretanto, um determinado interesse da ordem da genealogia detectado em diversas obras gnósticas e que não pode ser ignorado. Talvez eles tivessem pouco interesse pela Casa de Davi (no século III, a Judeia sequer existia mais como entidade política), mas *certamente* estavam interessados numa certa linhagem de descendência: o verdadeiro "Graal de sangue", por assim dizer, do gnosticismo.

No Evangelho de Judas, lemos que ele não deseja a eternidade sobre a terra, mas sim se unir à "geração grande e santa" na sua "casa" mais linda.

E que Casa é essa?

É a casa da "geração inamovível". No Apócrifo de Tiago, Jesus diz a Tiago e a Pedro: "Eu lhes sou revelado construindo uma casa que é de grande valor para vós pois encontrareis abrigo debaixo dela, justamente porque ela será capaz de resistir ao lado da casa do seu vizinho quando aquela ameaçar desabar". Essa Casa permanecerá firme quando tudo mais tiver ruído. E a quem a Casa pertence?

Essa é a Casa da geração de Sete.

Vocês devem lembrar como, na genealogia vista em Lucas, o autor reconstrói, passando por Sete, a linhagem de Jesus até Adão, o "filho de Deus". Esse detalhe não passou despercebido para os comentaristas gnósticos. Quando os filhos de Adão, Caim e Abel, caem, Abel morre e Caim é imputado com a marca da maldade. A raça humana estava manchada. Um novo começo se fazia necessário. Adão então tem um novo filho, Sete, cujo nome pode ter ligação, suspeito eu, com o do deus egípcio do sol ardente e da vitória que em grego é chamado da mesma forma.

No Gênesis, Sete se destaca como um recomeço purificado para a raça humana. Sete é sagrado. O seu sêmen era visto como especial pelos círculos esotéricos. Segundo o historiador Josefo, os "filhos de Sete" foram os pais da ciência; os dois antigos pilares do conhecimento que sobreviveram ao Dilúvio foram chamados de Pilares de Sete, relacionados pela tradição do gnosticismo com a sabedoria de Hermes Trimegisto, o progenitor de sabedoria e conhecimento antediluvianos.

É sabido também que alguns gnósticos viam Jesus como uma espécie de manifestação do "grande Sete": uma criatura pura, dotada de conhecimento primal vindo direto da Fonte. A Biblioteca de Nag Hammadi contém pelo menos duas obras "setianas": o Segundo Tratado do Grande Sete, no qual Sete aparece apenas no título e é "Jesus Cristo" que profere os ensinamentos, e As Três Estrelas de Sete, que não faz menção a Jesus mas se anuncia como a revelação do "filho de Sete", pai de "outra raça", "outro sêmen". O tratado gnóstico Alógenes, que pode ser traduzido como Livro do Estrangeiro, também trata do tema do pertencimento a uma linhagem única de homens espiritualmente elevados, que dariam continuidade à tradição primal da revelação de Deus para Adão. Jesus é visto como descendente dessa dinastia da alta espiritualidade, capaz de criar novos "filhos de Deus".

Esses textos setianos provavelmente foram escritos entre o princípio e meados do século III, e mostram influência filosófica do neoplatonismo pagão e do esoterismo. Percebam o longo caminho que trilhamos desde a Casa de Davi até essa imagem de uma família de Jesus completamente esotérica, na qual os seus parentes verdadeiros parecem tão absortos nos píncaros da alta filosofia que perdem por completo – incluindo aí o próprio Jesus – a dimensão humana. E o que pode ser dito é que a ausência aparente de familiares verdadeiros de Jesus nos textos desses autores só fez crescerem as especulações a respeito deles, quase sempre na direção do impalpável. Ao ponto de alguém poder ser levado a supor que a Família Desaparecida pudesse ter sido tragada diretamente para os céus.

OITO

ENCONTRADOS NA HISTÓRIA

Depois de examinarmos as interpretações de viés mais espiritual da família de Jesus nos escritos gnósticos, nós nos voltaremos agora para o trabalho de dois historiadores antigos que deixaram registros relacionados aos familiares de Jesus. Esses historiadores foram Josefo, um judeu do século I, e Hegesipo, um cristão do século II. Ambos partilham de um interesse especial pelo irmão de Jesus, Tiago. Nós examinaremos também a hipótese surpreendente de que Paulo possa ter sido um fantoche nas mãos da dinastia herodiana ou dos romanos, e portanto um inimigo da família de Jesus. E descobriremos que a Igreja primitiva girava em torno do Templo de Jerusalém e consistia essencialmente numa organização sacerdotal em conflito com a liderança mais rica do alto sacerdócio.

Depois de voarmos alto com a espiritualidade do gnosticismo e outras filosofias esotéricas, é hora de voltarmos a plantar os pés na firmeza dos registros históricos. Lembrando sempre que registros históricos raramente são tão firmes assim, muitas vezes nascidos de especulações, conjecturas e visões pouco isentas. O consolo é que pelo menos neste caso não precisaremos ponderar que "a história é escrita pelos vencedores", uma vez que os registros dos quais trataremos agora foram deixados por alguém que, enquanto acreditou piamente em vida que *o fim* estava próximo, tinha todos os motivos para alimentar também incertezas quanto ao seu próprio futuro pessoal. Eu estou me referindo ao cronista cristão do século II Hegesipo. Mas, antes de nos debruçarmos sobre o testemunho notável e controverso de Hegesipo, devemos examinar o trabalho de um historiador mais antigo.

Flávio Josefo foi um que escolheu o lado vitorioso – no final. Judeu patriota, ele chegou a lutar na Grande Revolta dos anos 66 a 73 d.C., mas, num momento crítico, indignado com as manobras de guerra escolhidas por seus compatriotas mais radicais, Josefo se bandeou para o lado do imperador Vespasiano. Depois de aclamar o conquistador como o mestre do mundo que emergiria da Judeia conforme a profecia, ele foi viver confortavelmente em Roma.

Josefo foi um historiador brilhante e exigente. Ao escrever sobre a Guerra Judaica, por volta do ano 75 d.C., ele discorre sobre os motivos que levaram os rebeldes a empunharem armas contra as forças vastamente superiores de Roma da seguinte forma:

> *Uma previsão ambígua que também constava em suas escrituras sagradas sobre como "nesse tempo, um homem saído de sua terra deverá governar sobre toda a terra habitável". Os Judeus interpretavam a profecia como se referindo a eles próprios, e muitos sábios foram assim ludibriados em seus esforços. Ora, a previsão certamente era uma referência a Vespasiano, que foi nomeado imperador da Judeia. Entretanto, não pode o homem desviar-se de seu destino, mesmo tendo-o enxergado de antemão. Mas eis que esses homens interpretaram alguns dos sinais a seu bel-prazer e desprezaram outros completamente, até que sua loucura foi demonstrada com a tomada de sua cidade e sua própria destruição.*

(A Guerra Judaica, 6.5.4)

É interessante ver uma fala contemporânea sobre o que para nós hoje são profecias messiânicas estabelecidas tratando-as com essa visão tão fria e política. Josefo aborda os efeitos práticos do messianismo que para a maioria de nós só é familiar por conta de sua agregação à história de Jesus e de seus seguidores. Josefo seguia a linha moderada, e sabia reconhecer um moderado quando se via diante de um.

Escrevendo por volta do ano 95 d.C., o historiador de 56 anos faz um apanhado dos eventos que cercaram a morte de Tiago, o irmão do Senhor. Pelo respeito com o qual ele relata o evento e a forma como caracteriza a oposição à condenação como vinda de "cidadãos corretos", podemos inferir que Josefo não enxergava Tiago como um possível instigador de turbulências políticas ou manifestações violentas. A partir das referências feitas pelo texto à morte do Procurador Festo e empossamento de seu sucessor, Albino, podemos situar com segurança essa sequência de acontecimentos nos anos 62 ou 63 d.C. Cerca de 30 anos após a crucificação de seu irmão, o honorável Tiago, o Justo, liderava os "Nazarenos" em Jerusalém e claramente era tido em alta conta pelas lideranças judaicas da nação:

> *Morrendo Festo, o César enviou à Judeia a Albino como procurador. Mas o rei tirou o sumo sacerdócio de José para dá-lo ao filho de Ananias, que tinha também o nome Ananias. Segundo relatam, Ananias, o pai, foi considerado como um homem afortunado: gozou dessa grande dignidade e teve cinco filhos que a possuíram também depois dele; o que jamais acontecera a qualquer outro dos altos sacerdotes. O jovem Ananias, que como dissemos foi nomeado então sumo sacerdote, era homem de modos ousados e muito insolentes. Ele pertencia também à seita dos saduceus, que são os mais severos de todos judeus e os mais rigorosos nos julgamentos de seus opositores como já pudemos observar: quando, portanto, viu-se nomeado, Ananias pensou que agora teria a oportunidade adequada [de exercer sua autoridade]. Festo havia morrido, e Albino ainda não tinha chegado – ele reuniu então um Sinédrio, diante do qual fez comparecer Tiago, o irmão de Jesus, chamado Cristo, e alguns outros [ou alguns de seus companheiros]. Acusando-os de terem desobedecido a lei, condenou-os ao apedrejamento. O ato entretanto desagradou aos cidadãos mais corretos e mais escrupulosos quanto ao cumprimento da lei. Eles foram ao rei [Agripa] manifestar seu desejo de que ordenasse a Ananias para nada mais fazer de semelhante, pois o que ele fizera não se podia justificar. Alguns foram também ao encontro de Albino, que então tinha partido de Alexandria, para informá-lo do que se havia passado e dizer-lhe que Ananias não podia reunir o Sinédrio sem a sua anuência. Albino concordou com as palavras dos cidadãos, escrevendo a Ananias encolerizado, ameaçando mandar castigá-lo pelo que fizera. Agripa tomou-lhe a posição de sumo sacerdote, que exercera somente por três meses, e a deu a Jesus, filho de Daneu.*
>
> (Antiguidades judaicas, 20.9.1)

Está claro que Ananias, o jovem, odiava os seguidores do irmão de Tiago. Eisenman, que identifica esse sumo sacerdote Ananias com a figura do "sacerdote iníquo" dos Manuscritos do mar Morto, considera que Tiago foi morto em retribuição à morte do irmão de Ananias, o sumo sacedote Jônatas, pelos sicários ou homens das adagas, um grupo de assassinos zelotes. Isso implica na suposição de que Tiago manteria um contato amigável com as "facções violentas" – o que sem dúvida é uma possibilidade, mas carece de provas.

Ananias provavelmente imaginou que teria carta branca de Roma para lidar com aqueles que, como Tiago, buscavam um Messias que desse um fim à onda de calamidades que haviam se abatido sobre o povo de Deus. Afinal, menos de dois anos depois da morte de Tiago, um terrível incêndio que devastou Roma foi atribuído pelo imperador Nero àqueles que o historiador Tácito, escrevendo entre os anos 115 e 120 d.C., descreveu como uma seita vivendo em Roma que era "alvo de repúdio por seus crimes e chamada vulgarmente de 'os cristãos'" (*Anais*, Livro XV, 44). Essa não seria a primeira vez em que os "cristãos" de Roma despertariam a ira imperial. Segundo lemos em *A vida de Cláudio,* escrito por Suetônio por volta do ano 120 d.C., o imperador Cláudio havia mandado expulsar os judeus de Roma porque "os judeus em Roma vêm provocando perturbações constantes por instigação de Chrestus" (um registro errado do nome "Christus", presumivelmente). Cláudio governou entre 41 e 54 d.C. Esses judeus insuflados pelo messianismo talvez não fossem necessariamente seguidores de Jesus; eles podiam ser pregadores da vinda dos "filhos da luz" descritos no "Pergaminho da Guerra" de Qumran e outras obras – supondo que talvez escapassem aos romanos essas diferenças mais sutis entre os diversos grupos de agitadores judeus.

Quando deu a ordem de execução contra Tiago, Ananias talvez estivesse em conluio com Agripa. Herodes Agripa, agora corregente da Judeia, já enviara para a morte João Batista e Tiago, irmão de João. Ananias sem dúvida calculou que a eliminação do irmão de Jesus, seguida de uma violenta tomada de posição no grupo que o cercava, bastaria para extirpar pelo menos um dos flancos do problema do "Christo" antes da chegada do novo procurador. Mas, como Josefo revela, ele se equivocou gravemente quanto à hierarquia vigente. O jovem Ananias precisaria solicitar a aprovação do procurador antes de emitir uma sentença de morte dessa monta. Até mesmo Agripa, segundo consta, foi favorável à represália ao sumo sacerdote Ananias. Embora fique claro que Tiago tinha amigos influentes, eles não agiram a tempo de salvar sua vida. É possível que o assassinato judicial do irmão de Jesus tenha provocado turbulência social. Diante do acontecido, o novo procurador deu permissão a Agripa para que destituísse Ananias do posto de sumo sacerdote. Um substituto foi nomeado em seu lugar. Ele se chamava Jesus.

A Epístola de Tiago canônica pode ter sido escrita por Tiago durante o período de seu julgamento, às vésperas de enfrentar o próprio assassinato. No texto ele se dirige aos companheiros igualmente perseguidos: "Não são os ricos que vos oprimem e não são eles que vos arrastam para tribunais?". Josefo relata que era graças à riqueza que os altos sacerdotes dominantes conseguiam derrubar os planos daqueles mais pobres, entre os quais Eisenman acredita que devamos incluir Tiago, o irmão de Jesus.

Outras passagens similares da epístola canônica soam verossímeis no contexto de uma trama dos saduceus para eliminar os "Nazarenos":

> *Eis que o juiz está às portas* [notem novamente a referência reveladora à "porta"]. *Irmãos, tomai por modelo no sofrimento e na paciência os profetas, os quais falaram em nome do Senhor. Eis que temos por felizes os que perseveraram firmes. Tendes ouvido da paciência de Jó e vistes que fim o Senhor lhe deu.*

Aguentem firme, o Messias há de voltar.

A referência curiosa às "portas" voltará a aparecer no relato mais detalhado da morte de Tiago.

Talvez alguns estejam se perguntando onde estava Paulo por ocasião desse abalo na Igreja. *Alhures,* ecoa a resposta dos desinformados – possivelmente na porção ocidental do império, embora Eisenman seja da opinião de que o ataque a Tiago foi provocado, senão liderado, pelo cidadão romano Paulo juntamente com seus amigos na corte herodiana. Em sua Epístola aos Gálatas (1:9), Paulo escrevera que "se alguém vos prega evangelho que vá além daquele que recebestes, seja anátema". Mesmo em se tratando de "um anjo vindo do céu", que "seja anátema". O evangelho pregado por Tiago certamente conflitava com a posição paulina. Josefo, porém, se atém ao ponto: Tiago foi morto por um inimigo do movimento como um todo; Ananias talvez tencionasse matar Paulo também.

Ainda assim, pode ser que justamente na obra de Josefo venhamos a encontrar o ausente Paulo, e não sob a luz mais lisonjeira. Pouco depois da morte de Tiago, Agripa incitou o ódio dos judeus ao saquear belos objetos da Judeia para adornar a reconstrução que estava fazendo da Cesareia de Filipe. A cidade seria rebatizada como Neronias numa homenagem a *Nero*, e se situava muito ao longe, próxima da fronteira ao norte com a província da Síria. Além disso, o substituto que o rei apontara para Ananias, Jesus, filho de Daneu, fora sucedido por um *outro* Jesus, este filho de Gamaliel. A indicação do filho de Gamaliel foi motivo de indignação entre os altos sacerdotes, levando ao que Josefo chama de "uma sedição". Esse rumo dos acontecimentos teria sido motivo de alerta para Paulo, onde quer que ele estivesse. Em sua juventude, Paulo se sentara aos pés do grande rabino Gamaliel. Ele devia conhecer também os filhos dele, que estavam presentes quando – segundo o relato dos Atos – Paulo foi levado ao Sinédrio no ano 54 d.C. sob acusação de questionar a lei de Moisés.

Cada um dos altos sacerdotes reunia seu próprio grupo barulhento de partidários. Os grupos rivais começaram a apedrejar uns aos outros, provocando um tumulto que só foi estancado por Ananias, que por ter mais dinheiro do que os outros angariava para si o suporte mais consistente. O trecho seguinte escrito por Josefo nos dá uma boa ideia de como andava a política interna de Jerusalém na época, o mundo real no qual as assembleias de seguidores de Jesus se reuniam: o das batalhas de poder entre sacerdotes rivais. As palavras do historiador também podem nos fornecer pistas sobre o paradeiro de Paulo, ou *Saulo,* como ele era conhecido na Judeia:

> *Costobaro e Saulo haviam reunido um grande número de guerreiros malfeitores, e conseguiram isso por serem parte da família real; obtinham a colaboração deles por seu parentesco com Agripa: mas eram violentos com o povo, e sempre prontos a prejudicar aqueles que se mostrassem mais fracos. E foi a partir desse tempo que nossa cidade mergulhou em tumulto, e que todas as coisas foram piorando cada vez mais entre nós.*
> (Antiguidades judaicas, XX.9:4)

Nós não sabemos muito sobre as causas exatas desse tumulto, e nem se o "Saulo" citado é a mesma pessoa que o santo cristão cujas epístolas que chegaram ao nosso tempo pregam resiliência paciente diante do sofrimento e amor ao inimigo ao mesmo tempo em que amaldiçoam seus oponentes doutrinários. O que fica claro, de qualquer forma, é o princípio de um desmoronamento que – com a chegada do novo e severo procurador Géssio Floro – iria desembocar na Revolta Judaica e no colapso do mundo conhecido pelos familiares imediatos de Jesus.

O fato de Paulo ter um relacionamento próximo com a dinastia herodiana e com a autoridade de Roma é explicitado claramente até mesmo no texto pró-paulino, pró-gentios e – segundo argumentam – antijudaico dos Atos dos Apóstolos, por mais indigesto que esse cenário possa parecer aos cristãos acostumados a enxergar a história das origens da Igreja pelas lentes cor-de-rosa dos ensinamentos ortodoxos. Enquanto Josefo conta sobre um "Simão" que exigiu o banimento dos herodianos do Templo (um "Simão Pedro" desmistificado, na análise de Eisenman), Paulo parece – em contraste – muito íntimo das autoridades que regularmente mandavam executar nativos da Judeia vistos como ameaças à ordem. Examinemos o quadro a seguir.

Em Atos, 24:24, Félix e a esposa Drusila, princesa herodiana curiosamente descrita como "judia" pelo autor do texto, interpelam Paulo – que estava mantido sob custódia por Félix para seu próprio bem – pedindo-lhe que fale a eles sobre a "fé em Cristo". Após ouvir as preleções de Paulo, Félix o teria libertado – mas esperava que ele conseguisse dinheiro para comprar a própria liberdade. Félix tinha conversas frequentes com Paulo, e só o mantinha encarcerado "para conservar a simpatia dos judeus". O que soa mais espantoso é a maneira como Paulo é facilmente distinguido aos olhos dos romanos – ou de Lucas – dos "judeus". Trata-se de uma volta da mesma velha narrativa, exceto pelo fato de nessa passagem ser *Paulo* que é "rejeitado pelos seus" – grupo que, não custa repetir, incluía os familiares de Jesus. Embora essa narrativa seja situada quase com certeza num contexto pós-Revolta e sua decorrente propaganda antijudaica, é provável que ela se baseie em alguns vínculos autênticos entre Paulo e as facções governantes do período – vínculos esses que de forma alguma pareceriam inoportunos aos olhos dos gentios não familiarizados com a realidade política na Judeia e na Galileia da época, mas que constituiriam uma traição ultrajante e intolerável para os judeus patriotas.

Nesse mesmo período, circulavam rumores acusando a princesa herodiana Berenice, irmã de Drusila, de manter um relacionamento incestuoso com seu irmão Agripa II, rei da Galileia entre os anos 54 e 68 d.C. (conforme registra Josefo nas *Antiguidades judaicas*, 20, 145). Essa

Berenice é a mesma que se tornará amante de Tito, o filho do imperador Vespasiano e comandante romano da destruição do Templo em 70 d.C. Berenice aparece em companhia de Agripa II em Atos, 25:13-16. Eles pedem ao novo procurador Festo para que suspenda o trato mantido com Paulo desde o tempo do predecessor de Festo, Félix. O argumento de Agripa é que os "altos sacerdotes e anciãos dos judeus" exigiam que ele fosse a julgamento. Os inimigos de Paulo eram judeus. E isso parece motivação suficiente para fazer Paulo arvorar-se a exigir que seu caso fosse levado à apreciação do César. Após uma audiência preliminar em que são dissecados os antecedentes e as crenças de Paulo, Agripa, Berenice e o Procurador Festo se retiram e concluem entre si:

> *Este homem nada fez digno de morte ou de prisões. E Agripa disse a Festo: Bem podia soltar-se este homem, se não houvera apelado para César.*
> (Atos, 26:31-32)

Paulo era amigo dos romanos: os inimigos deles eram os seus inimigos. Quando chegou o século II, um preconceito inquebrantável havia tomado forma na Igreja Cristã ocidental: os inimigos de Paulo, e por conseguinte da Igreja, eram "os judeus". Pois "eles" haviam rejeitado Jesus; não os romanos. Será que Jesus podia mesmo ter sido judeu – um judeu-puro, em todo caso? Mas, conforme determinado pela genealogia de Lucas, a linhagem de Jesus remontava a Adão, origem de todos os homens – sendo nesse fato aliás que se apoiava a sua "Filiação", e não somente sobre a Casa de Davi. De acordo com essa visão, aqueles que Jesus tinha como os "seus" haviam sido seus inimigos. Os judeus haviam apoiado a sedição. E isso em si talvez já baste para explicar por que Lucas não consegue em momento algum creditar a Tiago, o irmão do Senhor, a sua verdadeira posição na Igreja dos primórdios. Tiago havia se tornado oponente do herói de Lucas, Paulo. O episódio da destruição do Templo era uma demonstração enfática do lado de quem Deus estava nessa história, e Ele não estava do lado d'"os judeus".

A quem considerou essa exposição um tanto chocante demais, eu aconselho que examine o conselho dado por Paulo com relação à autoridade de Roma em sua Epístola aos Romanos, capítulo 13, e que tente se colocar na posição de um judeu patriota que estivesse ouvindo aquelas palavras.

Todo judeu ouvia desde o berço que a Terra Prometida era uma dádiva de Deus – entregar seus frutos a um estrangeiro descrente constituía traição contra o Senhor. E o que pensar então dos romanos, que condenavam regularmente judeus à cruz por lutarem pela terra que lhes pertencia, romanos que os espancavam e humilhavam quando eles deixavam de lhes pagar impostos destinados a um homem que se autodenominava um deus e via com indiferença o Deus dos judeus e cujos soldados pilhavam os lares de seus próprios compatriotas?

Paulo parece não ter problemas com os impostos romanos: "Por esta razão também pagais tributos, porque [os romanos] são ministros de Deus, atendendo sempre a isto mesmo". Ai está. Os romanos que assassinam os "santos" são ministros de Deus; os que oferecem resistência a eles claramente não estão agindo em nome de Deus. Quanto às execuções, elas também cumprem a obra de Deus contra o mal: "Porque os magistrados não são terror para as boas obras, mas para as más". Os romanos não são o problema; a lei é que é. Os romanos estão no poder porque os judeus rejeitaram seus profetas; eles portanto merecem ser punidos, e dominados, até que aprendam.

E deviam parar com essa bobagem de não pagar tributos ao César? Os impostos são uma coisa boa. Por quê? Porque deixar de pagar impostos deixa você em dívida com aquele que tem a sanção de Deus para exigir o dinheiro: "A ninguém devais coisa alguma, a não ser o amor com que vos ameis uns aos outros; porque quem ama aos outros cumpriu a lei". (Romanos, 13:8) *Atentem só para isso:* amar os romanos é cumprir a lei! Este compêndio de ideias soaria simplesmente – inacreditavelmente, absurdamente – ultrajante para praticamente qualquer judeu patriota, provocando uma indignação a qual Paulo teria provavelmente reagido sem perder o tom: "Mas é por isso então que vocês acumulam derrotas!". *Rendei-vos! Vossos opressores são nada menos que os instrumentos de Deus.* É plausível que um judeu que tenha se contentado vendo seu Messias crucificado como rebelde pelos romanos, e que se via ele próprio regularmente sob a custódia dos romanos ao mesmo tempo em que buscava proteção deles, fosse tolerar praticamente qualquer coisa vinda deles.

Guiado mais uma vez por suas posições pessoais, Paulo descarta os requisitos da lei dos judeus relacionados à pureza dos alimentos. A comida que chegava à mesa dos gentios com frequência havia constituído oferenda a ídolos pagãos antes de ser vendida no mercado. Para um judeu, esse alimento seria considerado maculado por sua associação com a idolatria; na visão de Paulo escrúpulos assim eram sinal de "fraqueza" por parte da pessoa que os mantinha, imputando por extensão a pecha de "fracos" também àquele que pregava tais ensinamentos. E o pregador nesse caso era Tiago, o irmão do Senhor. Para Paulo, todo ídolo era obviamente só madeira e pedra, não havia motivo para alarde. O Homem Tolo fazia os ídolos; o alimento era feito por Deus – era só comê-lo e pronto.

E se Tiago pregar outra doutrina, que seja anátema. (Gálatas, 1:8-9)

O fato de a execução brutal de Tiago, irmão do Senhor, ter representado algo além de um incidente político menor é evidenciado não só nos escritos de Josefo como também em duas passagens dos textos do teólogo cristão Orígenes (*circa* 184-254), compostas por volta do ano 230 d.C. Enquanto os cristãos do pós-guerra eram encorajados a enxergar ligações entre as profecias atribuídas a Jesus que anteviam o desastre do ano 70 e o evento em si, Orígenes, um homem instruído e cauteloso, queria que seus leitores ficassem sabendo que por ocasião da destruição do Templo muitos atribuíram a calamidade ao julgamento de Deus pelo assassinato do irmão de Jesus, e não dos responsáveis pela crucificação de Jesus.

> *E tão brilhante era o caráter desse Tiago em meio a seu povo, por sua retidão e justeza, que quando Flávio Josefo, no vigésimo livro das suas* Antiguidades Judaicas, *quis estabelecer qual havia sido a causa do sofrimento tamanho que culminou com a demolição do seu lugar sagrado, ele declarou que essas coisas se abateram sobre o povo por conta da ira de Deus pelo que eles haviam ousado fazer com Tiago, irmão de Jesus a quem chamavam o Cristo. E vejam a maravilha disso tudo: mesmo não tendo recebido Jesus como o Cristo, ainda assim Josefo dá seu testemunho sobre a retidão de Tiago. E ainda vai além, afirmando que o povo pensava ter sofrido tudo o quanto sofreu por causa mesmo de Tiago.*

(Orígenes, circa *230,* Comentário sobre o Evangelho de Mateus)

Orígenes repete a história no Livro Um de sua obra de contestação a Celso, um crítico feroz do cristianismo (*Contra Celso, circa* 250 d.C.), no qual ele também afirma que Tiago só era irmão de Jesus pela "concordância de seus modos e pregações". Nesse ponto, ele interpõe as suas próprias motivações doutrinárias para negar o sentido mais estrito dos escritos de Josefo no que diz respeito ao vínculo familiar. E Orígenes também comete um equívoco ao citar suas referências: não há nada no Livro XX das *Antiguidades judaicas* de Josefo vinculando a destruição do Templo ao assassinato de Tiago. O autor pode ter confundido uma tradição herdada a esse respeito com outra passagem das *Antiguidades,* no Livro XVIII, capítulo cinco. No trecho, Josefo relata que a derrota dos exércitos do tetrarca Herodes por Aretas, rei dos árabes, foi visto por alguns observadores como uma punição por ele ter executado injustamente João Batista. Josefo apresenta João como um "bom homem", que pregava a retidão para com o próximo e a devoção a Deus. Esse elogio da retidão de João presumivelmente se confundiu na cabeça de Orígenes com os conhecimentos que ele tinha a respeito de Tiago, o Justo. Assim, não há como nós termos certeza de que a morte de Tiago tenha sido vista por qualquer pessoa *de sua época* como sendo a causa por trás da posterior destruição de Jerusalém.

E eis que nós chegamos agora ao arrepiante relato feito por Hegesipo da morte de Tiago, escrito cerca de 110 anos após o acontecido. Segundo texto erudito de Thomas Lewin em *Life and Epistles of St. Paul* (2 volumes, Londres, 1874), o relato de Hegesipo deve lido com cautela, pois "os detalhes que ele [Hegesipo] fornece são tão misturados à fábula, e tão notoriamente absurdos, que nos abstemos de mencioná-los. A única coisa que provam é que a tradição da narrativa fantasiosa, mesmo naqueles tempos tão primitivos, já começara a florescer". A cautela mostrada por Lewin não foi partilhada por Eusébio de Cesareia em seus escritos compostos por volta do ano 300 d.C. (*História eclesiástica,* Livro II, capítulo 23). Eusébio cita também uma passagem que ele acredita ser de Josefo afirmando que "essas coisas aconteceram com os judeus [a destruição do Templo] para vingar Tiago, o Justo, irmão do Jesus chamado de Cristo, pois os judeus o haviam matado apesar de sua notória retidão". Eusébio pode ter tomado essas palavras como verdadeiras por conta dos textos de Orígenes.

Na época em que Eusébio estava escrevendo seu texto, Hegesipo era visto não como alguém que chegou tarde demais para querer se sentar à mesa do século I, mas como um conhecedor respeitado da história dos primórdios da Igreja. Aquilo que fez o estudioso de Oxford Thomas Lewin rejeitar a veracidade de Hegesipo provavelmente foi o mesmo que tornou seus textos tão úteis para Robert Eisenman, um partidário radical da tradição de Tiago. É em Hegesipo que Eisenman busca evidências que sustentem a sua tese de que Tiago provavelmente era o "Professor da Retidão" dos manuscritos de Qumran, e de que Tiago teria sido uma figura histórica importante e digna de mais "espaço-Josefo" do que Jesus. Vejamos o que Hegesipo tinha a dizer a respeito do irmão do Senhor:

Tiago, irmão do Senhor, sucedeu-o no governo da Igreja, juntamente com os apóstolos. Ele era chamado de o Justo por todos, desde os tempos do Senhor vivo até o presente. Pois havia muitos que levavam o nome de Tiago, mas esse era santo desde o ventre de sua mãe. Ele não tomava vinho nem qualquer beberagem inebriante, nem comia carne. A lâmina não era erguida sobre sua cabeça. Ele não se ungia com óleo, nem fazia uso do banho. Apenas a ele era permitido penetrar no santuário: pois não usava lã sobre seu corpo, apenas vestes de linho puro. E era sozinho que ia ao templo. Costumava ser visto de joelhos em oração, implorando pelo perdão para o povo; a pele de seus joelhos tornou-se grossa como os cascos de um camelo em razão de viver constantemente ajoelhado, adorando a Deus e rogando perdão para o povo. Assim, por sua justeza preeminente, era chamado o Justo e Oblias, que em grego significa "baluarte do povo e da retidão", como sobre ele era dito pelos profetas. [Possível referência à "porta superior da casa do Senhor" e ao "muro de Ofel" edificados pelo rei Jotão em 2 Crônicas, 27:3 – Oblias pode ser uma transliteração inexata do termo hebraico para "bastião" ou "baluarte do povo".]

E eis que membros das sete seitas existentes em meio ao povo, as quais eu descrevi anteriormente nos Comentários, *foram a ele perguntar: "Qual é a porta de Jesus?". E ele replicou que ele era o Cristo. Em razão disso, alguns acreditaram que Jesus era o Cristo. Mas as seitas anteriormente mencionadas não acreditaram, nem na ressurreição nem na vinda daquele que recompensaria a cada homem segundo suas obras; os muitos que chegaram a acreditar, entretanto, o fizeram por causa de Tiago. E como mesmo alguns governantes estavam entre os que acreditaram, houve tumulto entre o povo da Judeia e os escribas e os fariseus, declarando que o povo todo estava em risco por buscar em Jesus o Cristo. Então eles se reuniram e disseram a Tiago: "Suplicamos a ti que contenha o povo, pois estão desgarrando-se atrás de Jesus como se ele fosse o Messias. Rogamos que alertes a respeito de Jesus a todos os que vierem para a Páscoa, pois o povo escuta a ti. Nós e todo o povo damos testemunho da tua justeza, e de que não respeitas pessoas.* [Que a verdade é a verdade independente da posição social das pessoas envolvidas.] *Por favor, persuade o povo que não incorra em erro no que diz respeito a Jesus, porque todo o povo e nós também te obedecemos.* [Essa ideia improvável de que Tiago era obedecido por todos é um dos pontos que leva Lewin a recomendar cautela ao lidar com o texto.] *Posta-te bem alto nas ameias do templo para que todos te vejam e para que tuas palavras cheguem aos ouvidos de todo o povo, pois que para a Páscoa as tribos todas, e também os Gentios, acorrerão". E assim os escribas e os fariseus mencionados anteriormente levaram Tiago para as ameias do Templo, e clamaram seu nome e disseram: "Ó, justo, aquele a quem todos devemos obediência, em vista do desgarramento do povo atrás de Jesus que foi crucificado, dize: qual é a porta de Jesus?". E ele respondeu em voz alta: "Por que me perguntais sobre o Filho do Homem? Ele está sentado nos céus à direita do grande poder, e ele virá sobre as nuvens do céu".* [O "grande poder" é uma expressão relacionada ao protognosticismo simoniano.] *E muitos se convenceram e admiraram-se do testemunho de Tiago, e clamaram: "Hosana ao Filho de Davi".* [Lewin provavelmente considerou essa aclamação ímpia, uma vez que o título era aplicado a Jesus.] *E então novamente os mesmos escribas e fariseus disseram entre si: "Nós erramos em dar a Jesus esse testemunho, mas vamos agora até lá derrubá-lo para que todos tenham medo e não acreditem nele". E eles clamaram, dizendo: "Oh, oh, até mesmo o justo enganou-se". E cumpriram em seguida a escritura de Isaías: "Tomemos pois o justo, que ele é inútil para nós. E ainda assim eles comerão o fruto de suas obras".* [A primeira parte é uma citação da Sabedoria de Salomão.] *E assim eles foram e derrubaram o Justo, e disseram entre si: "Vamos apedrejar Tiago, o Justo", e começaram a apedrejá-lo até que caísse, sem no entanto matá-lo. E ele ajoelhou-se, dizendo: "Eu rogo a vós, Senhor, Deus e Pai, que perdoai-os, pois eles não sabem o que fazem". E enquanto o apedrejavam um dos sacerdotes entre os filhos de Recabe, um filho de Recabim de quem o profeta Jeremias dera seu testemunho, ergueu a voz dizendo: "Basta! O que fazeis? O Justo está rezando por vós".*

"Recabim" é apenas o plural de Recabe. Os recabitas eram uma tribo dos queneus admitida em Israel (*ver* 1 Crônicas, 2:55 e Jeremias, 35:19). Epifânio (*Haer.* 78:14) substitui o recabita misterioso por Simeão de Clopas, parente de Jesus. Eisenman chama a atenção para uma referência de Josefo relativa ao mesmo período falando de levitas que entoavam hinos e haviam adotado as vestes de linho da devoção, fartos que estavam da corrupção do ofício sacerdotal. E os levitas talvez não tenham sido os únicos entre os religiosos das escalas mais baixas da hierarquia a buscarem o linho. Jeremias louvou os recabitas por guardarem os mandamentos de seu pai Jonadabe, agradáveis aos olhos do Senhor, e prometeu que eles jamais precisariam buscar quem intercedesse por eles diante de Deus.

O relato de Hegesipo então chega ao clímax:

E um deles, lavandeiro, atingiu a cabeça do justo com o malho que usava para bater as roupas. Assim Tiago sofreu martírio e o sepultaram no lugar junto ao templo, e seu túmulo ainda permanece. Ele tornou-se verdadeira testemunha tanto a judeus como a gregos de que Jesus é o Cristo. Logo depois disso Vespasiano iniciou contra eles a invasão.
(circa *170 d.C.*, Hegesipo em Comentários dos atos da Igreja, *Livro V*, parafraseado por Eusébio em sua História eclesiástica, *Livro II, 23*)

Vespasiano não tomou Jerusalém logo depois. Esse acontecimento ainda levaria alguns anos para se dar, mas claramente o autor deseja implicar que uma catástrofe foi provocada pela outra – num vínculo causal que pelo visto sedimentou-se na tradição escrita.

Eisenman percebeu um dado interessante nesse relato e, como vimos anteriormente, considerou que ao compor sua história do martírio de Estêvão relatada nos Atos, Lucas já estava ciente do que Hegesipo sabia a respeito desse evento. E que assim, para ocultar o verdadeiro papel de Paulo no desenrolar dele e obscurecer a primazia de Tiago na Igreja, Lucas produz uma versão dos fatos na qual não foi *Tiago* o martirizado por anunciar a queda do Templo, e sim Estêvão.

Pela hipótese de Eisenman, a referência ao malho do lavandeiro vista em Hegesipo foi transformada por Lucas na passagem em que Paulo segura as *capas* daqueles que apedrejam Estevão/o Justo, ao passo que o nome Estêvão, que quer dizer "coroa", aparece de alguma forma como uma ligação transversal com a suposta "coroa" de cabelos não raspados – condizente com alguém que fizera o voto de nazireu – ostentada por Tiago, ou então como uma evocação mais geral à "coroa do martírio" ou "coroa de espinhos", ou ainda numa referência à "coroa" de linho decorada em ouro, o adorno de cabeça que era parte das vestimentas dos sacerdotes oficiantes do Templo (vide a menção à *petalon* que rebrilha na história apócrifa de Joaquim e Ana).

A desconstrução/reconstrução dos Atos dos Apóstolos de Lucas feita por Eisenman é impressionante. Ela tem a virtude de encaixar muito bem Tiago no contexto da política do Templo, cujas erupções estiveram tão intimamente ligadas ao fomento da Revolta Judaica. E trata também de deslocar o "Saulo" de Josefo e seus seguidores para uma posição central do quadro, combatendo furiosamente os sacerdotes – concebivelmente os mesmos que insistiam na circuncisão dos gentios convertidos à crença no Messias.

Mas isso tudo é muita coisa para creditar apenas ao relato de Hegesipo da forma como foi transcrito por Eusébio cerca de 250 anos depois dos acontecimentos que o inspiraram. Eu ainda não me convenci de que a "máquina de enigmas" criada por Eisenman para decodificar o Novo Testamento não apresente uma falha estrutural. Nós não podemos ter certeza quanto às motivações que levaram Eusébio a se apropriar do relato em seu texto, e tampouco temos qualquer evidência da boa fé de Hegesipo em si ou da procedência de seu relato. Entretanto, como em tantos outros pontos ao longo desta investigação, temos que trabalhar com o que se nos apresenta. Devemos lembrar que os eventos em questão ocorreram há muito, muito tempo, e que se a quantidade de informação de que dispomos sem dúvida é – para falar com franqueza – assombrosa tendo em vista o período, ela está também muito aquém do que seria suficiente para montarmos um cenário histórico mais exato. Nós certamente não estamos em posição de conseguir oferecer uma interpretação pericial das evidências, por maior que seja a empolgação em torno de descobertas arqueológicas tais como ossários com nomes conhecidos do Novo Testamento. Os nomes nos parecem familiares no Novo Testamento que conhecemos porque eles eram nomes familiares, comuns no seu tempo: Maria, João, José, Jesus, Tiago, Judas, Mateus, Simão.

Eisenman se apoia fortemente na descrição de Tiago feita por Hegesipo. Passagens como "era santo desde o ventre da mãe", por exemplo, parecem ecoar de forma jocosa no texto de Paulo em sua epístola aos Gálatas: "Mas, quando aprouve a Deus, que desde o ventre de minha mãe me separou, e me chamou pela sua graça, revelar seu Filho em mim..." (Gálatas, 1:15-16). Essa frase de Paulo é um golpe direto na jugular dos partidários de Tiago. *Se vocês se acham muito especiais, tomem só isso!* Paulo parece estar ridicularizando Tiago da maneira mais pessoal, corrosiva e sarcástica de todas.

Para Paulo, tanto os que exigiam a circuncisão dos gentios e aguardavam a volta do Senhor quanto os que insistiam na "retidão das obras", no cumprimento à lei e às palavras dos profetas como caminho para a salvação eram intoleráveis. Ele os amaldiçoava, ou acreditava que eram amaldiçoados por Deus. Fosse como fosse, aquela gente deveria ser amaldiçoada! E o que quer dizer isso? Que deveriam ser banidos e condenados – Paulo se considera melhor do que eles. Ele se iguala ao seu status mais glorificado, o de ser *"santo desde o ventre da mãe"* – e, a propósito, Paulo nunca alegou que essa condição implicaria o fato de sua mãe ser eternamente virgem! Ele havia sido consagrado, separado para Deus: era propriedade exclusiva de Yahweh desde antes do nascimento.

Eisenman parece inclinado a ver nessa frase a origem da narrativa do "nascimento da virgem", juntamente com a famosa profecia "natalina" que anuncia que uma "virgem conceberá, e dará à luz um filho, e chamará o seu nome Emanuel" (Isaías, 7:14).

Se, como parece o caso, os seguidores de Tiago realmente alegavam que o seu líder era santo desde o ventre da mãe, Paulo retruca: *pois eu também sou!* Ele faz uso da expressão logo antes de relatar aos seus leitores gálatas o seu breve encontro com o irmão do Senhor, Tiago. A título de preâmbulo, Paulo diz que ele "excedia em judaísmo a muitos da minha idade, sendo extremamente zeloso das tradições de meus pais". Ele admite que havia um certo fanatismo na sua identidade pré-conversão.

"Mas, quando aprouve a Deus, que desde o ventre de minha mãe me separou, e me chamou pela sua graça, revelar seu Filho em mim... não consultei a carne nem o sangue." De fato, ele não se deu ao trabalho de se apresentar àqueles que eram os líderes reconhecidos dos seguidores de Jesus, as mesmas pessoas que ele vivia tentando matar pouco tempo antes. Não, Paulo almejava o topo. Ele conta então que foi para a Arábia e em seguida partiu por três anos para Damasco antes de achar por bem fazer contato com Tiago e Pedro, seus inimigos de outrora. Será que no fundo ele ainda os considerava inimigos?

A referência de Paulo ao ventre da mãe, ao fato de ser consagrado ao serviço divino, pode ser comparada à condição de Maria, mãe de Jesus, como escrava do Templo de Deus. A menção ao "ventre" aparece em Jeremias, 1:5, quando Deus dá Jeremias às nações como profeta, e também em Isaías, 49:1: "O Senhor me chamou desde o ventre". Eisenman vê esse chamado como uma evidência de que a consagração de Jesus ao serviço divino exclusivo pertence, devida e historicamente, a Tiago, o santificado "irmão do Senhor". Paulo considerava que pertencia a *ele:* o profeta a quem Cristo aparecera "em pessoa" na estrada para Damasco, interrompendo a marcha que empreendera para aniquilar os seguidores de Jesus, acompanhado de tropas herodianas sedentas de sangue.

As descrições que Hegesipo faz de Tiago no que diz respeito a se abster de vinho, álcool, banhos e cortes de cabelo, bem como a sua opção pelo vegetarianismo, o enquadram como sendo um devoto nazarita, um homem marcado pela retidão e pela religiosidade. Claramente a ideia de que o santuário do Templo estava reservado exclusivamente para Tiago não pode estar correta, embora ele possa ter tido a oportunidade de adentrar o Santo dos Santos da mesma maneira que Zacarias e outros escolhidos pela sorte entre as ordens sacerdotais para pedir bênçãos para o povo. O fato de Tiago usar vestes de linho quase certamente o caracteriza como um sacerdote. Será que ele sempre fora um ou que Tiago, como os levitas que entoavam hinos, estava ansioso por envergar essas vestes e substituir uma classe sacerdotal já estabelecida e corrupta? Nós não temos como saber ao certo, mas, a julgar pelo histórico dos pais de Tiago, parece que as funções e vestes sacerdotais não eram novidades em sua vida.

Robert Eisenman, que abraçou o estudo de Tiago como meta de vida, está convencido de duas coisas. Primeiro, que a doutrina autêntica de Tiago é a que aparece nos Manuscritos do mar Morto sob a autoridade do "Professor da Retidão", e, em segundo lugar, que essa mesma doutrina constitui a doutrina autêntica do protocristianismo. Os "Nazarenos" e o grupo da Nova Aliança eram as mesmas pessoas. "Jesus" provavelmente não existiu como personalidade humana individual. O material sobre Tiago foi, segundo Eisenman, curiosamente confundido com um "irmão" que na verdade representava um ideal sectário: o "Senhor" ou "a Salvação"; esse ideal foi posteriormente romantizado na diáspora judaica, apropriando-se de um volume copioso de testemunho messiânico dos profetas hebreus, e com o passar do tempo gerou uma biografia palatável aos gentios, fortemente influenciada por Paulo e construída em grande parte a partir das questões em pauta num conflito anterior – obscurecido, mas não por isso menos autêntico – entre Paulo e Tiago. Paulo trabalhava sua doutrina a partir da sua visão do "Cristo interior"; Tiago operava com base na lei, nas regras da Nova Aliança e das promessas feitas em nome do Messias.

Assim, a alardeada comunhão (se é que esse é o termo adequado) de Jesus com os coxos, os cegos, os aleijados, as prostitutas, os cobradores de impostos e os pecadores; seu famoso desprezo pela observância das normas do Sabá quanto ao trabalho, a sua "liberdade" no que dizia respeito à alimentação e ingestão do vinho, o amor pelos excluídos, a tolerância à menstruação, a proximidade com os mortos e os doentes, toda essa imagem de bondade ultrajante aos olhos dos fariseus, o pacote completo era, diz Eisenman, uma criação baseada no simples fato de que justamente essas afinidades eram abominadas pelos messiânicos da Nova Aliança. Os evangelhos são a resposta dos gentios para o messianismo judeu autêntico. A guerra de Paulo era contra os representantes da perigosa facção da Nova Aliança – e, nessa guerra, ele contou com a ajuda e cumplicidade dos herodianos e dos romanos. Eles eram os seus protetores. Paulo, nesse cenário, se revela um fantoche, um *agent provocateur*. Trata-se de um quadro extremamente radical, sustentado sobre passagens como a que veremos a seguir, extraída do Pergaminho da Guerra de "Qumran":

Nenhum menino e nenhuma mulher entrará nos seus acampamentos, desde o momento em que deixarem Jerusalém em marcha rumo à guerra até a sua volta. Nenhum homem que seja coxo, cego ou aleijado, ou que seja acometido de uma ferida duradoura em seu corpo ou manchado com uma impureza corporal deverá marchar com eles para a guerra. Todos devem ter-se alistado voluntariamente, perfeitos de corpo e espírito e preparados para o dia da Vingança. Nenhum homem partirá com eles no dia da batalha se estiver impuro por causa de sua "fonte", pois os santos anjos estarão com suas hostes.

(Vermes, Os manuscritos do mar Morto, pág. 172)

Eisenman revela sem meias palavras o seu desprezo pelo cristianismo antissemita na passagem a seguir do seu *James the Brother of Jesus* (p. 300): "Como deve ter sido divertido retratar o Messias na Palestina em companhia de tais pessoas [prostitutas, coletores de impostos, pecadores], quando era perfeitamente sabido que a realidade era justamente o contrário, e que os grupos retratados nos textos de Qumran na verdade as abominavam. Isso sem falar na satisfação que eles sentiriam por nos verem acreditando nessas coisas por quase dois mil anos, se pudessem estar aqui para desfrutá-la."

Eisenman dá ainda um exemplo poderoso do tipo de manipulação ao qual está se referindo: "Veio o Filho do Homem, comendo e bebendo... um homem comilão e beberrão, amigo dos publicanos e pecadores". (Mateus, 11:19; Lucas, 7:34). Mas nós podemos ver que, para reforçar seu argumento, Eisenman teve que cortar palavras importantes do texto – quando restaurado, seu sentido muda completamente. "Veio o Filho do Homem, comendo e bebendo, *e dizem: Eis aí* um homem comilão e beberrão, amigo dos publicanos e pecadores." Os comentários sobre ser comilão e beberrão são na verdade partes de uma troça feita à custa de Jesus. Ele age de uma forma perfeitamente inocente e seus oponentes exageram o acontecido em benefício próprio: "*e dizem...*". Não é de bom tom alegar que um texto se utiliza da manipulação da verdade quando você mesmo está fazendo o mesmo.

Lucas, aliás, acrescenta os termos "pão" e "vinho" à citação, dizendo desse modo que o Filho do Homem come pão e bebe vinho – o que não constituía violação alguma, segundo a Torá, exceto no contexto de votos extraordinários ou quando a pessoa em questão fosse adentrar o Santo dos Santos no Templo. Eisenman também deixa de mencionar o versículo imediatamente anterior do texto de Mateus, fundamental para contextualizar as palavras que vêm depois: "Porquanto veio João, não comendo nem bebendo, e dizem: Tem demônio" (versículo 18). João, santo desde o ventre materno, consagrado a Deus e provavelmente um nazarita permanente, ou "essênio", abstém-se do vinho e da carne (sendo um homem que se alimentava de "plantas", um vegetariano como Tiago) – e ainda assim seus detratores o acusam de estar possuído!

Além disso, por mais que seja verdade que para coxos, cegos, prostitutas, pessoas sofrendo de doenças de pele ou que coletavam impostos para os romanos o melhor a fazer fosse mesmo ficar longe dos assentamentos da "Nova Aliança" para não macular a sua "santidade", documentos que compõem o conjunto dos Manuscritos do mar Morto demonstram que a era messiânica jamais significaria a rejeição automática daqueles a quem se dizia que Jesus havia curado. Segundo um certo *Apocalipse Messiânico* (manuscrito 4Q521), o Messias é "Ele que liberta os cativos, restaura a visão aos cegos, conserta os d[esviados]. E que p[ara] sempre eu e[starei com os es]perançosos e na Sua misericórdia... E os fr[utos] não serão retardados para ninguém. E o Senhor realizará feitos gloriosos como jamais houve, pois [Ele...] Há de curar os feridos e ressuscitar os mortos, e aos pobres levar boas novas... Ele liderará os desabrigados e enriquecerá os famintos..." Os evangelhos podem ter sido compilados com a finalidade de ilustrar esse texto, assim como fariam com qualquer dos discursos de Paulo.

Reforçando, o Jesus dos evangelhos dá vazão a boa parte da profecia apocalíptica de uma forma que um membro da Nova Aliança seria capaz de reconhecer e aprovar, assim como não deixaria de notar também o respeito que Jesus tinha pela lei – expresso em passagens como a da sua famosa, senão típica, determinação tácita: "Qualquer, pois, que violar um destes mandamentos, por menor que seja, e assim ensinar aos homens, será chamado o menor no reino dos céus" (Mateus, 5:19). Essa os paulinistas parecem não ter conseguido contornar! Não, a questão só pode ser que atacar a existência de Jesus usando Tiago como malho seria deturpar a posição do próprio Tiago – até onde se pode inferir a partir dos textos que chegaram a nós. E Tiago, de modo não diferente do Jesus dos evangelhos, parece seguir à risca as previsões de Daniel, 7:13 no que diz respeito ao "Filho do Homem", que na visão do profeta "vinha nas nuvens do céu". Diz o João Batista mostrado em Mateus, 3:11-12: "aquele que vem após mim" (Jesus) "queimará a palha com fogo que nunca se apagará". Isso deixa a situação bem delicada para os pecadores. O Jesus retratado em Marcos, 13:26-27, então, parece não ficar devendo muito a certas passagens do Pergaminho da Guerra de Qumran. Nas palavras de Marcos:

> *E então verão vir o Filho do homem nas nuvens, com grande poder e glória. E ele enviará os seus anjos, e ajuntará os seus escolhidos, desde os quatro ventos, da extremidade da terra até a extremidade do céu.*

O único detalhe, ainda que crucial, que o Pergaminho da Guerra acrescenta é que os guerreiros santos se unirão às hostes angélicas, ou melhor, pela ênfase do texto parece mais exato inferir que as "Hostes Celestes" marcharão em companhia dos guerreiros santos, consagrados. Trata-se de uma distinção essencial com relação ao relato de Hegesipo no que diz respeito a Tiago e à vinda do Filho do Homem em julgamento. Tiago não aparece recrutando os "Filhos da Luz" para o Conflito final; ele confia que o Messias e seus anjos farão o que deve ser feito. E a visão do Pergaminho da Guerra é o tempo todo a de que os guerreiros santos são necessários:

> *Valorosos [guerreiros] das hostes angelicais estão entre nossos muitos homens, e o Herói da guerra acompanha nossa congregação; as hostes dos Seus espíritos estão com nossos soldados e cavaleiros. [Elas são como] nuvens, como nuvens de orvalho [cobrindo a] terra, como gotas de chuva despejando seu julgamento sobre tudo o que cresce da terra.*

A passagem nos faz lembrar instantaneamente dos discípulos irmãos conhecidos como "os filhos do trovão" ou *Boanerges*. Jesus *recrutou* homens do grupo da Nova Aliança, ele não se uniu a eles. Se Tiago tivesse conclamado uma insurreição armada, Josefo quase certamente teria registrado esse fato com o grande desdém que habitualmente reservava aos zelotes que pegavam em armas – e nesse caso provavelmente a morte de Tiago não teria sido ordenada pelo sumo sacerdote e sim pelas autoridades romanas, que haviam tido tempo de sobra para "encontrá-lo". Segundo o Pai da Igreja Jerônimo (348-420 d.C.), Tiago "liderou a Igreja por trinta anos" até o "sétimo ano de Nero e foi sepultado próximo ao Templo, de onde o derrubaram". Jerônimo segue Eusébio ao notar que o túmulo e a lápide de Tiago eram bem conhecidos até o cerco de Tito e o final do reinado de Adriano (*circa* 138 d.C.), quando os judeus foram expulsos de Jerusalém. Os romanos não teriam permitido uma lápide inscrita em nome de Tiago se ele fosse um incitador da revolta armada contra os invasores de Roma.

O relato da morte de Tiago por Hegesipo rendeu às gerações futuras conhecimento a respeito do irmão de Jesus, mas comentaristas posteriores foram adicionando informações próprias. O Jerônimo mencionado acima, por exemplo, escreveu em seu comentário acerca da Epístola aos Gálatas que "esse mesmo Tiago, que foi o primeiro Bispo de Jerusalém e tinha a alcunha de Justo, era visto pelo Povo como tão Santo que todos procuravam tocar zelosamente a barra de suas vestes". Ao que os leitores evocarão a história da mulher com "um fluxo de sangue" que tocou a borda das vestes de Jesus e o fez sentir que a "virtude" saíra dele para ela, para surpresa da mesma. À primeira vista, a referência de Jerônimo à barra das roupas de Tiago parece denotar algo semelhante, mas não necessariamente é isso. Em Números, 15:38-39, o Senhor diz a Moisés que mande que os filhos de Israel façam franjas nas bordas das suas vestes. Elas serviriam para que, "vendo-as, vos lembreis de todos os mandamentos do Senhor, e os cumprais; e não seguireis o vosso coração, nem após os vossos olhos, pelos quais andais vos prostituindo. Para que vos lembreis de todos os meus mandamentos, e os cumprais, e santos sejais a vosso Deus". Se Tiago tivesse uma franja assim em suas roupas, isso por si só já seria visto como um sinal sagrado – e, portanto, estando nos trajes de um homem santo, seria uma fonte de santidade a ser respeitada.

Restam poucas dúvidas de que Tiago fosse realmente um sacerdote, trajando linho. Tanto Jerônimo quanto Epifânio (367- 404 d.C.) contam que ele envergava a mitra dos altos sacerdotes e que adentrava o Santo dos

Santos para fazer a expiação. O *Panarion* de Epifânio também nos conta que Tiago era vegetariano, um dos que se alimentavam de "plantas", e que praticava a abstinência sexual. Epifânio acrescenta também um detalhe muito interessante com relação à família de Jesus.

Embora repita a informação vista no relato de Hegesipo de que uma das testemunhas do martírio de Tiago foi "um sacerdote dos filhos de Recabe", Epifânio – escrevendo a respeito cerca de um século mais tarde – informa que essa testemunha que defendeu Tiago contra seus inimigos era um primo de Jesus, Simeão bar Cleofas: "E assim, até mesmo Simeão bar Cleofas, seu primo [de Tiago], que estava próximo ao local, disse: 'Basta! Por que apedrejais o Justo? Vede, ele está fazendo preces maravilhosas por vós!'." Estaria Epifânio querendo indicar com isso que Simeão bar Cleofas era um sacerdote "dos filhos de Recabe"? A hipótese não parece muito provável, caso contrário ele teria mencionado claramente. Mas o relato de Eusébio também parece falho porque repete a descrição vista em Hegesipo de que a testemunha era um sacerdote dos filhos de Recabe. Quem eram esses "filhos de Recabe"?

Segundo lemos em 1 Crônicas, 2:55, a Casa de Recabe era da tribo dos queneus, descritos no mesmo trecho como "escribas". Não há nada de concreto indicando nem mesmo que os "recabitas" sejam sacerdotes, embora Einsenman cite fontes rabínicas para atestar que os filhos e filhas dos "recabitas" se casavam com filhos e filhas dos altos sacerdotes e realizavam serviços no altar do Templo. Segundo a passagem em Neemias, 3:14, datada de aproximadamente 450 a.C., "Malquias", "filho de Recabe", recebeu a incumbência de reparar a "porta do monturo" de Jerusalém, mas a tentativa de Eisenman de ligar esse Malquias ao Malquias (Malchijah) que recebeu a quinta ordem sacerdotal do reinado de Davi (1 Crônicas, 24:9) carece de convicção.

O "vínculo sacerdotal" aparentemente viria do capítulo 35 do livro de Jeremias. O Senhor ordena ao profeta que vá até a Casa dos Recabitas e "leva-os à casa do Senhor". Jeremias faz isso, e oferece aos recabitas taças de vinho. Mas eles não aceitam: "Não beberemos vinho", dizem, "porque Jonadabe, filho de Recabe, nosso pai, nos ordenou, dizendo: Nunca jamais bebereis vinho, nem vós nem vossos filhos; Não edificareis casa, nem semeareis semente, nem plantareis vinha, nem a possuireis; mas habitareis em tendas todos os vossos dias, para que vivais muitos dias sobre a face da terra, em que vós andais peregrinando".

A observância dos mandamentos aproximava os recabitas de Deus; a abstinência que praticam de todos os confortos materiais inscreve-se como a grande marca do homem santo de todos os tempos – aquele que não tem na terra um lugar onde deitar a cabeça. A referência ao fato de os recabitas viverem em tendas é especialmente significativa no contexto de uma época em que assentamentos eram montados no deserto por aqueles que aguardavam o Dia do Senhor.

Já que aos sacerdotes era vetado o consumo de vinho quando estivessem nas dependências internas do Templo, seria um erro fácil presumir, pelo texto de Jeremias descrevendo a entrada dos recabitas na casa do Senhor, que eles pertencessem a alguma categoria especial do sacerdócio. Por outro lado, um partidário da retidão e crítico da estrutura sacerdotal não repararia na superioridade devocional dos recabitas perto de uma suposta classe sacerdotal corrompida e que reivindicava o acesso ao Santo dos Santos como se lhe fosse de direito? Seria portanto indevido conjecturar sobre a existência no Templo de um grupo de *aspirantes ao sacerdócio puro*, ligado à assembleia de Tiago, que tendo feito votos de natureza semelhante denominasse a si mesmo – em honra do antigo grupo de tementes à lei e que se abstinham de suas posses materiais – de "os filhos dos recabitas"? Talvez eles já fossem até mesmo levitas. Certamente, essa ideia se encaixa bem no cenário da turba raivosa descrita por Josefo que rapidamente instaurou o caos no Templo enquanto facções sacerdotais rivais disputavam quem seria capaz de melhor compensar as deficiências e a corrupção dos sacerdotes mais ricos. Enxergar Tiago como um desses sacerdotes mais pobres, talvez um seguidor da tradição de seu parente falecido Zacarias como "guardião" da lei e vigilante da vinda do Senhor, seria perfeitamente consistente com as evidências de que dispomos. Se o "primo" de Jesus Simeão bar Cleofas era ou não membro de uma irmandade dos "filhos de Recabe" – se é que tal coisa a que Hegesipo faz referência existia mesmo – é algo que não temos como saber. Mas quando vemos que é o mesmo Simeão bar Cleofas (o "filho de Clopas") que sucederá a Tiago como segundo bispo de Jerusalém, podemos considerar a ideia uma dedução razoável a partir das evidências que se tem.

Um quadro pintado dessa forma sem dúvida revoluciona a nossa concepção sobre as origens da Igreja Cristã, e nós não teríamos chegado a ele se não tivéssemos partido em busca da família verdadeira de Jesus. A liderança genuína da Igreja dos primórdios estava mais para o lado do sacerdócio judaico do que do "apostolado cristão".

Uma coisa é inquestionável. Hegesipo tinha certeza de que Tiago via Jesus como sendo a "porta" ou o "caminho" para Deus; o irmão de Tiago era o Messias. Quem tentar afastar essa convicção das palavras de seu relato estará fazendo isso por não se agradar dela, e não porque ela não esteja manifestada lá. Se assumirmos que Hegesipo errou em sua convicção central, não haverá motivo para levarmos a sério nada construído em torno dela. E pode-se argumentar que nós precisamos que o seu texto seja levado a sério, uma vez que sem ele não saberíamos de nada a respeito do que aconteceu com os membros da família de Jesus num período de cerca de cinquenta anos após o apedrejamento de Tiago, o Justo, seu irmão.

NOVE

OS DESPOSYNI – HERDEIROS DE JESUS

Jesus existiu como homem. Seus parentes sobreviveram ao século I. Como essa família via Jesus e sua missão? O que aconteceu com os familiares que apoiavam a mensagem e a posição messiânica de Jesus? Nós examinaremos a perseguição contra a Casa de Davi conduzida pela inteligência romana no final do século I e princípio do século II, incluindo relatos de interrogatórios e assassinatos. Examinaremos a vida e as crenças dos netos do irmão de Jesus, Judas, e também o martírio do primo de Jesus, segundo bispo de Jerusalém. E veremos o ressurgimento da família de Jesus no século III, esbanjando orgulho de sua genealogia e da ligação com o "mestre" Jesus.

Depois que o cristianismo foi "desjudeizado" e se tornou uma religião imperial, os descendentes da família de Jesus se transformaram num excesso de bagagem remanescente do passado; então eles desaparecem da história.

Segundo o antigo texto da Epístola aos Efésios (capítulo 8) do Pai da Igreja Inácio, escrito por volta de 105-115 d.C., "Jesus Cristo foi – segundo a economia divina – concebido no ventre de Maria a partir da semente de Davi, mas por obra do Espírito Santo".

Justino, o Mártir, um gentio entusiasta da filosofia nascido na Samaria (110-165 d.C.), escreveu em seu *Diálogo com Trifão*, um nativo da Judeia:

> *nós sabemos dele [Cristo] que é o filho unigênito de Deus e que deve estar acima de todas as criaturas; e que na mesma medida é o fruto dos patriarcas, visto que veio ao mundo pela carne da Virgem*

da linhagem deles, e ainda que submeteu-se à existência humana sem qualquer beleza, desonrado e sujeito ao sofrimento.
*(*Diálogo com Trifão, *composto* circa *150-160)*

Um século antes, Paulo, em sua Epístola aos Romanos (1:3-4, 50-60 d.C.), não mencionou nada a respeito da "beleza" ou não de Jesus, mas declarou que "Jesus Cristo, nosso Senhor" "nasceu da descendência de Davi [em grego, *spermatos Daveid*] segundo a carne; Declarado Filho de Deus em poder, segundo o Espírito de santificação [*pneuma*], pela ressurreição dos mortos". "Segundo a carne" quer dizer "no âmbito que concerne à carne". No âmbito do corpo físico, Jesus era um homem da Casa de Davi.

Essas citações expressam o cerne das mais antigas tradições conhecidas a respeito de Jesus, sustentadas por seus seguidores cerca de duas décadas ou mais após a sua passagem pela terra. Na carne, Jesus pertencia à Casa de Davi, era descendente genético dos antigos pais de Israel e, antes deles, dos patriarcas da raça humana. A herança davídica ou monárquica vinha, segundo Justino, o Mártir, através de sua mãe; Paulo não faz distinção quanto a esse ponto. Jesus, o Cristo ou Messias, Filho Espiritual de Deus nascido com primazia sobre toda criatura terrena, foi concebido pelo poder do espírito santificado: o poder primal de Deus que transcende a criação e, portanto, a morte.

Muitos teólogos se digladiariam quanto ao significado exato disso tudo, como os *pundits* fazem hoje, mas no princípio do século I muitos se davam por satisfeitos com as declarações acima e se regozijavam delas. Uma questão fica no ar: os parentes de Jesus partilhavam dessa percepção? Eles reconheciam que algo de extraordinário havia acontecido na sua família? Reconheciam que Deus havia reservado um dos seus para uma missão especial?

Não há registro de qualquer objeção que tenha sido feita ao longo do século I por nenhum membro da família de Jesus com relação à posição de destaque dele na história da salvação do seu povo. Até onde podemos inferir a partir do olhar do seu irmão, Tiago, Israel por fim conseguira o seu monarca, o Messias anunciado pelas profecias. Depois de derrotar os inimigos de Deus na classe sacerdotal corrupta e na monarquia imposta com o mistério de sua morte e ressurreição, o rei sagrado governava não de um palácio como o de Herodes Antipas, mas diretamente dos Céus, postado à direita de Deus, através de seus ministros escolhidos. O seu reinado *espiritual* havia sido estabelecido: o povo vira os milagres, e seus seguidores mais próximos haviam recebido ensinamentos sobre o significado da retidão e da compaixão, do conhecimento e do amor. E a mensagem agora era declarada abertamente: o tempo da salvação havia chegado, os corruptos seriam tragados pelas chamas da santa retidão. No devido momento, a casa celestial viria substituir a casa corrompida na terra, e a semente de Davi desabrocharia em sua plenitude com a redenção espiritual de Israel e com os acontecimentos grandiosos e apocalípticos que revelariam também aos gentios a face de Deus e Seus desígnios, da mesma maneira que todos os homens haviam conhecido Deus um dia – antes de se corromperem pela idolatria e antes de a catástrofe de Babel dividir os filhos de Noé em nações separadas.

Deus estava chamando pelos Seus: a grande expiação estava em processo.

Houve pelo menos um membro da família de Jesus que não apenas aceitou esse *kerygma* essencial ou proclamação, mas que trabalhou junto a outros seguidores dele para promulgá-lo ao longo do século I e para além dele. Esse fato é atestado pelos textos de Josefo no século I e de Hegesipo, no II. Até onde sabemos, a posição ocupada pela família de Jesus viria a ser enxergada como inconveniente, ou até mesmo como uma anomalia, pela Igreja dos Gentios. Houve tentativas de distanciar os irmãos de Jesus da imagem dele, enquanto a figura da mãe era elevada para além da realidade dos laços familiares. Ainda assim, aparentemente durante o século I existiu uma espécie de "dinastia de Jesus" que era reverenciada em Jerusalém – pelo menos até o reinado do imperador Trajano (98-117 d.C.).

Vamos examinar melhor esse termo, "dinastia".

Dinastia... O termo é atraente, sobretudo no contexto atual, em que costumamos associá-lo às ideias de família e negócios combinadas numa mistura poderosa de agressividade financeira e rixas fratricidas. Nossos ancestrais não pensariam em ombreiras, filhos neuróticos, mães dominadoras e irmãos inescrupulosos – ou, bem, não inteiramente. O quadro para eles envolveria mais disputas pelo trono, poder passado de geração em geração: uma posição a herdar. E aí está o problema quando nos pedem para pensarmos nos familiares de Jesus como partes de uma dinastia, ou numa "Dinastia de Jesus". Que tipo de *poder* seria passado de geração em geração pelos membros da família de Jesus? A menos, claro, que a Igreja em si viesse a se tornar uma potência sobre a terra. Mas isso estava distante demais da realidade dos "cristãos" do século I.

Certamente, se estivéssemos falando de uma realeza judaica no sentido mais tradicional, mesmo relegada ao exílio ou deposta e afastada do palco dos acontecimentos ela teria motivos para brigar pela coroa e por postos devidos na alta cúpula sacerdotal. Mas nós não temos qualquer indício de que Tiago, por exemplo, tenha pleiteado o trono de uma Israel reunida ou que essa demanda tenha partido de seguidores inspirados pelas ideias messiânicas. Aparentemente, ele estava satisfeito em fazer o papel coadjuvante de Aarão para um Jesus que encarnava Moisés-no-alto-da-montanha – ou algo mais grandioso ainda. Tiago se dava por satisfeito ao lado de Cefas, que ao que tudo indica era um trabalhador braçal da Galileia. No relato de Hegesipo, lemos que Tiago ocupava a liderança da Igreja de Jerusalém *com os apóstolos*. Talvez possa ocorrer a muita gente a imagem idílica de uma espécie de "corte" reunida em torno de Tiago sentado em seu trono episcopal, mas todas as evidências de que dispomos apontam para um quadro em que eles eram enviados em missões de *trabalho,* e não ficavam se deleitando no calor da sua glória real (ou de realeza decaída). Poderíamos fazer uma analogia curiosa com os Cavaleiros da Távola Redonda, mas eles só foram mandados em busca do Graal porque estavam se deixando dominar pela preguiça em Camelot! Os apóstolos, por sua vez, eram mandados para as sinagogas mundo afora para anunciar que o Messias viera ao mundo e havia se levantado de entre os mortos. O início do fim era iminente. Chegara o tempo de adentrar as portas do Reino. E esse reino não tinha fim – por isso, não precisava de uma dinastia para mantê-lo vivo. A fonte primeira era sacerdotal, não monárquica.

Não existe qualquer migalha de evidência que indique algum interesse da parte de Jesus em produzir um herdeiro, ou que ele tenha de fato feito isso, que constitui a meta primordial de um rei em qualquer dinastia. E isso não soa lá muito surpreendente. O que o eventual herdeiro herdaria de fato? Por certo não seria o reino de seu pai, uma vez que estava amplamente estabelecido na crença de todos que o "seu Pai" permaneceria reinando como sempre fizera, dos céus. E se por acaso quisesse pleitear *esse* trono, ele teria que morrer primeiro! Como dinasta, Jesus parece ter tornado redundante a "dinastia" – ela já havia se cumprido *nele* e o seu propósito já não era o mesmo dos seus ascendentes dinásticos. E se a mãe achasse que podia dar conselhos a ele – como acontece na maior parte das dinastias – ela estaria errada. Essa dinastia tinha suas raízes no céu.

Há qualquer evidência que nos permita pensar que parte dos poderes extraordinários de Jesus possa ter sido herdada por outros membros de sua família *pelo fato de* eles serem membros da família? Absolutamente nenhuma; o poder de operar milagres vinha da fé em Deus, não dos laços de sangue. Não haveria sentido em reclamar o poder na Judeia em nome da Casa de Davi, porque o reinado messiânico estava a caminho, e Jesus, o seu líder, não dera qualquer indicação específica nem mesmo de que seus seguidores mais próximos teriam as posições mais destacadas nele – ou sequer de que haveria qualquer tipo de hierarquia em questão. Aqueles que trabalhassem pelo reino haveriam de sofrer e teriam que aprender a se rejubilar no sofrimento. O seu tesouro principesco seria encontrado não em baús transbordantes de ouro, mas nos céus.

Devia ser difícil ser um membro da família de Jesus.

Você passaria o tempo todo ouvindo maravilhas a respeito da estrela do clã, mas não teria muita coisa a fazer senão seguir instruções, trabalhar junto com os outros e seguir a procissão ou – bem – escorregar para fora de cena. Mas parece que pelo menos alguns dos membros da família decidiram embarcar na aventura espiritual proposta pelo seu parente notável. Se não havia muito mais o que pudessem fazer, eles ao menos se prestariam a conferir substância à realidade terrena do seu senhor, e serviriam para endossar as credenciais messiânicas de Jesus – e também da família. Ele era um filho da Casa de Davi, assim como eles também. E isso teria que valer alguma coisa, por certo. Além do mais, na ausência de Jesus no plano terreno, havia ainda uma assembleia para comandar, uma dinastia de usurpadores herodianos à qual se devia estar atento, e uma luta a ser travada em nome de toda a Israel. Como qualquer realeza que se preze, eles fariam melhor servindo a Deus – e sendo vistos como fazendo isso – para justificar a sua posição.

Tiago, em si, era um celibatário por devoção. E isso nos diz muita coisa: não só que Tiago não tinha qualquer intenção de produzir um "herdeiro" genético, da mesma maneira que seu irmão Jesus, como também que a propalada ideia de que seria dever do rabino, em qualquer circunstância, se casar e ter filhos como um "bom judeu" não se aplicava a todos os casos. Em se tratando de Tiago, a sua virgindade era vista como um atestado de devoção. Nós podemos supor que o mesmo valesse para Jesus, embora – de forma bastante interessante – não existam indícios de que esse assunto alguma vez tenha sido posto em questão. Ninguém nunca ouviu falar em um "virgem Jesus", como acontece com a sua mãe.

O que precisa ficar bem claro é que qualquer tentativa de pleitear alguma realeza no plano terrestre teria não apenas incitado a ação de assassinos a mando da monarquia herodiana como também sido recebida com total desagrado pela autoridade romana. O alarde messiânico da forma como estava já bastou para que o Sinédrio perseguisse a assembleia em Jerusalém e em outras localidades, sob a batuta do zeloso fariseu, Saulo.

Os imperadores já estavam habituados aos modos repulsivos dos herodianos – podia-se esperar que eles fizessem a sua parte no jogo, embora nem sempre do melhor jeito. Os herodianos, pelo menos, tinham os pés na lama do mundo terreno, ao contrário da brigada da retidão que, em suas variadas manifestações, se recusava a fazer concessões. Os romanos eram um povo supersticioso, sensível demais quanto a previsões e profecias, sobretudo aquelas envolvendo os governantes. E, de qualquer modo, o povo da Judeia nunca gozou de grande popularidade na corte romana. Tibério (14-37 d.C.), durante cujo império Jesus foi crucificado, deixou isso muito claro na ocasião em que, segundo o registro de Suetônio em *A vida de Tibério:*

> *Ele baniu os cultos estrangeiros de Roma, principalmente os rituais egípcios e judaicos, forçando todos os cidadãos [romanos] que haviam aderido a essas seitas supersticiosas a queimarem suas vestes religiosas e demais apetrechos. Os judeus em idade militar foram enviados para regiões inóspitas, sob o pretexto da convocação para o exército; os outros da mesma raça ou que partilhavam de crenças semelhantes receberam a ordem de deixar a cidade e foram ameaçados com a escravidão caso ousassem desafiá-la. Tibério também baniu todos os astrólogos, com exceção daqueles que rogaram seu perdão e comprometeram-se a não realizar mais previsões.*
>
> (circa *119-122;* A vida de Tibério, *36)*

As previsões que mais incomodavam os imperadores eram aquelas com ramificações políticas. O historiador romano Tácito, escrevendo por volta de 105-108 d.C., alude a uma história à qual Josefo fez referência: os zelotes da Judeia viram a abertura misteriosa de um grande portal de latão do Templo como sinal do apoio de Deus à guerra messiânica (em parte) travada por eles contra os romanos. Uma "interpretação sinistra" no entender de Tácito, mas ainda assim coerente com a convicção de que a dominação do mundo estava nas mãos de Deus, e não dos romanos:

A maioria [do povo da Judeia] estava convencida de que as antigas escrituras dos seus sacerdotes faziam alusão ao presente como sendo o fadado tempo em que o Oriente há de triunfar e quando sairão da Judeia homens destinados a conquistar o mundo. A misteriosa profecia era na verdade uma referência a Vespasiano e a Tito, mas a plebe, fiel às ambições egoístas da raça humana, quis achar que o destino grandioso estava reservado a ela – e nem mesmo as calamidades que se lhes abateram serviram para abrir os olhos deles para a verdade.
(Tácito, Histórias, 5.6.13)

Por incrível que pareça, essa profecia dos homens saídos da Judeia que controlariam o mundo levaria membros da família de Jesus a serem submetidos a um comitê de investigação. Eusébio conta que, durante o reinado do imperador Trajano (98-117 d.C.), levantes populares em algumas cidades resultaram em perseguições esporádicas aos cristãos:

Nós ficamos sabendo que Simeão, filho de Clopas, que demonstramos ter sido o segundo bispo da igreja em Jerusalém, terminou sua vida em martírio. O testemunho desse fato vem do mesmo Hegesipo, de quem já citamos diversas passagens. Depois de mencionar certos hereges ele segue explicando como Simeão foi em sua época acusado por eles, e torturado de muitas formas por vários dias pelo fato de ser cristão – para grande espanto do juiz e dos que o acompanhavam – até que teve um fim como o do Senhor. Mas nada melhor do que ouvir as palavras do próprio historiador narrando os fatos, como a seguir: "Alguns desses [o que equivale a dizer os hereges] acusaram Simeão filho de Clopas de ser um descendente de Davi e um cristão, e por isso ele sofreu martírio, quando contava com 120 anos de idade, na época em que Trajano era o imperador e Ático, o Cônsul. [No seu Chronicon, *Eusébio localiza o martírio de Simeão no ano 106 ou 107 d.C.]*

> *O mesmo autor relata ainda que seus acusadores também sofreram prisões por pertencerem à realeza judaica nas épocas em que foram feitas buscas por membros da família. E podemos afirmar plausivelmente que Simeão havia sido uma das testemunhas oculares e seguidores em primeira mão do Senhor, com base nos dados sobre a sua longevidade e também nas referências encontradas nos evangelhos [João, 19:25] a Maria esposa de Clopas, de quem a narrativa já demonstrou que ele era filho.*
> (História eclesiástica, Livro III, capítulo 32)

Trata-se de um testemunho impressionante; ficamos com vontade de saber quem são os "hereges" que no relato de Hegesipo acusaram Simeão, mas só temos acesso a esse texto a partir das citações que Eusébio faz dele – na época, ele devia ser um material facilmente encontrável.

Tudo indica que Trajano não foi o primeiro imperador a "implicar" com a Casa de Davi. O texto faz menção clara a uma busca comandada pelas autoridades romanas atrás de membros da família de Jesus – ou membros da Casa de Davi –, uma fonte de ameaça levada muito a sério por eles. Os romanos estavam em estado de alerta para o possível surgimento de uma facção messiânica armada – um impostor no seio da família poderia facilmente incitar um levante. Os familiares de Jesus haviam se transformado num alvo tático dos serviços de informação do império. Nas palavras de Eusébio:

> *Domiciano [81-96 d.C.] deu ordens para que fossem executados membros da família de Davi, e há uma história antiga sobre hereges que atacaram os netos de Judas (de quem se diz que era um irmão de sangue do Salvador), acusando-os de serem da família de Davi e de terem ligação pessoal com o Cristo. Hegesipo relata isso exatamente da forma a seguir.*
>
> *"Da família do Senhor, ainda havia vivos os netos de Judas, de quem se dizia que era seu irmão de sangue, e eles foram delatados como pertencendo à família de Davi. Os oficiais os levaram à presença de César Domiciano, que assim como Herodes também temia a vinda do Cristo. O César lhes perguntou se pertenciam à Casa de Davi, e eles admitiram. Então ele quis saber sobre as suas posses e o dinheiro que tinham, e eles declararam que só*

dispunham de 9 mil denários [correspondentes a umas poucas centenas de libras] ao todo, metade de cada um. Eles declararam que o dinheiro não estava em sua posse mas que era o valor estimado de apenas 39 plethra [menos de 8 hectares] de terra pela qual pagavam impostos e de onde tiravam sustento com seu próprio suor." Como testemunho da dureza de sua labuta, eles então lhe estenderam as mãos de pele calejada pelo trabalho incessante.

Eles foram inquiridos a respeito do Cristo e de seu reino, sobre sua natureza, origem e época de aparição, e explicaram que o reino não era deste mundo terreno, mas sim celestial e angélico. Que o reino viria no fim do mundo, quando ele apareceria em sua glória para julgar os vivos e os mortos e recompensar cada homem de acordo com seus atos. Diante disso, Domiciano não os condenou. Eles foram dispensados como homens inocentes do povo, e o César decretou o fim da perseguição contra a igreja. Mas ao serem libertados eles foram líderes das igrejas, tanto por seu testemunho quanto pela sua ligação com o Senhor, e seguiram vivendo na paz que reinou até a vinda de Trajano. Isso é Hegesipo que nos relata; ademais, Tertuliano [circa 160-221] faz também menção semelhante a respeito de Domiciano: "Domiciano também tentou certa vez fazer o mesmo, pois em crueldade era um Nero, mas, creio eu, em vista do pouco de sensatez que tinha, ele deteve seu impulso e chamou de volta aqueles a quem tinha banido".

(História eclesiástica, *Livro III, 19-20*)

Mais uma vez, temos um registro notável sobre o status e a sobrevivência da família de Jesus. Reparemos como a força dos testemunhos parece ter tido o efeito extraordinário de pôr um fim à perseguição e fazer com que cristãos banidos fossem chamados de volta. Esse banimento talvez tenha atingido cristãos das classes mais altas como Flávia Domitila, sobrinha (ou esposa, como quer Suetônio) do cônsul romano Flávio Clemente. Domitila foi exilada na Ilha de Pontia por ter dado seu testemunho do Cristo. A mensagem cristã já circulava nos lares do império.

Seria bom se pudéssemos saber onde os parentes de Jesus estavam vivendo antes de confrontarem as autoridades imperiais. Será que haviam sido banidos também?

O relato é cheio de pontos de interesse. Nós não tínhamos apurado nada sobre a história do irmão de Jesus e Tiago, Judas. A pequena ponta a respeito de seus netos, que vemos surgir acima das ondas da história, certamente esconde embaixo de si um *iceberg* de fatos desconhecidos. Como será que o avô deles havia sido?

Existe uma epístola canônica pouco conhecida que talvez seja justamente de autoria de Judas, irmão de Tiago e de Jesus. A "Epístola Geral de Judas", no Novo Testamento, é aberta assim: "Judas, servo de Jesus Cristo, e irmão de Tiago, aos chamados, santificados em Deus Pai, e conservados por Jesus Cristo: Misericórdia, e paz, e amor vos sejam multiplicados".

Judas se dirige aos "santificados", àqueles separados da sociedade para a devoção. Ele escreve a respeito de uma crise no seu mundo. Homens "dissolutos" se introduziram na Igreja. Os santificados devem defender a fé verdadeira; eles precisam brigar por ela. Judas se refere aos corruptores nos termos do Livro de Enoque, um texto esotérico de suma importância que era popular entre os essênios: "Ondas impetuosas do mar, que escumam as suas mesmas abominações, estrelas errantes, para os quais está eternamente reservada a negrura das trevas" (v. 13). Judas faz menção à mitologia dos anjos decaídos que vêm para a terra frustrar as obras de Deus entre os homens: "E os anjos que não guardaram o seu principado, mas deixaram a sua própria habitação, reservou na escuridão e em prisões eternas até ao juízo daquele grande Dia. (v. 6)

Os homens imundos, blasfemos, ateus, aqueles que negam "o único Senhor Deus, e nosso Senhor Jesus Cristo", os que se entregam "à fornicação e vão após outra carne são postos de exemplo, sofrendo a pena do fogo eterno. Da mesma forma esses imundos adormecidos contaminam a carne, rejeitam a dominação e vituperam as autoridades. [...] Ai deles! Porque entraram pelo caminho de Caim, e foram levados pelo engano do prêmio de Balaão, e pereceram na contradição de Corá".

Judas, assim como seu irmão – ou talvez irmãos (ele pode estar se dirigindo a eles) –, tem a convicção de estar vivendo no "fim dos tempos", na época em que os "escarnecedores" foram profetizados, aqueles que "andariam segundo as suas ímpias concupiscências. Estes são os que causam divisões, sensuais, que não têm o Espírito" (v. 19). Ao passo que, diante do ataque, os "amados" devem se edificar sobre a sua "santíssima fé, orando no Espírito Santo", mostrando compaixão por aqueles que estão em perigo, "salvando-os do fogo e abominando até a roupa manchada da carne"; eles podem ter a certeza de que os ímpios serão devidamente julgados:

> *E destes profetizou também Enoque, o sétimo depois de Adão, dizendo: Eis que é vindo o Senhor com milhares de seus santos, para fazer juízo contra todos e condenar dentre eles todos os ímpios, por todas as suas obras de impiedade que impiamente cometeram e por todas as duras palavras que ímpios pecadores disseram contra ele.*
> *(Judas, v. 14-15)*

É uma carta impactante, pouco conhecida. Mas ela está lá: um posto avançado solitário no meio do Novo Testamento, raramente visitado. Claramente fumegante com as brasas da retidão, a Epístola de Judas não destoaria em meio aos Manuscritos do mar Morto. Ela fala de uma autêntica fé judaica no "único e sábio Deus Salvador", diante do qual a alma redimida será apresentada "irrepreensível" e "com alegria" por "aquele que é poderoso e vos guardará de tropeçar". A linguagem se entrelaça à fala sobre Jesus como sendo "a porta", atribuída a Tiago, e traz o aroma genuíno da Palestina de meados para o final do século I. A origem da epístola costuma ser localizada, sem muita certeza, entre os anos 90 e 120 d.C.

A Epístola de Judas certamente condiz em parte com o texto da mensagem fragmentária que Hegesipo atribui aos netos de Judas, que quando questionados a respeito do reino responderam que ele "não era deste mundo terreno, mas sim celestial e angélico. Que o reino viria no fim do mundo, quando ele apareceria em sua glória para julgar os vivos e os mortos e recompensar cada homem de acordo com seus atos".

A preocupação mostrada por Domiciano com relação às posses materiais dos netos de Judas sugere uma ansiedade com relação às dimensões da "dinastia" que seria condizente com a posição de um imperador em alerta com a possibilidade de um levante e de que tentem lhe tomar o poder. Outro ponto interessante é a descrição das crenças dos parentes de Jesus com relação ao reino espiritual. Domiciano obviamente conhecia bem a profecia sobre um poderoso conquistador e salvador vindo do Oriente, provavelmente da Judeia. A profecia não perdera nem um pouco do seu poder de evocar resistência após as mortes do irmão de Domiciano, Tito, e seu pai, Vespasiano, os quais Josefo declara que seriam a encarnação dos líderes profetizados. E Domiciano tinha razão em se manter atento: a Judeia explodiu uma última vez incitada por uma farsa messiânica cerca de quarenta anos após a sua morte. O imperador poderia ter se vangloriado com a aposta de que *ele mesmo* seria aquele que iria emergir do Oriente como o salvador do mundo – Domiciano comandou seus exércitos com sucesso contra os sármatos e os dácios, povos rebeldes que viviam ao norte e a oeste do mar Negro, respectivamente. Suetônio relata que Domiciano ambicionava a glória militar no Oriente.

Se é verdade que o imperador podia exercitar ocasionalmente uma inclinação passional para a justiça, o seu medo de atentados e da falência se manifestava em episódios de uma crueldade sádica impulsiva e chocante. E a verdade é que os netos de Judas tiveram muita sorte por "se safar ilesos". Eles estavam pisando num terreno frágil quando foram apresentados diante de um imperador inteligente e com ouvido especialmente apto a captar as menores nuances de hesitação ou evasivas. Suetônio registra a forma como Domiciano costumava prefaciar suas sentenças mais brutais com "um pequeno discurso sobre a misericórdia". Ouvir o termo "misericórdia" da boca do imperador era um sinal inequívoco de que algo terrível estava para acontecer. Desagradando-se de certas alusões incautas incluídas por Hermógenes de Tarso numa obra literária, Domiciano ordenou a execução do autor e a crucificação de seus escravos copistas. O imperador, que repudiava as artes cênicas, executou um garoto adoentado pelo simples fato de ele ter sido pupilo de um ator que desprezava, Páris, e ter desenvolvido um gestual e uma aparência que lembravam a dele. Muitos de seus senadores foram condenados à morte sob acusações banais, independentemente de com quem se parecessem.

Domiciano vivia ávido por acumular novas propriedades. Ele se apoderava delas com base em rumores não corroborados de que o finado dono havia expressado o desejo de deixar sua posse para o imperador. E o imperador assim a tomava. Talvez tenha sido essa a motivação que levou Domiciano a inquirir os netos de Judas a respeito de suas posses!

Domiciano nutria um especial desagrado pelos judeus. O irmão dele, Tito, havia ordenado que as taxas do Santuário Judaico, cobradas de todos os judeus espalhados pelo mundo todo para cobrir as despesas do Templo, passassem a ser recolhidas para o império mesmo após o Templo em si ter sido posto ao chão – o ato foi celebrado no imponente Arco de Tito, que pode ser visto em Roma até hoje. Apenas aqueles que pagassem a taxa teriam permissão para praticar a sua religião. E foi determinado que os fiéis gregos convertidos à fé judaica que não fossem circuncidados estariam isentos dela. A maioria dos cristãos passou a fazer tudo o que estivesse a seu alcance para provar que não era judia. O ato de resistir à circuncisão proporcionava uma economia significativa de dinheiro e tinha sua utilidade para remover a aura de suspeita estatal que recaía sobre o fiel em questão; diante desse contexto, os escritos de Paulo se tornaram muito palatáveis. Já os netos de Judas, por sua vez, teriam conseguido se colocar em uma posição excepcional. Hegesipo registra que eles pagavam os impostos devidos. Suetônio escreve:

> *Os agentes de Domiciano coletavam os impostos dos judeus com uma impiedade peculiar; punições recaíam não apenas sobre os que mantinham suas origens judaicas em segredo para escapar da taxação, como também sobre aqueles que viviam como judeus sem no entanto professar o judaísmo [esses provavelmente deviam ser os "tementes-a-Deus" circuncidados, e não propriamente os cristãos; ou talvez o trecho faça mesmo referência aos judeus cristãos, como os netos de Judas]. Quando era menino, eu [Suetônio] lembro-me de ter estado na densa multidão que assistia a um julgamento em que o Procurador mandou despir um homem de 90 anos de idade para verificar se ele era circuncidado ou não.*

Talvez o que Suetônio tenha testemunhado em sua infância fosse a humilhação de um neto do irmão de Jesus. O que fica claro de qualquer maneira é que Domiciano não reservava um tratamento digno da realeza para os membros da Casa de Davi.

Podemos presumir que, apesar de terem sido libertados, os netos de Judas, o irmão de Jesus, devem ter recebido uma advertência para que se mantivessem calados e longe de companhias subversivas, que se ativessem ao seu reino espiritual e não alimentassem ideias estapafúrdias sobre a sua realização no plano terreno. Talvez eles tenham sido encorajados também a deixar a região explosiva da Palestina para tocar sua criação em outras paragens – isso se, efetivamente, já não o tivessem feito. Quando banidos, os líderes incitadores do povo da Judeia de modo geral eram enviados para as terras longínquas da França, ou Gália, como era chamada na época.

Os filhos de Herodes, Arquelau e, em seu tempo, Herodes Antipas, por exemplo, foram ambos forçados a se mudar para Viena. No ano 177 d.C., ocorreriam selvagens perseguições aos cristãos em Viena e também em Lyon. O bispo da cidade, Potino, que estava então com 90 anos, foi morto pelos perseguidores. Parece plausível imaginar que muitos dos perseguidos fossem judeus. E talvez houvesse até mesmo descendentes da família de Jesus entre eles – os registros a respeito dessa crise são esparsos.

Seja como for, tanto Eusébio quanto Hegesipo afirmam que os descendentes do Rei Davi continuaram na liderança da Igreja depois de terem sido interrogados por Domiciano – tanto pela audácia de darem o testemunho do Cristo diante do imperador pondo as próprias vidas em risco quanto pelo prestígio que, pelo menos nesse período, ainda era conferido aos familiares do Senhor. Se Deus havia escolhido aquela família para servi-lo, cabia à Igreja respeitar seus desígnios. Mas até onde esse respeito deveria ir é algo difícil de determinar de forma proveitosa.

Eusébio conta que os netos de Judas continuavam vivos no princípio do reinado de Trajano (98-117 d.C.):

> *O mesmo autor [Hegesipo] diz que outros netos de um dos chamados irmãos do salvador, de nome Judas, sobreviveram ao mesmo reino após terem sido chamados no tempo de Domiciano a darem seu testemunho da fé em Cristo como já relatado aqui. Ele assim escreve: "Assim eles vieram e lideraram toda igreja como testemunhas pertencentes à família do Senhor, e depois que se fez a paz completa em todas as igrejas eles sobreviveram até o tempo do imperador Trajano, até o tempo em que o filho do tio do Senhor [Clopas, irmão de José], o antes mencionado Simeão, filho de Clopas, foi acusado por determinadas facções da mesma maneira e levado diante do Cônsul Ático. Torturado por muitos dias, ele deu seu testemunho, de modo que todos, até mesmo o Cônsul, mostraram-se extremamente surpresos por vê-lo resistir àquilo tudo aos 120 anos de idade, e então ele foi condenado à crucificação.*
>
> *(História eclesiástica, III.32)*

Esse episódio da oposição sectária ao filho de Clopas que o levou à crucificação ignominiosa é fascinante, mas a qualidade dessa oposição permanece um mistério para nós. Em outros textos, Eusébio menciona a existência de grupos de "ebionitas", ou seja, dos "Pobres". Eles eram cristãos das igrejas da Judeia e grupos judeus sírios, caracterizados por graus variados de severidade na aplicação da lei de Moisés. Suas convicções a respeito do papel do Espírito Santo no nascimento de Jesus também eram variáveis. Eusébio usa então o termo "ebionita", sugerindo que eles sustentavam visões "pobres" ou "mesquinhas" da natureza de Jesus, talvez na intenção de fazer um jogo de palavras. Todos os grupos eram unânimes na crença de que Jesus era o Messias, mas eles o viam apenas como um homem e repudiavam a doutrina do nascimento virginal. Segundo o relato que Epifânio faz a respeito dos "ebionitas" por volta do ano 400 d.C., eles acreditavam que "o Espírito que é o Cristo veio sobre ele, tomando o Homem chamado Jesus".

Não há indícios que atestem que essa visão fosse partilhada pelos membros da família de Jesus. Se alguns dentre esses grupos cultivavam os mesmos graus de rigidez intolerante que vemos na disciplina seguida pelos "sectários de Qumran", esse fato em si já poderia bastar para explicar a sanha com a qual um judeu podia ser levado a condenar outro judeu diante de um romano. Ainda assim, uma traição dessa monta deve ser considerada como a última das possibilidades. Outra possibilidade é que a oposição aos familiares de Jesus viesse de fanáticos cristãos *incircuncisos* – seguidores de Paulo, talvez. A possibilidade de a oposição ter surgido de judeus zelosos que simplesmente não aceitavam Jesus de forma alguma também não pode ser descartada. Qualquer que seja o caso, para a maioria dos leitores ainda deve ser surpreendente imaginar um tempo em que os familiares de Jesus tenham sido alvo de perseguição por conta do seu apoio a ele, tanto da parte de judeus quanto dos romanos.

Fazendo seus registros no final da longa era de perseguição romana contra os cristãos, Eusébio nos oferece mais informações a respeito de Simeão, filho de Clopas, o primo de Jesus:

> *Depois do martírio de Tiago e da tomada de Jerusalém que aconteceu imediatamente depois, a história conta que aqueles entre os Apóstolos e discípulos do Senhor que ainda estavam vivos acorreram de todas as partes para unirem-se àqueles que, segundo a carne, eram os parentes do Senhor – pois muitos ainda estavam vivos – e todos passaram a aventar juntos quem deveria ocupar a posição de Tiago, até que a decisão unânime recaiu*

sobre Simeão, filho de Clopas, também citado na escritura dos evangelhos, e que foi julgado digno do trono da diocese do lugar. Ele era, segundo se diz, um parente [ou possivelmente um primo] do salvador, uma vez que no relato de Hegesipo Clopas aparece como sendo irmão de José. Depois da captura de Jerusalém, Vespasiano ordenou que fosse feita uma busca por todos aqueles que pertencessem à família de Davi – entre o povo da Judeia não deveria restar ninguém que tivesse sangue real, e isso incitou uma nova perseguição contra o povo.

(História eclesiástica, III, 11)

Mais uma vez, nós nos vemos diante de uma visão fascinante da política da Igreja dos primórdios. O que mais salta aos olhos, a meu ver, é a indicação da autoridade detida por Simeão, filho de Clopas. Tiago, irmão de Jesus, é sucedido, depois da destruição do Templo, por um primo de Jesus. A hierarquia do poder eclesiástico é claramente um assunto de família. Simeão (ou Simão) recebe o "trono" da diocese. Ele governa triunfalmente na terra em nome de Jesus. Seria possível vê-lo como um vigário de Cristo, ou seja, o seu "substituto", sobre a terra? Ele é o juiz das práticas corretas. Seria inevitável que encontrasse oposição em seu caminho.

Eusébio tinha motivos para se identificar pessoalmente com Simeão. Depois do ano 313 d.C., ele foi nomeado bispo de Cesareia. Doze anos mais tarde, estaria sentado à direita do imperador Constantino na condição de conselheiro moderado para a elaboração do Credo Niceno, com a função de contrabalançar os extremos – como eram vistos – de Atanásio de um lado e Ário do outro. Cabia a Eusébio buscar o entendimento conservando aquilo que ele considerava ser a autoridade da porção oriental, sobretudo das igrejas da Síria e da Palestina, vistas como as herdeiras da primeira Igreja e dos bispos de Jerusalém. O primo de Jesus já havia ocupado esse trono e, para Eusébio, Simeão se configurava como um modelo ideal da coragem evangélica.

Uma vez que Constantino estava empenhado na mudança da capital imperial de Roma, no Ocidente, para Constantinopla, no Oriente, o período deve ter sido visto como um tempo triunfal para os patriarcas orientais. Portanto pareceria, tanto política quanto teologicamente, uma boa ocasião para Eusébio chamar a atenção para a questão da autoridade da família de Jesus – embora o que se passou com eles nos duzentos anos anteriores permaneça em grande parte um mistério até hoje.

Diante disso, não admira que Eusébio conclua sua fala sobre Simeão, irmão de José, enfatizando – embora não com total exatidão, no meu entender – que até o período da sua liderança "a igreja permanecera uma virgem incorruptível, pois todos aqueles que tentaram corromper o domínio saudável do *kērugmatos* [proclamação] do salvador – se é que chegaram a existir – escondiam-se nas trevas da obscuridade". E ele afirma em seguida que os hereges só começaram a se esgueirar das sombras depois que o "grupo santo dos Apóstolos" e aqueles que haviam recebido a "sabedoria divina" diretamente em seus próprios ouvidos começaram a morrer. A partir de então, a "federação dos ímpios enganos", os "falsos professores" passaram a "impudentemente atentar contra a pregação da verdade com a contraproclamação daquilo 'que erroneamente chamaram de *gnose*'". O último trecho – sobre a falsa gnose ou conhecimento – é tirado diretamente por Eusébio da série de livros *Contra os hereges,* do bispo Irineu de Lyon (*circa* 180 d.C.), que discorre sobre as muitas heresias associadas aos professores da falsa gnose que desprezavam o Deus do Gênesis e a lei: uma heresia manifesta aos olhos de homens como Eusébio, que acreditavam – da mesma forma que a família mais próxima de Jesus, ao que tudo indica – que o único "falso deus" era o Diabo, o "príncipe deste mundo", que com ajuda de seus servos diabólicos e de anjos negros desviava os homens da salvação e obscurecia a sabedoria divina que se manifestava no universo da mesma maneira que na sua forma encarnada, Jesus. Para Eusébio, a família de Jesus sem dúvida estava "do lado certo".

Certamente teria sido útil para Eusébio de Cesareia, assim como para Hegesipo e muitos outros, se os descendentes de Simeão que deram prosseguimento à tradição de Jesus pudessem ter usado sua contribuição para conservar a paz e a harmonia na Igreja Cristã. Imagine o impacto que esses descendentes teriam tido em Niceia. Ou será que estamos enganados quanto a isso? Duzentos anos após a crucificação de Simeão, será que a família do Senhor ainda tinha alguma relevância?

Até onde podemos saber, com o fim do reinado de Trajano a família de Jesus mergulhou no desaparecimento. Aparentemente, eles – quem quer que "eles" possam ter sido –, de uma maneira curiosa e basicamente inexplicável, tiveram sua existência removida dos registros sobre o desenvolvimento da Igreja Cristã.

Bem, quase.

Resta o fragmento de uma menção em carta a um certo Aristides enviada pelo geógrafo e historiador cristão Júlio Africano (*circa* 170-245), um "africano" da Líbia, possivelmente, que escreveu seus textos já depois de convertido e estabelecido em Jerusalém e Emaús.

O esforços de Júlio para determinar a genealogia correta de Jesus lhe rendeu um espaço considerável no capítulo 7 do Livro I da *História eclesiástica* de Eusébio. É nesse trecho que encontramos o uso peculiar do termo *desposunoi* para descrever os descendentes da família de Jesus.

Em grego, *desposunos* é alguém *pertencente ao mestre ou senhor* – o que certamente soa como uma descrição peculiar para designar coletivamente os descendentes de Jesus. O senhor em questão, na citação feita por Eusébio do texto de Júlio Africano, presumivelmente é o Senhor ("déspota", sem o sentido pejorativo do termo) Jesus.

Os "desposyni" são mencionados porque Júlio tenciona explicar a Aristides que as genealogias de Jesus apresentadas em Lucas e em Mateus, apesar das divergências aparentes, podem ser reconciliadas. Júlio diz que para isso basta levarmos em conta a existência de uma prática na Judeia segundo a qual, se um homem morresse sem filhos, mas casado, um irmão dele poderia gerar filhos com a viúva, assegurando assim uma descendência que levasse o sobrenome do falecido, conservando-o para a ressurreição final. Assim, era possível que uma criança tivesse "dois" pais. Africano apresenta uma explicação intrincada de como isso funcionaria, que eu não vou reproduzir aqui. O que interessa para nós é que, segundo Sexto Júlio Africano, José era *legalmente* filho de Eli, mas fisicamente descendia de Jacó. A relação se complica ainda mais com a informação de que Eli e Jacó eram *meio-irmãos* – os dois tinham a mesma mãe, Estha, mas enquanto Eli era filho de seu segundo marido, Melqui, descendente de Natã, filho de Davi, Jacó era filho do primeiro marido, Matã, descendente do filho de Davi, o Rei Salomão. Por isso Mateus apresentaria a linhagem passando por Jacó até Salomão, enquanto Lucas preferiria a descendência legal por Eli e Natã. Simples assim – ou pelo menos era o que Júlio Africano pensava:

> *Não se trata de fato desprovido de evidências, nem de uma conjectura, visto que os parentes do salvador segundo a carne [ou seja, até onde os laços de sangue são considerados] repassaram essa tradição, fosse em nome do orgulho familiar ou apenas para conservar a informação, mas de qualquer maneira dizendo a verdade.*

Ele diz então a Aristides que embora houvesse registros das linhagens da Judeia que vinham sendo mantidos havia muitas gerações, Herodes, o Grande, se deixou levar pela inveja que sentia da nobreza judaica. Herodes era um árabe idumeu cuja única prerrogativa para governar a Judeia – além da aprovação de Roma e da obstinação pessoal em fazê-lo – era o fato de ter se convertido à fé local e se casado com a princesa macabeia Mariame. Ele achava que poderia se tornar mais nobre do que a antiga nobreza judaica se simplesmente queimasse todos os registros genealógicos e declarasse a si mesmo como sendo um descendente dos "patriarcas ou prosélitos e daqueles que se misturaram a eles, os chamados geiōras [forma helenizada de uma palavra hebraica para "estranho", como em "um estranho entre nós"]".

Fosse como fosse, os membros da Casa de Davi ainda podiam se gabar:

> *Agora alguns mais cuidadosos, entretanto, que mantinham para si registros pessoais ou por meio da lembrança dos nomes ou conseguindo-os através de outras fontes, regozijavam-se em preservar a memória de sua boa linhagem; entre esses havia os que mencionamos acima, chamados* desposunoi *por causa de sua relação com a família do salvador, que partindo dos lugarejos da Judeia Nazarōn [que pode ser transliterado do grego como "Nazara"] e Kōchaba [ou "Cochaba"] cruzaram a terra explicando a genealogia de sua linhagem e o Livro dos Dias [Crônicas] aonde quer que fossem. Quer tenha acontecido desse modo ou não, não há quem possa dar testemunho mais exato, na minha opinião e na de todas as pessoas de bem, e isso pode ser o que nos baste de conhecimento – mesmo sem comprovação –, uma vez que não temos nada melhor ou mais verdadeiro a declarar: e de qualquer maneira o evangelho diz a verdade.*
>
> (História eclesiástica, *I, 7*)

Como a referência anterior a eles feita por Júlio Africano se perdeu, nós não temos como saber ao certo se ele chegou a conhecer os desposyni nem exatamente *quando* eles partiram dos lugarejos na Judeia. Africano situa "Nazara" nessa região, que ele conhecia muito bem. Partira de Júlio Africano a requisição bem-sucedida para que as autoridades reconstruíssem a arruinada Emaús, que viria a se transformar na cidade de Nicópolis, em estilo romano. Mas na época de Júlio já não havia uma Judeia como entidade política, e portanto a referência a "da Judeia" pode significar em "terras judaicas" de forma geral.

Por que os desposyni cruzaram a terra explicando sua genealogia é algo que não sabemos. Estariam eles almejando o controle nas igrejas da Palestina entre o princípio e meados do século III, a época em que Júlio escreve? Não se sabe. Podemos suspeitar que a chegada deles em certos ajuntamentos cristãos devia ser recebida com uma espécie de temor respeitoso. Na altura do ano 300, Jesus já havia sido tão inteiramente transposto da esfera mundana para o reino sobrenatural da eterna trindade que se deparar com seus parentes de sangue poderia ser um choque grande demais para algumas pessoas.

Para a nossa infelicidade, Júlio Africano não diz se os desposyni tinham alguma posição na hierarquia da Igreja. Tudo o que podemos apreender de seu texto é que eles se orgulhavam de sua linhagem e que desejavam que suas origens tivessem o devido reconhecimento. Esse pequeno vislumbre da vida dos quase esquecidos desposyni hoje nos parece um tanto triste. No princípio deste capítulo, nós questionamos o que os membros da "dinastia" teriam a herdar. Bem, durante duzentos anos a resposta pode ter sido trabalho duro, perseguição e uma responsabilidade avassaladora. Ao fim do século IV, talvez o reino fosse espiritual em essência, mas havia conseguido uma poderosa contraparte terrena. Os representantes do "Rei Jesus" estavam prestes a assumir o posto de autoridade espiritual daquele que era o maior império sobre a Terra – de que lhes serviria, uma vez estabelecidos como tal, a "autoridade" dos parentes judeus do crucificado? A Igreja agora havia crescido demais para que abrissem mão dela; a sua liderança, e não a perseguição a seus membros, com o tempo viria a se tornar uma questão-chave da política imperial.

Se os desposyni tivessem tido relevância política, nós deveríamos ter algum registro dos seus nomes. Mas a Judeia agora era *Syria Palestina*, Sião se transformara em *Aelia Capitolina*, e Jesus não era na verdade um judeu: ele era Deus.

DEZ

UMA ETERNIDADE NA PROVENÇA

Por que os Desposyni foram rejeitados? O que foi feito deles? Os descendentes da família de Jesus foram viver no sul da França? Esses descendentes incluíam uma suposta linhagem de filhos de Jesus e Maria Madalena? Nós vamos examinar agora o Evangelho de Maria e as histórias de Madalena como "amante" de Jesus, como designam os escritos apócrifos e relatos populares.

A descendência dos familiares de Jesus teve algum vínculo com a dinastia merovíngia dos francos? Existiu mesmo um principado judaico governado pelos descendentes da família de Jesus em Languedoc no século IX? Existe uma linhagem real de Jesus protegida pela "Ordem de Sião"?

Nós temos por costume – ou assim gostamos de imaginar – quando estamos revendo a história de nossa espécie ver com bons olhos aqueles que lutaram pela sua liberdade. Basta ver a admiração dos ingleses pelos holandeses que combateram a Espanha, os saxões que se rebelaram contra os normandos, os finlandeses contra os russos e assim por diante. Mas seria difícil fazer um inglês admirar um republicano irlandês, um nacionalista indiano ou o presidente Nasser do Egito. Os ingleses têm um critério de seleção bastante estrito para definir quem é um lutador em nome da liberdade e quem é um terrorista. Não há nação que admire aqueles que buscam a liberdade contra os seus próprios códigos. Além disso, outra faceta curiosa da natureza humana é que os opressores com frequência veem com desdém aqueles a quem oprimem – por maior que seja o sofrimento que estejam atravessando, o clamor em si será desprezado.

Não é de admirar, portanto, que muitos que desfrutavam das benesses do domínio romano nos anos finais da Idade Antiga nutrissem um desdém indiscriminado pelos judeus. Guerreiros da Judeia e Galileia se rebelaram contra as legiões designadas como "Kittim" nos Manuscritos do mar Morto, aqueles que a educação ocidental clássica descreve como os grandes civilizadores do mundo: os romanos. Talvez até os próprios romanos tivessem dificuldade para enxergar objetivamente a si mesmos. Josefo afirma que o comandante romano Tito lamentou o incêndio que derrubou o Templo de Jerusalém no ano 70 d.C.: não fora intenção dele, a culpa era dos bandidos que haviam se refugiado nas suas dependências. Quando o General Franco encorajou a força aérea alemã a bombardear a cidade indefesa de Guernica, na Guerra Civil Espanhola, ele creditou a morte de suas mulheres, crianças e homens aos republicanos. A cidade não havia sido bombardeada, alegou ele, mas sim incendiada pelos inimigos da Espanha. O fascismo haveria de limpar a Espanha de seus inimigos, cidade por cidade.

E o que os judeus haviam feito para merecer seu destino? Mais do que fartos de seus monarcas títeres, de serem saqueados pelos soldados romanos em seus lares, seus campos e seus bolsos, fartos das crucificações e da coerção armada, dos hábitos estrangeiros, das propinas, corrupções e insultos, eles exigiam a premissa de governarem a si próprios. Os romanos, é claro, interpretaram o desejo de autogoverno como motim, ingratidão crassa e insulto ao orgulho romano e aos deuses de Roma e da humanidade. Mais humilhação, mais impostos e um jugo ainda mais pesado de opressão seriam os meios para fazer com que os judeus aprendessem a aceitar e a se sentirem gratos pela *Pax Romana*. Mas os povos da Judeia e da Samaria, da Galileia, da Pereia e da Decápolis guardavam na memória as lembranças de dias melhores, de eras de ouro, e se recusavam a deixá-las de lado – eles não iriam ceder. Acaso o Senhor das Hostes, aquele que havia aniquilado os egípcios e os assírios, os moabitas, os sírios e os gregos, não iria também aniquilar os romanos?

No ano 140 d.C., quando boa parte da matança e destruição já havia sido concluída, a temeridade dos judeus não havia lhes rendido nada além de um desagrado cordial ou desdém, exceto talvez entre outros que se sentiam igualmente marginalizados. Os filhos de Israel haviam não apenas sido absorvidos geograficamente pelo Império, como em meados do século II boa parte de sua religião fora absorvida também pelo cristianismo, embora os pagãos continuassem detestando o "judaísmo" no seio das igrejas tanto quanto o haviam detestado nos desertos, campos e cidades da Palestina. É uma enorme ironia que o cristianismo, que começou como uma espécie de seita entre grupos minoritários da Galileia e da Judeia, tenha vindo a ser considerado no século IV como uma *religião* à altura de ser oficializada em todo o império! Mas os judeus em si não fariam parte do banquete imperial. Por meio de um desvio estranho e terrível no rumo dos acontecimentos, os filhos de Israel acabaram excluídos daquele que agora se configurava como um banquete gentio messiânico. Amai-vos uns aos outros, amai o Imperador! Os "cristãos" se transformaram em mais um opressor para os judeus. Não é de admirar que muitos rabinos tenham passado a nutrir verdadeiro ódio pelo nome de Jesus, ou Yeshua. No Iraque atual, um grupo partidário do batismo e que se acredita descendente da linhagem de João Batista, os "mandeanos" ou "sabianos" da Mesopotâmia, baseia sua doutrina em escritos antigos que expressam um repúdio compreensível pela figura que chamam de "Cristo, o Romano".

Segundo a Igreja Cristã, a luta judaica para se libertar do jugo romano não era uma batalha de heróis motivados por expectativa messiânica sincera e amor pela liberdade e pela lei santa; era um crime desavergonhado contra Deus e contra o império. Quando Josefo escreveu a sua versão da história dos judeus e da Revolta Judaica de 66 a 73 d.C., anos mais tarde, ele atribuiu a culpa pela guerra a uma apropriação vã e mal-intencionada da cultura e das tradições judaicas por facções de "ladrões", "inovadores", "bandidos" e "zelotes" – *maus judeus,* em suma. A destruição da Judeia como nação havia sido punição de Deus por terem permitido que o bom senso fosse pisoteado pelo entusiasmo descabido da guerra santa. Assim como afirmava São Paulo e virtualmente a Igreja toda, a crença geral era de que o Império Romano havia sido escolhido por Deus para cumprir Seus desígnios para a raça humana. Os "judeus" haviam se interposto no caminho do Senhor. Surrá-los, esmagá-los, mutilá-los e crucificá-los era a vontade de Deus.

Deus havia praticamente desistido dos judeus.

Jesus foi condenado à cruz: uma punição romana para crimes de amotinamento. Recebeu a alcunha de "Rei dos Judeus" do sanguinário prefeito Pôncio Pilatos, só para espezinhá-lo ainda mais. Culpado ou não, Jesus foi crucificado pelo crime de amotinamento, por soldados *romanos.* Ainda assim, os evangelhos negam que tenha havido qualquer altercação entre ele e Roma: a culpa é jogada toda no colo dos "judeus" – não de facções judaicas extremistas, não de um conluio político entre os herodianos e os sacerdotes judaicos, não dos seus inimigos pessoais. Não, Jesus foi crucificado pelos "judeus", *por todos eles* (os discípulos desertaram), que convenceram Pilatos e o poder romano a atender a "sua" demanda: "Crucifiquem-no!". Ao que Pilatos, relutantemente – somos persuadidos a crer –, autorizou o ato que, todos os cristãos aprendem, levou diretamente à destruição do Templo dos Judeus, depois de cujo tempo o novo Templo pôde ser erguido: o *deles*. Aqueles a quem Jesus chamava os *seus* haviam fugido, mas havia uma outra figura escolhida por Deus, um cidadão de Roma, esperando para entrar em cena.

Paulo entrou com a teologia e a história com a lição. A religião do Cristo substituiu a religião da lei, ou seja, a dos judeus.

Para muitos judeus, frequentemente exilados, esse panorama era absolutamente incompreensível, diabólico, uma inversão satânica dos fatos. A chance de o Messias se bandear para o lado dos romanos era a mesma de Moisés querer apagar a Sarça Ardente. Há muito Deus havia ditado a lei para purificar o Seu Povo e a Sua Terra das nações que deles escarneciam. E agora os judeus tinham que ouvir citações de seus próprios profetas da boca dos gentios, dizendo-lhes que *eles,* o Povo Escolhido, estavam sendo devidamente castigados mais uma vez por terem rejeitado o seu Messias! Mas o fato é que sem uma crença febril na vinda – ou retorno – do Messias, a revolta contra Roma não teria existido. A ausência de fé messiânica não era problema entre os revoltosos. O Messias era certamente um deles; como podia estar agora cavalgando a águia de Roma? *Ah!* Aí estava o problema, admoestava Josefo, tido como colaboracionista: uma crença excessiva na redenção messiânica! – ao passo que os cristãos gentios acusavam os judeus de não serem messiânicos *o suficiente*. Será que era possível existirem *dois* Messias – um para os judeus e outro para os cristãos?

Alvo de zombarias por parte de compatriotas judeus que viam Jesus como um blasfemo inimigo do povo, um falso Messias, os judeus cristãos – diante das circunstâncias – devem ter se apegado à esperança de que Jesus reaparecesse logo das nuvens com todo o esplendor e as potestades angélicas para levar embora a mancha e a humilhação de Roma e todos os seus inimigos com um julgamento sumário e certeiro, depois do qual, como as parábolas de Jesus haviam previsto, o joio ímpio queimaria pela eternidade nas chamas da retidão. Parece razoável imaginar que a "Revelação de São João" ou "Apocalipse" tenha partido de alguém assim – confuso, traumatizado, assombrado por eventos que pareciam dilacerar a realidade vigente para revelar uma guerra fanática nos céus prestes a se abater sobre a terra a qualquer momento.

Não foi o que aconteceu.

Nós já vimos que os imperadores Domiciano e Trajano desenvolveram por motivos de segurança um grande interesse nos descendentes da Casa de Davi, da qual o redentor messiânico haveria de nascer – ou já havia nascido. Hegesipo nos apresenta um Domiciano que não conseguiu ver nos netos de Judas, irmão de Jesus, qualquer motivo para alarme ou condenação – eram apenas camponeses simplórios lutando para sobreviver. Já Trajano, por sua vez, preferiu mandar crucificar o filho do primo de Jesus, Simeão, só para se precaver. Quantos outros descendentes da família outrora real de Jesus sobreviveram ao século II é algo que não sabemos. É plausível que tenham existido violentas perseguições contra eles. E nós podemos, portanto, inferir uma certa discrição ou ocultação no que dizia respeito às identidades dessas pessoas.

Júlio Africano nos conta que "Desposyni" cientes de sua linhagem aparentemente sobreviveram em alguns lugarejos da Palestina, mostrando-se talvez atuantes de alguma maneira por volta do ano 220, e que se orgulhavam das suas origens. A que Igreja eles pertenciam, se é que pertenciam a alguma, ou a que causa, nós não sabemos. Tanto para Roma como potência política quanto para a Igreja Cristã, a Casa de Davi estava extinta. Se ainda conservava alguma relevância, ela era apenas teológica – não genealógica ou política. Jerusalém jamais voltaria a ser, acreditava-se na época, uma cidade judaica; a religião do Cristo jamais voltaria a ser promulgada pelos judeus, acreditava-se. Já no século II, as antigas distinções entre as regiões da velha Israel – a diferença entre a gente da Judeia e da Galileia, por exemplo – haviam sido obliteradas. Só o que existia eram os "judeus", e os "judeus" haviam mandado Cristo para a cruz. Sem espaço para nuances. Os judeus haviam rejeitado os seus – e isso, com a antiga Igreja de Jerusalém esquecida e o testemunho de Tiago, o "Zaddik" conhecido apenas por alguns historiadores, para a maioria dos cristãos equivalia a dizer que Jesus havia sido rejeitado por sua família, "os seus", que "não o receberam" *porque eles eram judeus*.

A vida eterna era para os gentios; eles seriam os "filhos de Deus". Os judeus já haviam tido a sua chance e a desperdiçaram. Aqueles judeus que se diziam cristãos não passavam de impostores – as visões que sustentavam a respeito do nascimento da virgem e da importância da lei os marcavam como hereges desdenhosos dos apóstolos e dos santos. A advertência feita por Josefo de que os romanos não deviam enxergar *todos* os judeus como sendo aficionados pela liberdade e inclinados a contestar o domínio romano era uma visão só partilhada pelos círculos liberais e pelos intelectuais. Deus havia obviamente abandonado o povo judeu à própria sorte e instaurado uma nova aliança, baseada em um novo testamento, destinada a uma era pós-judaica que seria liderada por bispos cristãos e imperadores romanos, segundo a vontade divina.

A família de Jesus ficou desaparecida porque ninguém queria vê-la.

Figuras que existiram no passado não têm controle sobre a forma como serão usadas, ou abusadas, pelas gerações vindouras. Os mortos rendem excelente material de propaganda para os vivos. Podem dizer muito, sem no entanto abrir a boca. Eles podem atuar em novas frentes; eles não se opõem. Podem receber novas falas, novas roupagens, novas identidades. São de manutenção barata e fáceis de limpar. Sejam quais forem os méritos ou poderes que um dia tiveram, todos os santos recebem auras padronizadas, uma auréola limpa e composta e uma posição estabelecida na hierarquia vigente, uma cartilha pela qual rezar e um lugar bem alto de onde contemplar o mundo lá embaixo. Eminentes ou insignificantes, estejam certos, os mortos são de qualquer um.

Talvez uma das mais chocantes manipulações da imagem de alguém já morto nos tempos recentes tenha a ver com os supostos descendentes de Jesus. Uma rede de especulações tem arrastado centenas de milhares de pessoas do mundo todo para uma curiosa jornada em busca de uma espécie de salvação das tramas da história; mas de história ela *não tem nada*. Bem, talvez tenha de uma *estória* relacionada à história, mas digamos que, se fosse uma mesa, eu não me arriscaria a comer meu jantar nela sob o risco de estragar o carpete. E essa não é só a minha opinião.

Eu imagino que a maior parte dos leitores deva estar familiarizada com as linhas gerais da história contada por Lincoln, Baigent e Leigh no seu *best-seller* lançado em 1982, *O Santo Graal e a linhagem sagrada,* livro sem o qual (junto com diversos *filhotes* como *O segredo dos Templários,* de Picknett e Prince) *O Código Da Vinci* de Dan Brown nunca teria chegado às nossas prateleiras. Vamos fazer uma recapitulação rápida dos pontos que dizem respeito ao nosso assunto em questão.

Jesus e Maria Madalena geraram descendentes. A família de Jesus ficou no comando da Igreja de Jerusalém, mas com o passar do tempo eles se viram marginalizados pelo poder florescente e autoridade rival da Igreja Romana, com a qual a única divergência de Jesus era em termos doutrinários, uma vez que Madalena em si e os cruciais descendentes provavelmente já haviam se refugiado na França havia muito tempo. Por fim, os *Desposyni* – ou pelo menos aqueles que pudessem ter ficado para trás nas terras do Oriente – receberam a ordem de expulsão definitiva das mãos do papa Silvestre I no ano 318 d.C. – a Igreja não tinha serventia para parentes vivos da segunda ponta da Santíssima Trindade.

A partir desse ponto, a trama se ramifica em duas vertentes.

Maria Madalena, já no século I d.C., teria escapado para a França com a "linhagem" de Jesus. Paralela e adicionalmente, mais de três séculos e meio mais tarde, a casa real pagã dos francos sicambrianos, que no princípio do século V era liderada pela figura semimítica do rei Merovée, possuía uma espécie de sangue especial que lhes conferia um poder semelhante ao do papado na mesma época. O bisneto de Merovée Clóvis I (456-511) se tornou um cristão batizado no ano 496 d.C. e, com apoio do papa, a dinastia que resultou daí assumiu o controle de metade da França e uma boa parte da "Alemanha", até Childerico III ser deposto por Pepino, "o Breve", com a conivência do papa em 751 d.C. Os merovíngios, segundo a trama, haviam deixado de ser interessantes para o papado, que voltou suas atenções então para os carolíngios a fim de produzir o "Sacro Império Romano", um modelo de imperialismo teocrático e resgate do passado.

Mas onde os Desposyni se encaixam nisso tudo?

Bem, através de uma boa dose de artifícios literários nós somos levados a considerar que os merovíngios podiam ter alguma ligação com membros da tribo de Benjamim que deixaram Israel rumo à Arcádia, na Grécia, lá nos tempos do Antigo Testamento. O Rei Merovée em particular era tido como o filho de uma princesa humana com uma criatura marinha chamada de quinotauro, o que simbolicamente indicaria que sua linhagem teria vindo "do mar". O nome Merovée contém em si a palavra que em francês quer dizer mar, e mãe: "Mer" – da mesma forma que "merry" e "farmer" em inglês também contêm, é claro. O fragmento de referência oceânica é amarrado de forma subliminar à ideia de que Maria Madalena teria chegado de barco à França, e às terras da Arcádia dos antigos benjamitas: judeus-mar-Mãe-Madalena-Arcádia. O fato de Merovée ser pagão é mostrado como incidental. Muitas tribos judaicas tinham inclinações pagãs – pelo menos nos tempos do Antigo Testamento.

ET IN ARCADIA EGO. "Até mesmo na Arcádia, eu (Morte) estou." E se a Arcádia idílica ficasse em Languedoc? Bem, o pintor Nicolas Poussin meio que a transferiu para lá em seu quadro *Os pastores da Arcádia,* aparentemente – e note que eu disse *aparentemente* – baseado na imagem de uma tumba que ficava à beira de uma estrada perto de Arques, a alguns quilômetros de um lugar chamado Rennes le Château, possivelmente o local da capital dos antigos visigodos chamada na época de Rhedae, onde os "sobreviventes" merovíngios se refugiaram abrigados pelo Conde de Razès. Esse conde teria deixado um tesouro descoberto, talvez, por um vigário francês que morreu misteriosamente em 1917 depois de empenhar grandes somas para redecorar bizarramente a sua igreja, que foi dedicada a Maria Madalena: Madalena-segredo-tesouro-maçonaria.

Voltando aos merovíngios...

A realeza merovíngia acabou cristianizada, mas as doutrinas seguidas pela família e sua atitude perante Roma eram problemáticas. Os merovíngios travaram relações de paz com os visigodos arianos (ou hereges), que admitiam Jesus somente como um homem que fora adotado pelo Espírito Santo. A esse quadro incerto de uma realeza com insubordinações doutrinárias que irritavam o papado soma-se uma trama genealógica empregada e manipulada com destreza por surrealistas embusteiros franceses a fim de vincular a sua suposta Ordem secreta a raízes ancestrais.

A trama agora ganha um novo elemento: um "principado" judaico em funcionamento na "Septimania" ou região Narbonense de Languedoc e da Provença no século IX. Segundo uma fonte, essas lideranças judaicas em ação na França ensolarada eram descendentes da *Casa de Davi.* E os autores de *O Santo Graal e a linhagem sagrada* nos encorajam a tirar a conclusão mais óbvia.

A mistura de Casas originária do sangue merovíngio, carolíngio e judeu culminou em Godofredo de Bulhões (1061-1100), cruzado e primeiro rei cristão de Jerusalém. A narrativa conta que Godofredo voltou para buscar o que era "seu" por direito. Ele também seria o suposto fundador do embuste criado pelos embusteiros: a Ordem ou *Priorado de Sião*. Essa ordem de contornos semirrosacrucianos-maçônicos-cavaleirescos, estabelecida no papel em meados da década de 1950, supostamente guardaria um segredo capaz de derrubar o papado. E o segredo é interpretado pelo livro *O Santo Graal e a linhagem sagrada* como sendo que a autêntica descendência de Jesus, e também a sua doutrina, contariam com a proteção da Ordem (essa era sua missão secreta), depois de terem se imiscuído em diversas das linhagens aristocráticas e realezas europeias, a começar pelos merovíngios.

Agora todos nós já estamos a par do segredo, embora o papado pelo visto continue em seu lugar de sempre e indiferente à ideia de que a Tribo de Judá, sua Casa real e promessa de realeza continuasse grassando em meio aos infiéis desgarrados religiosos da Europa moderna. De acordo com a visão especulativa de futuro que conclui a aventura do Graal, uma monarquia sagrada em conjunto com uma França sagrada e uma Europa unida tomaria o poder novamente – bem, pelo menos dessa vez. E uma boa nova para os crentes espiritualizados da era pós-hippie: essa monarquia – ou talvez presidência – seria espiritualizada, não-dogmática, perfeitamente respeitadora dos direitos humanos, um pouco mágica e de certa forma esotérica (considerando que ela detém o poder por trás da maçonaria, do rosacrucianismo e da filosofia hermética, só podia ser mesmo), bastante inclinada à astrologia e de certa forma ao gnosticismo, calcada no livre-pensar, primal em sua autoridade, cósmica em sua perspectiva, afirmativa sexualmente, arquetípica do ponto de vista da atratividade e experiente na lida com as vicissitudes do tempo. Seria uma espécie de Segundo Advento delicioso: um novo começo, talvez, e por certo um sonho de dimensões colossais.

E quem pode negar que essa narrativa, esse novo mito, tenha se tornado influente também? Mais uma vez, os verdadeiros Desposyni, os verdadeiros irmãos judeus de Jesus, são tirados de cena depois de terem sido arrastados para outro banquete de contornos aparentemente messiânicos comandados por outrem em seu nome. Se existisse mesmo um descendente *genuíno* da Casa de Davi interessado na sua genealogia e nas possíveis implicações dela, eu esperaria encontrar essa pessoa atuando em Israel, e não em Bruxelas, pois com a volta dos judeus a Jerusalém poderia haver – numa projeção teórica fantástica – novamente um papel político para aqueles, agora talvez na casa dos milhares ou mais, descendentes bifurcados da linhagem de Simeão, Judas, José e suas irmãs – ou até mesmo, se quiserem insistir no assunto, de Jesus e Maria Madalena. Será que os "seus" os receberiam desta vez? Seria um desafio ficcional interessante para o Knesset se a Casa de Davi aparecesse em Jerusalém a fim de restabelecer uma era de ouro salomônica e afirmar Jesus como sendo o messias judaico para todos os judeus – e todas as outras pessoas. Isso, sim, é ficção da mais pura.

E o que dá ao autor que vos fala tanta segurança para desdenhar a narrativa da Linhagem/Graal? Será que eu posso saber mais do que a "sociedade" não-tão-secreta por trás de tudo isso? Mas disso tudo *o quê*? Basta investigarmos a origem dos textos usados como fontes para logo constatarmos que, nesse caso, não existe nada de mais por trás de coisa nenhuma.

Uma vez estando de acordo quanto ao fato de que romances medievais sobre o Santo Graal não constituem evidências admissíveis para o estabelecimento de fatos históricos, a estrutura do culto de Jesus-Madalena-Sião se revela como uma fonte ao estilo de Gaudí, traiçoeira, quando não cômica, apoiada sobre três pilares incertos. Ou seja, pilares que não suportam o peso das hipóteses em condições normais de gravidade. Mas se preferirmos seguir o caminho do sonho, nesse caso os porcos podem voar e eu posso ser o presidente da Europa, governando empoleirado num galho com um leitão a título de vice.

Para aqueles que acreditam que nem o fato de os "Documentos do Priorado" que incluem as genealogias merovíngia e pós-merovíngia terem sido comprovadamente forjados nas décadas de 1950 e 1960 é capaz de apagar o fogo do qual os ditos documentos não passam de uma fumaça, eu recomendo que reflitam sobre os demais sustentáculos da narrativa abaixo.

A herança messiânica [publicado no Brasil em 1994], livro que dá sequência a *O Santo Graal e a linhagem sagrada,* baseia-se na história dos Desposyni. Numa primeira leitura ele parece um testemunho bastante impressionante, tendo vindo – como somos levados a crer – de uma "autoridade católica". Os autores fazem referência a um encontro entre o papa Silvestre I e os "líderes judeus cristãos" acontecido supostamente no ano 318 d.C. A escolha da data é astuta; ela nos remete ao período em que Eusébio foi nomeado Bispo de Cesareia e apresentou ao mundo letrado trechos relevantes dos livros de Hegesipo sobre a história dos primórdios da Igreja e a posição ocupada pelos parentes de Jesus nela. Vejamos a fonte a que faz referência *A herança messiânica*:

> *A entrevista crucial não foi, até onde sabemos, registrada* [note a advertência: *"não foi registrada"*]*, mas os assuntos tratados são muito bem conhecidos, e é provável* [provável?] *que Joses, o mais velho dos judeus cristãos, tenha tomado a palavra em nome dos Desposyni e dos outros.* [...] *Esse nome tão santificado,* desposyni, *fora respeitado por todos os crentes ao longo do primeiro século e meio da história cristã. A palavra significava literalmente, em grego, "pertencente ao Senhor". Era reservada exclusivamente aos parentes consanguíneos de Jesus. Todas as instâncias da antiga Igreja dos judeus cristãos sempre eram governadas por um* desposynos, *e cada um deles recebia um dos nomes tradicionais da família de Jesus – Zacarias, José, João, Tiago, Joses, Simeão, Matias e assim por diante. Mas nenhum jamais foi chamado de Jesus. Nem Silvestre nem nenhum dos trinta e dois papas que o precederam – e nem os que o sucederam – jamais se deram ao trabalho de reafirmar que existiam pelo menos três vertentes conhecidas e autênticas de descendentes sanguíneos da família efetiva de Jesus.* [...] *Os Desposyni exigiam que Silvestre, que agora contava com a proteção de Roma, revogasse a confirmação que fizera da autoridade dos bispos cristãos gregos em Jerusalém, Antióquia, Éfeso e Alexandria e que os depusesse para que bispos* desposyni *fossem nomeados em seu lugar. E pediam também que a prática de enviar dinheiro a Jerusalém como a igreja mãe fosse reassumida.* [...] *Esses parentes consanguíneos do Cristo exigiam também a reintrodução da lei que incluía a observância do Sabá e do Dia Santo dentro do sistema de festejos e novilúnios da Bíblia. Silvestre se negou a atendê-los, dizendo-lhes que a igreja mãe agora ficava em Roma e que eles deveriam aceitar a liderança dos bispos gregos.* [...] *Esse foi o último diálogo conhecido com a igreja partidária da observância do Sabá, liderada pelos discípulos que descendiam dos parentes consanguíneos de Jesus, o Messias.*

Os autores de *A herança messiânica* não se dão ao trabalho de explicar claramente ao leitor que a história da suposta rejeição do papado aos *Desposyni* nasceu de uma declaração feita pelo polêmico padre irlandês Malachi Martin. As notas de referência de *A herança messiânica* omitem a informação de que Martin não teve como oferecer uma fonte que atestasse o seu aparentemente convincente relato, e que além disso ele tinha motivações pessoais para fazê-lo (Malachi Martin, *The Decline and Fall of the Roman Church*. NY, Bantam, 1983, páginas 30-31).

Assim, uma obra polêmica ficou dando sustentação à outra. A trama parecia toda muito plausível, mas analisando-a mais atentamente no contexto da narrativa da Herança-Messiânica-Linhagem-Graal nós vemos que a história foi empregada para fornecer uma explicação à primeira vista factual para a ideia de que existiria uma espécie de rixa histórica estabelecida entre os descendentes da família de Jesus e a Igreja Católica Romana: que era uma justificativa para as supostas tramas contra Roma feitas pelo imaginário "Priorado de Sião" relatadas mais adiante. E o fato é que nem mesmo todos os "sinais" descritos apontam nessa direção, de qualquer maneira. Nada parecia mais atraente na época do que esbarrar nesse pote de ouro da pesquisa acadêmica: as provas cabais que comprovassem a rixa. Se Martin estivesse em posição de realmente fornecer essas provas, teria sido um momento controverso na história da Igreja: a comprovação do afastamento clandestino da família de Jesus conduzido por uma Igreja sedenta de poder mundano. Mas eu receio que esse seja apenas mais um exemplo de abuso contra a história: a narrativa exigia um fato; e o "fato" foi devidamente providenciado. Por que "abuso" contra a história? Simplesmente porque, ao obscurecer a procedência das referências, você expõe o seu "ponto" e o encrava firmemente nas ideias do leitor sem precisar para isso atestá-lo; em outras palavras: o abuso contra a história é uma forma de propaganda.

Nós passaremos agora ao elemento mais controverso da história a respeito da "linhagem" de Jesus, o seu *sang réal* ou "sangue real": o Santo Graal. Aqui as fontes apontam para uma resposta bastante cristalina – assim que desbastamos a folhagem decorativa ao seu redor.

O Evangelho de Maria, uma obra apócrifa atribuída possivelmente ao final do século II e que existe hoje na forma de fragmentos de uma versão grega e numa versão copta com dez páginas faltando, apresenta um tradicional relato "gnóstico" de uma revelação de Jesus para Maria Madalena. A revelação explica como lidar com os "poderes" encontrados pela alma em sua ascensão rumo ao lar celestial. O contexto é uma polêmica a respeito do papel das mulheres na Igreja. Na Igreja do século II, as mulheres podiam ser profetisas. Essa era uma função eclesiástica, que provavelmente remontava ao tempo das igrejas missionárias paulinas estabelecidas entusiasticamente entre os gentios. Nas comunidades gnósticas, as mulheres podiam também oficiar os ritos sacramentais. A ideia de haver sacerdotisas era familiar e soava como natural para os pagãos que haviam vindo anteriormente. Paulo, contudo, era favorável ao controle da presença feminina nos encontros, e a posição das mulheres de maneira geral foi sendo podada enquanto os poderes dos bispos ortodoxos aumentavam. Jesus não havia então escolhido apenas homens para serem seus apóstolos? As mulheres não estavam lá para *servir*? Ora, mas os homens também estavam! Alguns adeptos do gnosticismo assumiam que o nome de Maria Madalena e a presença de Maria, a mãe e sua irmã eram indícios suficientes de que Jesus não apenas permitia a proximidade com as mulheres como também as considerava mais receptivas aos seus "ensinamentos internos". Isso era deduzido a partir das referências feitas nos evangelhos canônicos à presença delas. Não existe nenhuma outra fonte para a alegação de que Jesus amava Maria Madalena "mais" do que aos discípulos. As referências aos beijos na boca como a forma através da qual o "Jesus espiritual" transmitia o seu espírito são levadas um pouco adiante no *corpus* reduzido do gnóstico Evangelho de Maria para sugerir que Maria Madalena era "amante" de Jesus num sentido indefinido:

> *Pedro disse a Maria: "Irmã, nós sabemos que o Salvador amava a ti mais do que ao resto das mulheres. Dize-nos as palavras do Salvador das quais te lembras – aquelas que tu sabes [mas] não nós, e que não tenhamos ouvido". Maria respondeu, dizendo: "Aquilo que está oculto de vós eu vos proclamarei".*

Depois de um testemunho a respeito da ascensão da alma, André, antecipando a reação cética dos neófitos a esse relato não-canônico, reclama que "por certo tais ensinamentos são ideias estranhas". Pedro questiona: "Ele falou mesmo a uma mulher sem nosso conhecimento (e) não abertamente? Devemos nós dar ouvidos a ela? Ele preferia Madalena a nós?". Todas perguntas tendenciosas e convenientes, claro:

> *Então Maria chorou e disse a Pedro: "Meu irmão Pedro, o que tu pensas? Pensas que imaginei isso em meu coração, ou que estou*

> *mentindo sobre o Salvador?". Levi respondeu, e disse a Pedro: "Pedro, sempre foste destemperado. Agora vejo-o inquirir a mulher como se fossem oponentes. Mas se o Salvador a fez digna, quem és tu para rejeitá-la? Por certo que o Salvador a conhece bem. E é por isso que amou a ela mais do que a nós. Cabe a nós em vez disso nos envergonharmos e nos esmerarmos na perfeição, seguir seus mandamentos, e pregar o evangelho sem acrescentar nenhuma regra ou lei além daquilo que o Salvador nos deu".*

Trata-se de uma crítica clara contra o fato de os bispos ortodoxos usarem a lei judaica e preconceitos masculinos a respeito da pureza, aptidão, fisicalidade e recato das mulheres para assumirem a autoridade sobre a Igreja, como seria de imaginar. As mulheres ocupavam uma posição de igual importância em relação aos homens nas vidas dos "hereges"; logo, suprimindo as mulheres estaria suprimida a heresia. No entender do bispado ortodoxo, as mulheres eram impressionáveis demais, românticas demais e sexualmente vulneráveis demais – eram possíveis corruptoras e quase sempre passíveis de serem corrompidas. Os hereges alegavam o contrário: o pendor feminino para a intimidade, intuição, compreensão, paciência, lealdade e amor fazia das mulheres companheiras adequadas para o Senhor. Os discípulos homens, da mesma forma que os bispos ortodoxos, eram capazes de agir com brutalidade, conduzindo o povo como se fossem "rebanhos". Para o gnóstico, o caminho é o aprendizado a partir do seu próprio espírito: o "homem perfeito" interior.

Tudo isso faz sentido para a Igreja do século II, mas não condizia muito com o contexto original da Judeia e da Galileia entre o princípio e meados do século I. O atraente Evangelho de Maria foi escrito para lidar com uma questão política pertencente ao século II.

Quase totalmente desconhecido até a sua descoberta entre os textos da Biblioteca de Nag Hammadi, o estranho e apócrifo Evangelho de Filipe nos dá as "citações-chave" para apoiar a contingência do Jesus-casado-com-Madalena. O texto data do século III, e seu autor parece familiarizado com os fatos relatados no Evangelho de Maria.

> *Três delas sempre andavam com o Senhor: Maria, sua mãe, a irmã dela e Madalena, de quem diziam ser amante dele. Sua irmã, e sua mãe e sua amante, todas tinham por nome Maria.*

O evangelho não tem interesse particular em postular um vínculo efetivo ou banal entre Jesus e Madalena, embora emane do texto uma aura de provocação sedutora para aumentar o interesse. A leitora do sexo feminino poderia ela própria se tornar uma "Maria", segundo a ideia gnóstica dos "gêmeos" pela qual o praticante poderia se transformar num "Judas Gêmeo" ou um "Cristo" na percepção:

Agora, já que foi dito que você é meu gêmeo e companheiro verdadeiro, examine-se, e aprenda quem você é, de que modo você existe, e como você se tornará. Já que você será chamado meu irmão, não é adequado que você seja ignorante de si mesmo. E eu sei que você entendeu, porque você já entendeu que eu sou a sabedoria da verdade. Então, enquanto você me acompanhar, embora você seja ignorante, você de fato já veio a saber, e você será chamado "aquele que conhece a si próprio". Pois aquele que não conheceu a si próprio não conhece nada, mas aquele que conheceu a si próprio, conseguiu ao mesmo tempo alcançar sabedoria acerca da profundidade do Todo.

(*Livro de Tomé, o Contendor*)

Falhar no conhecimento de si próprio é permanecer num estágio animal, no amor pelo "corpo".

A mulher gnóstica é a cuidadora maternal, a "irmã" e amante do "Homem Perfeito" – o Cristo – que vive em seu interior. O autor postula o relacionamento entre Maria Madalena, a "consorte" de Jesus, e a Divina Mãe, *Sophia*, ou seja, a Sabedoria, mãe "verdadeira" de Jesus o Salvador, não do homem. Sendo assim, "Maria Madalena" é um símbolo para a relação feminina com o Cristo:

A Sabedoria – a quem chamam a estéril – é a mãe dos anjos, e a consorte do Cristo é Maria Madalena. O [neste ponto, o texto está danificado e foi reconstruído como: "Senhor amava Maria"] *mais do que a todos os discípulos e a beijou* [na boca repetidas vezes]. *Os demais* [mulheres/discípulos viram]-*no. E lhe disseram: "Por que* [a amas] *mais do que a todos nós?" O Salvador respondeu e lhes disse: "A que se deve isso, que não vos amo tanto quanto a ela?"*

Madalena é apresentada como a sua "consorte"; ela simboliza a Sabedoria, o poder celestial que o Salvador vem ao mundo material para expressar; Jesus é o "fruto" da Sabedoria. Maria Madalena conhece esse poder em si mesma. A mulher gnóstica guarda um segredo erótico-espiritual: ela é o portal para Deus. Os homens estão errados em desprezá-la, pois não podem alcançar a completude sem ela. O Jesus gnóstico também sabe disso: "Ela é mais preciosa do que os rubis". Através da adoração da divindade que habita Madalena o homem pode se aproximar de Deus. Aí está a essência teológica para o culto a Madalena que parece ter florescido na França do século XII e que pode ter florescido no apogeu do gnosticismo cristão nos séculos II e III.

Contudo, essas são explicações de ordem espiritual feitas muito *a posteriori* sobre indícios percebidos pelos adeptos do gnosticismo nos registros canônicos. Eles achavam que Jesus realmente tinha dito essas coisas? Bem, os gnósticos não estavam especialmente interessados na figura histórica do século I chamada de Jesus. Ele fora uma manifestação do Senhor, mas os gnósticos podiam ter acesso direto a ele da mesma forma que Paulo alegava fazer: alegação essa que no seu entender substituía as feitas por Pedro ou mesmo pelo irmão de Jesus, Tiago! Os cristãos gnósticos eram ensinados a venerar e conhecer a comunhão com o "Jesus Vivo". E o Jesus vivo é uma entidade *pós-ressurreição,* completamente transfigurada: ele é aquilo que o gnóstico pode *se tornar.* Nesse sentido, o "Jesus vivo" continuava falando à Igreja através desses escritos que os adeptos acreditavam terem sido inspirados pelo "conhecimento da Verdade" – a Verdade dada pelo Salvador aos seus escolhidos depois da Ressurreição e que permanecia escondida nos anais da Igreja à espera do tempo em que os "filhos da ressurreição" fossem capazes de compreender a gnose, a verdade espiritual secreta oculta na revelação de Jesus para os apóstolos: a de que Ele era o ser perfeito e divino que habitava em todo homem e toda mulher que tivesse despertado do sono do mundo. Como declara o Evangelho de Filipe: "Ele [Jesus] veio crucificando o mundo".

Deve ser observado que em nenhum desses textos há qualquer sugestão de que Jesus e Maria Madalena fossem homem casado e esposa casada, nem o menor indício de sugestão de que Maria Madalena tenha tido um ou mais filhos de seu "amante". Os gnósticos que criaram esses textos considerariam tal ideia totalmente sem sentido, do ponto de vista espiritual, uma vez que o Jesus que se comunica com Maria é uma entidade espiritual – o seu relacionamento se dá essencialmente no plano visionário, não carnal. Ela foi preenchida do espírito dele e não do seu sêmen.

O grande interesse com o qual Maria Madalena era vista pelos homens e mulheres do fim da Idade Média fica evidenciado no texto da *Legenda áurea* ou *Legenda Sanctorum*, que pode ser traduzido como "A lenda dourada". A longa coleção de hagiografias que se tornou muito popular foi compilada por volta de 1250 a 1260 por Jacobus de Voragine, o arcebispo dominicano de Gênova. Mais de mil cópias do manuscrito chegaram aos dias de hoje. A obra foi uma das primeiras a se beneficiar da criação da prensa gráfica, tendo sido publicada nos primórdios da era da imprensa em todas as principais línguas europeias. A versão em inglês de William Caxton surgiu em 1483, e é a partir dela que trabalharemos aqui.

Legenda áurea não traz nenhum conceito obviamente herege que fundamente um culto profundamente herético a Maria Madalena. Voragine, afinal, era dominicano. Os dominicanos comandaram a Santa Inquisição, e na época em que ele estava escrevendo o texto essa instituição estava atuante em Ariège e Corbières na região do Languedo, confiscando propriedades dos simpatizantes do catarismo e interrogando hereges cátaros – nenhum dos quais, incidentalmente, expressava o menor interesse numa Maria Madalena espiritual. O mesmo não podia ser dito com certeza a respeito da aristocracia da região que protegia a Igreja Cátara dos Bons Cristãos. Conhecedora das obras dos trovadores locais, a nobreza estava familiarizada também com a ideia do erótico-espiritual, um "amor puro" ou *"Fin'Amors"* que elevava a alma do amante diante da sua perfeita – mas ainda assim compensadoramente carnal – dama. Entretanto, nós não temos comprovação da ligação entre a filosofia do amor dos trovadores e os ícones religiosos femininos durante o apogeu do trovadorismo (*circa* 1150-1230). O fato é que essa ligação só veio a ser feita sob a pressão Católica Romana que se seguiu às cruzadas contra os hereges, e foi o alistamento do canso erótico a serviço da mariolatria e da santidade religiosa, desviando seu foco das mulheres de verdade e da satisfação erótico-amorosa, que esterilizou o movimento dos trovadores justo na época em que os raros professores da espiritualidade estavam sendo perseguidos rumo à morte e ao esquecimento.

Os nobres arriscavam e perdiam suas vidas em defesa de suas crenças e da independência de sua nação. Se a "família desaparecida" fosse um *símbolo* corrente da "verdadeira Igreja de Jesus", então nós poderíamos conceber que os cátaros e seus simpatizantes considerassem o seu contingente como a manifestação contemporânea de tal "família desaparecida" – mas se trata de uma conjectura fantasiosa: nenhuma identificação dessa natureza foi feita na época.

Contudo, o texto da *Legenda áurea*, por ortodoxo que seja, é empregado para dar um toque de cor e detalhamento à ideia de que Maria Madalena teria levado a "linhagem" de Jesus para a Provença, junto com – dizia-se – outros membros da família de Jesus.

A obra apresenta Maria como uma pecadora, uma prostituta arrependida, uma dama rica do castelo de "Magdalo" que oferecia seu corpo e seus deleites aos cavaleiros que ela escolhia. Redimida por Cristo, ela lavou os pés de Jesus e com esse ato se tornou uma *illuminatrix,* proclamando a luz do "serviço cristão". A Maria Madalena dos católicos quase seria a candidata perfeita para integrar a *União das Mães.*

Esse tipo de apresentação sugere o uso de um certo malabarismo teológico. Madalena deve ter ganho a reputação de ser "uma iluminadora" porque havia sido "iluminada". Ou seja, da mesma maneira que a Virgem Maria foi retratada na iconografia católica como a "Estrela da Manhã", a Madalena já pode ter sido identificada com o mesmo símbolo – Ishtar-Vênus, *Amor* – despontando sobre as ondas, refletindo seu poder astral nas águas da criação e no milho colhido na primavera. Não apenas percebemos a sugestão de ideias tanto do paganismo quanto do gnosticismo, mas também da própria tradição judaica. No livro dos Provérbios, a "Dama Sabedoria" (chamada de Sofia no Eclesiastes) é comparada a uma prostituta a quem o homem sábio deve seguir pelas ruas a fim de conhecê-la, embora possa ter que pagar caro por isso: "É mais preciosa do que os rubis".

A imagem de Maria Madalena foi ligada por Voragine e pela tradição da Igreja com a "mulher decaída" que usou seus óleos perfumados para ungir Jesus enquanto lavava os pés dele "com as lágrimas dos seus olhos" e os secava usando os próprios cabelos, preparando-o para o sepultamento e para a ressurreição. A linguagem aqui sugere um ritual com uma riqueza erótica e espiritual poderosa. A estrela caída seria portanto a estrela vespertina mergulhando no horizonte para se erguer como a Ishtar da

Babilônia ao amanhecer. Ela está no jardim da Ressurreição com seu bálsamo para o deus que sangra, o Despontar do Amor; Despontar da Vida.

O barco sobre as águas seria a lua crescente da deusa.

Ao que parece, Voragine esterilizou boa parte desse simbolismo exuberante transformando-o num mero retrato da servidão da mulher – para Jesus e, claro, para a Igreja Católica. Voragine nos diz que Maria, ciente de seus pecados, depois escolheu o "caminho da contemplação". E é por isso, explica, que é chamada de iluminadora. Eu imagino que isso deva ter mandado muitas mulheres espiritualizadas para os conventos em busca de maior iluminação: "E então ela foi iluminada com o perfeito entendimento na mente, e com a luz da pureza no corpo".

> *E essa é ela, a mesma Maria Madalena a quem nosso Senhor concedeu tantas dádivas maravilhosas. E a quem mostrou tantos sinais de amor, tirando-lhe sete demônios. Ele a abraçou com seu amor, tomando-a a seu lado. Ele faria dela a sua anfitriã e agente em sua jornada, e por vezes a escusava com doçura; como fez diante dos fariseus que lhe disseram que era impura, da irmã que a chamou de mulher sem valor e de Judas que a acusava de desperdiçar seus bens. E quando ele a viu chorar, não conseguiu conter as próprias lágrimas. Por amor a ela, ele reergueu Lázaro que estava morto havia quatro dias, e curou sua irmã do fluxo de sangue que a assolava havia sete anos. E foi pelos méritos dela que fez a criada de sua irmã Marta, Martelle, proferir a doce proclamação: Bem-aventurado o ventre que te trouxe e os peitos em que mamaste.*

Voragine segue relatando que após o martírio de Estêvão, muitos dos discípulos deixaram Jerusalém. Um deles era São Maximino, o santo padroeiro da catedral de Marselha. Madalena foi confiada à proteção dele junto com um grupo de outros cristãos que incluía sua irmã Marta e seu irmão Lázaro. O texto de Voragine não faz menção às duas outras mulheres que segundo as lendas correntes na região de Saintes-Maries-de-la-Mer em Carmague teriam chegado à França no mesmo barco: Maria Jacobi (Maria de Tiago) e Maria Salomé, ambas consideradas parentes de Jesus.

> *Andava naquele tempo entre os apóstolos São Maximino, um dos setenta e dois discípulos de nosso Senhor, e a ele a abençoada*

Maria Madalena foi confiada pelas mãos de São Pedro. Então, depois que os discípulos haviam partido, São Maximino, Maria Madalena e seu irmão Lázaro e sua irmã Marta junto com a criada desta, Marcelle, e também São Cedônio, que era cego de nascença e havia sido iluminado por nosso Senhor, todos esses e muitos outros homens cristãos foram tirados pelos malfeitores e postos num navio lançado ao mar sem talha ou leme, para que se afogassem. Mas quis Deus Todo-Poderoso que eles fossem dar à praia em Marselha, onde, sem que ninguém lhes desse abrigo, refugiaram-se e buscaram moradia à entrada de um templo das pessoas daquele país. E quando a abençoada Maria Madalena viu o povo reunido nesse templo para oferecer sacrifícios aos ídolos, ela levantou-se com um semblante agradável, a língua discreta e bem-articulada, e começou a falar da fé e da lei de Jesus Cristo e contra a adoração de ídolos. E todos maravilharam-se da sua beleza e da justeza de suas palavras. E não era de admirar que a boca que beijara tão cortês e bondosamente os pés de nosso Senhor fosse inspirada mais do que as outras pelas palavras divinas.

Maria havia beijado o Senhor; não nos lábios, mas nos pés: um grau de auto-humilhação excessivo para os padrões do Oriente e que certamente teria despertado repúdio dos apóstolos, e que pode guardar a chave para a formação do relato gnóstico de um sentimento análogo de contrariedade quando ela beija a boca de Jesus.

As fontes de Voragine são um ponto curioso. Ele cita Hegesipo e Josefo como autores dos relatos que deram origem à sua história de como Maria pregou aos pagãos, converteu-os e depois se retirou para uma caverna num lugar isolado e viveu nutrida pelo alimento celestial levado pelos anjos durante trinta anos até que a visita de um homem santo marcou a sua passagem abençoada para o outro mundo. Mas não existe texto nenhum dessa natureza.

Hegesipo, juntamente com outros livros de Josefo, está de acordo com a história aqui contada, e Josefo diz em sua obra que a abençoada Maria Madalena, após a ascensão de nosso Senhor, por conta do amor ardente que sentia por Jesus Cristo e pela dor que a tomou com a ausência de seu mestre e nosso Senhor, não voltou a ver outro homem. Mas depois de ter chegado à terra de Aix, ela foi para o deserto e lá habitou por trinta anos sem conhecer qualquer homem ou mulher. E ele diz que todos os dias, a cada uma das sete horas canônicas, ela era erguida no ar pelos anjos. Mas conta também que sempre que o sacerdote foi vê-la ele a encontrou fechada em sua cela; e que ela lhe pediu uma veste, e que ele levou-lhe uma com que ela cobriu seu corpo. E que então ela foi com ele até a igreja e recebeu a comunhão, que fez suas preces com as mãos juntas e descansou em paz.

Nenhum indício de algum filho ou Desposyni. O texto fornece todo o material para um culto pagão e romântico, cristão ou gnóstico, mas em nenhum momento nos conta o que aconteceu aos descendentes da família de Jesus. Nós com isso podemos estar certos, penso eu, que fossem quem fossem, eles certamente não eram devotos do culto a Madalena.

E assim nós chegamos ao terceiro pilar da fonte de Sangue-Graal. A narrativa de *O Santo Graal e a linhagem sagrada* precisa fazer de alguma forma a ligação entre os Desposyni e/ou supostos descendentes de Jesus e Madalena com as genealogias dos *Documentos do Priorado*. E isso é conseguido através da introdução estratégica de um livro em particular. O livro é *A Jewish Princedom in Feudal France, 768-900**, de Arthur J. Zuckerman (NY, Columbia University Press, 1972), uma obra que em sua aparência foi reconhecida como uma "reinterpretação radical", segundo a resenha de Robert Chazan para a editora Indiana University Press em 1973.

Zuckerman diz que "os judeus da França carolíngia se organizaram sob a autoridade de um *nasi* [palavra hebraica para líder], um príncipe ou patriarca. E esse Patriarca Judeu do Ocidente era uma instituição comparável em seus poderes ao Exilarcado em Bagdá" (p. 1, Zuckerman). É uma alegação e tanto. A reconstituição se baseou na observação feita por Zuckerman de que, no ano 768 d.C., um exilarca deposto da Babilônia

---

*N. da T.: literalmente "Um Principado Judaico na França Feudal – 768 a 900", não editado no Brasil.

– ou seja, um líder dos judeus babilônios – chamado Makhir-Natronai chegara ao Ocidente. Esse fato fora desencadeado por disputa a respeito de quem seria o *nasi* dos judeus da Mesopotâmia. Um certo Bustenai, casado com uma herdeira da realeza persa, conquistou o favoritismo, e isso levou Natronai ben Makhir a decidir rumar para a antiga comunidade judaica de Narbonne. Os judeus babilônios eram descendentes de judeus exilados lá desde a época da conquista de Jerusalém por Nabucodonosor em 587 a.C. E Zuckerman conclui que essa figura, Makhir-Natronai, teria uma identificação com "Theoderic", o herói de diversas *chansons de geste*.

O contexto político da entrada de Makhir-Natronai na história da França carolíngia foi a guerra, em 768, entre esse país e a Espanha dos omíadas. Os judeus estabelecidos em Barcelona ajudaram os carolíngios a tomarem a cidade em troca de uma independência semioficial na Narbonnais. A estratégia era contrária à tática usual de os judeus darem apoio aos omíadas e em seguida receberem dos árabes o direito de administrar o território conquistado. Mas aconteceu que os árabes abássidas também estavam em guerra com os omíadas, e eles fizeram um trato com os francos que incluía a presença de um representante abássida para presidir um tribunal na Gália Narbonense (a *Narbonnais* citada acima). E a pessoa escolhida foi o exilarca judeu deposto Natronai ben Makhir. Zuckerman calcula então que o erudito judeu babilônio adotou o nome de Theoderic ao se casar com uma herdeira carolíngia para legitimar sua autoridade. E essa autoridade determinou que a Gália Narbonense ficasse como uma zona intermediária de separação com a Espanha muçulmana ao mesmo tempo em que serviria como uma base para desferir ataques contra o inimigo e defender o império de Carlos Magno. Zuckerman diz que a notícia da presença de um governante judeu num império cristão foi recebida com desconfiança, e que a Igreja traçou planos para tomar o controle de Narbonne e da Gália Narbonense das mãos dos judeus.

O autor apresenta uma reconstituição de um decreto de Carlos Magno datado de 791 d.C. determinando que o sistema do patriarcado judaico subordinado ao império deveria se tornar instituição permanente. O filho de Natronai ben Habibi, identificado como Isaac-William, um soldado carolíngio supostamente retratado de maneira equivocada por autores cristãos como tendo se internado num monastério, teria sido o patriarca sucessor. O sucessor de Isaac-William, Bernard, depois de ter sido convidado por Carlos Magno para atuar como chefe de gabinete do império em 829, acabou executado por ordens do imperador em 844. Zuckerman continua a linha de sucessão até o princípio do século X, quando "os vestígios enfim se perdem e desaparecem nas condições caóticas que marcaram o declínio e o fim do reinado carolíngio" (Zuckerman, p. 378).

Um homem de nome Makhir de Narbonne certamente foi o líder da importante comunidade judaica da cidade no final do século VIII, e seus descendentes realmente desfrutaram da posição de *nasi* ou líderes, sujeitos às condições da fidelidade ao império.

Segundo a tradição preservada por Abraham ibn Daud em seu *Sefer ha-Qabbalah* (o "Livro da Cabala"), escrito por volta do ano 1161, Makhir era um descendente da Casa de Davi:

> *Então o Rei Carlos [Carlos Magno] pediu ao Rei de Bagdá [o califa] que lhe enviasse um de seus judeus que trouxesse em si a semente da realeza da Casa de Davi. Escutando isso, ele lhe enviou o magnata e sábio conhecido pelo nome de Rabi Makhir. E [Carlos] o instalou em Narbonne, a sua capital, e lhe deu uma vasta propriedade lá quando a capturou dos ismaelitas [árabes]. Ele [Makhir] desposou uma filha dos magnatas do lugar; [...] e o Rei deu-lhe um título de nobreza, por amor a [Makhir], e bons estatutos que beneficiaram a todos os judeus que habitavam a cidade, conforme está escrito e selado numa concessão em latim. O selo em questão [traz] o seu nome, Carolus, e está em posse deles até o presente. O Príncipe Makhir tornou-se o líder de lá. Ele e seus descendentes foram próximos do Rei e de todos os seus descendentes.*

Essa é uma história bela e interessante, relatada mais de 350 anos depois que os acontecimentos se deram e repleta de detalhes fantasiosos, como o fato de Carlos Magno ter escrito ao califa para pedir "um de seus judeus". Quer a referência à Casa de Davi tenha em si qualquer traço de legitimidade ou não, devemos notar que os judeus babilônios estavam estabelecidos na Mesopotâmia desde o ano de 587 a.C. e da tomada de Jerusalém por Nabucodonosor, que mandou a nobreza local para o exílio. Pelo visto, nem todos os membros da Casa de Davi retornaram depois que Ciro, o Persa, emitiu seu decreto em 538 a.C. permitindo a volta dos exilados para as ruínas da cidade. É plausível que tenha sido assim. Contudo, devemos notar também que não existe qualquer indício sugerindo que esses judeus remanescentes no exílio fossem judeus cristãos ou, menos ainda, descendentes da família de Jesus. Essa ideia foi plantada no raciocínio do leitor desse material autenticamente judaico em decorrência da hipótese do Sangue-Graal. Ela não tem qualquer evidência que a justifique de maneira alguma. A tese foi completa e sutilmente imposta por sobre as evidências. É preciso reconhecer que os autores das narrativas ligadas ao Sangue-Graal em momento algum mencionam explicitamente a suposta ligação, mas toda a estrutura da sua trama conduz o leitor a fazer a conexão por si próprio – a conexão implícita é intencional, não acidental.

Abraham ibn Daud [Daud quer dizer "Davi"] trabalha no plano da mitologia. Makhir não teve conexão com Carlos Magno. Foi o pai dele, Pepino, rei dos francos, que – na intenção de angariar apoio dos judeus de Narbonne em seus esforços para manter os omíadas afastados – garantiu amplos poderes a ele em troca da rendição da então cidade moura de Narbonne ao seu domínio em 759.

Os Anais de Aniane e a Crônica de Moissac, ambos textos redigidos por monges, atestam que o massacre da guarnição sarracena foi resultado de um levante das lideranças góticas de Nardonne. Em 768, Pepino concedeu a Makhir e seus herdeiros terreno na região. O Papa Estevão III chegou a reclamar (Zuckerman, em "The Nasi of Frankland in the Ninth Century and the 'Colaphus Judaeorum' in Toulouse" [Os *Nasi* das Terras Francas no Século IX e o 'Colaphus Judaeorum' em Toulouse]; *Proceedings of the American Academy for Jewish Research 33*, 1965:51-82), mas em 791 Carlos Magno confirmou o status do Principado Judaico, tornando o título de *nasi* permanente. "Nasi" quer dizer "líder" ou "príncipe", e nesse caso era mais um título honorífico, uma vez que o *nasi* governava apenas tutelado pelos francos.

Em 1165, Benjamin de Tudela esteve em Narbonne. Ele ficou muito impressionado vendo o status desfrutado pelos descendentes de Makhir, e as "Cartas da Realeza" de 1364 (Coleção Doat, pp. 53, 339-353) registram um *rex Iudaeorum*, um rei judeu em Narbonne. A *Histoire des Juifs du Languedoc**, de Saige (p. 44), encontra a casa da família de Makhir em Narbonne registrada nos documentos oficiais como *Cortada Regis Judæorumi*, a corte do rei judeu. A família apadrinhava uma escola

---

*N. da T.: literalmente, *A História dos Judeus do Languedoc*. Obra não editada no Brasil.

talmúdica de projeção internacional. Mas eles jamais se proclamaram descendentes da família de Jesus nem guardiões da identidade dos Desposyni. Pode-se argumentar, é claro, que fazer qualquer tipo de declaração dessa natureza seria imprudente diante do fato de a família ser protegida pela corte e não pelos prelados. Mas qualquer suposto indício de nervosismo no Vaticano em torno dessa questão pode ser considerado inteiramente conjectural.

Obviamente, é concebível também que os descendentes de Jesus em um determinado momento tenham se cansado de uma Igreja há muito distanciada de suas raízes e tenham simplesmente voltado à vida comum na Diáspora Judaica, direcionando talvez a sua experiência acumulada e suas tradições para o estudo da Cabala, ou uma forma de "gnosticismo" ou misticismo judaico que promete revelar os mecanismos religiosos por trás de todos os conceitos religiosos. No caso de isso se aplicar à família proeminente dos judeus narbonenses, então os descendentes de Jesus estariam espalhados em muitas famílias pelo mundo inteiro. O ponto que pretendo enfatizar aqui é que a família original não advogou para si essa posição, e não surgiu mais ninguém desde então que tenha feito o mesmo. E quem para um judeu, toda essa questão poderia inclusive ser percebida – dependendo da tradição na qual ele ou ela tenha sido criado(a) – como um constrangimento de proporções colossais.

Além do mais, antes que qualquer leitor decida se exaltar, a obra de Zuckerman foi recebida no meio acadêmico com críticas de uma veemência que não aparece refletida nas narrativas do Sangue-Graal. Para citar um exemplo, a ligação feita por ele entre Makhir e Natronai ben Habibi, um exilarca enviado para o exílio depois de uma disputa entre dois ramos da família Bostanai, carece de consistência. A identificação que ele faz de Makhir com um certo Maghario, Conde de Narbonne, e também com o "Aymeri de Narbonne", que na poesia aparece casado com Alda ou Aldana, filha de Carlos Martel, sendo assim pai de Guilherme de Gellone, também não é firme. O nome de Guilherme de Gellone é uma constante na narrativa do Sangue-Graal. Ele é uma figura que aparece em muitos épicos, incluindo *Willehalm*, de Wolfram von Eschenbach, também autor da história alquímica do "Graal" contada em *Parsifal*.

A identificação que Zuckerman faz entre Makhir e Theoderic é igualmente suspeita. Guilherme I, conde de Toulouse, o congênere mais historicamente embasado de Guilherme de Gellome, destacou-se no comando das tropas dos francos em Barcelona no ano de 803. Um poema em latim de Ermold Niger descreve o conflito no contexto do calendário judaico, retratando ao mesmo tempo o conde como um judeu praticante. Como esse conde William era filho de Theoderic, o conde franco da Gália Nardonense, Zuckerman supõe que Theoderic e Makhir deviam provavelmente ser a mesma pessoa. Depois de o seu texto se permitir esse mergulho no escuro, uma dinastia inteira de "reis" franco-judeus de Narbonne brota como num passe de mágica da descendência genuína e documentada de Theoderic. Assim, quando as crônicas cristãs relatam que Theoderic se recolheu a um monastério, Zuckerman considera isso como uma informação equivocada para obscurecer um herói judeu.

Uma alegada união entre a descendência de Martel e a suposta linhagem dos exilarcas de Bagdá faz aparecer a questão de uma "Dinastia do Graal" imaginada. No seu artigo *Saint William, King David, and Makhir: a Controversial Medieval Descent* [São Guilherme, rei Davi e Makhir: uma descendência medieval polêmica] (revista *The American Genealogist*, 72:205-223), N. L. Taylor expõe as falhas da cadeia de identificações feita por Zuckerman e que é adotada sem um olhar crítico pela narrativa do Sangue-Graal. E Taylor não está só – o seu parecer negativo quanto a essa hipótese é partilhado por estudiosos como Christian Settipani (*Continuité gentilice et continuité familiale dans les familles sénatoriales romaines à l'époque impériale: mythe et réalité* [Continuidade gentílica e continuidade familiar nas famílias senatoriais romanas na época do império: mito e realidade], Unit for Prosopographical Research, Linacre College, Universidade de Oxford, 2000, p. 78). A elaboração grandiosa de Zuckerman sobre um principado judaico no Languedoc é refutada por Aryeh Graboïs ('Une Principauté Juive dans la France du Midi a l'Époque Carolingienne?' [Um principado judeu no Midi francês no período carolíngio?], *Annales du Midi*, 85: 191-202, 1973), enquanto M. L. Bierbrier ("Genealogical Flights of Fancy. Old Assumptions, New Sources, Foundations" [Arroubos imaginativos na genealogia. Velhas suposições, novas fontes, fundamentos]; Periódico da Foundation for Medieval Genealogy, 2: 379-87; p. 381) opina de modo inequívoco que a construção como um todo não é digna de merecer a atenção séria do meio acadêmico. E Bierbrier conclui ainda: "Essa perspectiva foi refutada por todos os especialistas da área como um disparate completo".

Ora, mas podemos supor que todos eles estejam errados.

O que ainda nos resta? Não muita coisa, na verdade. E quando buscamos na narrativa o que ela tem a nos dizer com relação aos descendentes da família de Jesus, não conseguimos nenhum terreno firme sobre o qual pisar, apenas a água, e eu acredito que caminhar sobre ela provavelmente esteja além das capacidades da maior parte dos leitores – das minhas, certamente está.

Mas nós não podemos encerrar a nossa passagem pela Provença sem nos voltarmos para o grande ponto de atração da narrativa do Sangue-Graal, a história do Priorado de Sião. Ela tem o mérito de reunir virtualmente todas as migalhas de história e filosofia esotéricas conhecidas no Ocidente – e quiçá algumas do Oriente também – num único cesto. Ela soa como se fosse a solução para tudo, quando na verdade não oferece resposta para nada. E isso se dá, no meu entender, porque insiste em repetir continuamente as questões erradas: aquelas que as evidências não estão aptas a responder. O que temos na verdade é apenas uma espécie de alegoria alongada, repleta de símbolos e metáforas. Existe uma história de ligação arquetípica: a da "casa invisível" dos segredos, acessível apenas aos gnósticos que portarem as chaves do entendimento. Nós temos uma espécie de código simplista (que desconcerta os especialistas!) e nós temos uma ideia genuína, ou seja, uma teoria passada de geração em geração sobre a filosofia gnóstica da libertação pessoal que vem tocando profundamente muitos indivíduos desde os tempos antigos. A verdadeira "linhagem" consiste em conhecimento espiritual, reprimido por materialistas que concentram toda a sua riqueza nas coisas do mundo terreno como têm feito desde que Caim matou Abel e o povo, prestes a ser afogado pelo dilúvio, zombou de Noé e de sua arca.

Essa história grandiosa é sobre perda, e também sobre encontros. É sobre o que está escondido e o que se deixa ver. Sobre o que está aterrado e aquilo que se eleva, o corpo e a alma. Ela fala da destruição do tempo fazendo nascer uma nova esperança. A trama do Sangue-Graal é na verdade uma espécie de visão profética, revestida esparsamente de história. A partir dela pode-se depreender coisas que, supomos, jamais serão toleradas muito tempo neste mundo iníquo: a liberdade de espírito, a voz da verdade, "Deus", a verdade oculta e dinâmica das potencialidades do homem, a nossa habilidade mágica de fiar tramas e nos maravilharmos com elas, de traçar e de romper com nossos destinos. Talvez uma história assim tenha tanta veracidade quanto a profecia de Isaías proclamando que uma virgem haveria de conceber e dar à luz um filho chamado *Immanuel,* Deus conosco. Mas os entusiastas dessas meta-histórias grandiloquentes devem ser alertados.

Pode ser muito arriscado brincar com o Messias, pois, como a antiga cabala sabe, o resultado numérico ou gematria das palavras em hebraico para "Messias" e para "serpente" são idênticos. Ela pode picar – e faz isso.

ONZE

OS SENTINELAS – OU O MISTÉRIO DO CRISTIANISMO DESVENDADO

Quando eu iniciei essa investigação, fui tomado por uma vaga intuição de que fazer a pergunta "O que terá acontecido com a família de Jesus?" poderia acabar revelando alguma coisa nova a respeito do próprio Jesus histórico. E o fato é que, se a família de Jesus não foi lançada deliberadamente na obscuridade, aconteceu, sim, uma transformação: os "fabricadores de imagens" atuaram nesse caso. E existe um vínculo lógico claro entre esse fato e a ideia de que Jesus tenha sido quem, ou aquilo que, as Igrejas dominantes vêm insistindo que ele seja. Ou seja, o conhecimento a respeito da família de Jesus frustra os esforços da Igreja de produzir um determinado quadro teológico e impô-lo aos seus convertidos e seguidores.

Mas não foi um quadro teológico que caminhou pelas estradas e colinas da Judeia, Síria, Galileia e Transjordânia no século I da era cristã. Foi um homem com uma família.

A Igreja Cristã se apropriou do Jesus histórico, reformulou-o e lhe deu uma nova roupagem. Se fosse possível adquirir o *copyright* do nome dele eles o teriam feito, e não haveria nada que a família pudesse fazer a respeito. Eles não importavam. Eles, dizia-se, o haviam rejeitado, e portanto a Igreja rejeitava *a eles*. Perdendo a família, nós perdemos a realidade dos fatos. Caso eu fosse freudiano, o que não sou, poderia enxergar na Igreja um enorme complexo de Édipo, profundamente arraigado. A paternidade de

Jesus foi de fato suprimida ou "tirada de cena", e a Mãe se viu penetrada por um dogma. Afinal, não existe um traço neurótico na teologia cristã, sempre pronta a explodir à menor fagulha de dúvida?

A esse diagnóstico podemos somar também uma dose de esquizofrenia, perceptível na tensão entre Tiago, Jesus e a Família, com seu viés mais compassivo da retidão espiritual, e a linha paulina, calcada no princípio da expiação e da supressão da lei, o misticismo "evangélico" judicial. Paulo não era amigo da Família. Isso com toda a certeza. Se os verdadeiros inimigos de Paulo eram os "grupos da Nova Aliança", como Eisenman afirmou, o ponto de vista da família de Jesus se perdeu em alguma esquina desse caminho. A história do cristianismo é em grande parte escrita como um longo rol teológico que em momento nenhum dá sinais de fraquejar. Eles não podem estar inteiramente certos; e pode ser que todos estejam errados.

Ao comentar com as pessoas a respeito da minha investigação, eu fiquei impressionado ao constatar como o grau de interesse delas variava conforme o seu conhecimento ou não de que Jesus teve irmãos e irmãs. Hoje, um Jesus cercado de uma família conquista imediatamente muito mais "firmeza" para a sua imagem do que qualquer dogma teológico calcado-nas-alturas-do-firmamento jamais conseguiu. Jesus passa a ser alguém que você não pode dispensar facilmente dizendo apenas "eu sou agnóstico" ou "não acredito nessas coisas". Ele existiu; ele tinha uma mensagem. Numa era tão focada na percepção visual como a nossa, nós agora estamos no ponto em que podemos dizer: éramos cegos e agora conseguimos *enxergar*. Pode ser que a história nem sempre nos dê a verdade, mas ela certamente nos dá colorido, contornos claros e perspectiva. O problema dos filmes bíblicos, por assim dizer, é que eles *colorem todos os quadradinhos* da paisagem. Quem os assiste acha que está diante de um quadro completo; mas não está. Pode parecer "realidade", só que não é. É apenas uma imagem. Se quiser mesmo filmar a Ressurreição você vai precisar de uma máquina do tempo e de uma estrutura de apoio e tanto.

A única máquina do tempo que provavelmente teremos à disposição num futuro razoável é nossa própria imaginação. Portanto, chegou o momento de eu abrir o jogo e lhe oferecer os meus melhores esforços de reconstituição das evidências de que dispomos, encaixadas no que conhecemos do contexto social, religioso e político da época em que a família de Jesus surgiu na história. Há quem possa argumentar, é claro, que esta é apenas a minha interpretação pessoal das evidências, e que assim não passa de simples opinião. Bem, não se trata de uma *simples* opinião, de uma opinião não embasada, mas certamente também não é um dogma. Eu não gostaria que as pessoas simplesmente absorvessem o que vão ler aqui como uma aproximação da "verdade", sem refletir a respeito. A reconstrução lhes será dada como um estímulo ao pensamento criativo, acima de tudo. Essa mudança de perspectiva deverá enriquecer a mentalidade e a imaginação de crentes e não crentes na mesma medida. Os grupos de interesse reagirão sentindo-se ameaçados; eles não deveriam. *Buscai e encontrareis,* disse Jesus, estabelecendo assim o princípio da ciência como imperativo ético.

E se as autoridades eclesiásticas alegarem, como muitas vezes acontece nos casos de conhecimento *versus* dogma, "nós já tínhamos ouvido tudo isso antes" – então *por que não contaram para nós?*

UMA RECONSTITUIÇÃO

Jesus nasceu em 7 a.C., um ano reconhecido pela tribo dos *"Magoi"* ou Magos como dotado de indicadores astronômicos significativos da aparição de um rei em Israel (Mateus 2:2: "vimos a sua estrela no Oriente"). Esses indicadores foram confirmados pelo astrônomo Johannes Kepler no século XVII e pelo Professor David Hughes, astrônomo da Universidade de Sheffield, no século XX.

Um grupo desses magos ou "mágicos naturais" estabelecido em algum ponto entre Edessa e a Pérsia consultou os escritos proféticos dos hebreus. Eles teriam lido a respeito de uma "estrela" que viria de "Jacó" (Israel) com um cetro para governar, e de um rei que aproximaria Deus da humanidade ("Emanuel"), e de um lugar chamado Belém. A criança nasceria da Casa de Davi, na tribo de Judá. Eles concluíram acertadamente que uma criança poderia ser encontrada e "adorada", ou seja, respeitada e reconhecida, na cidade de Belém na Judeia. Infelizmente, em seu entusiasmo, eles aparentemente despertaram a atenção do rei Herodes para a ciência, o nascimento e a profecia.

A casa em Belém pertencia a um homem ligado intimamente à organização do Templo de Jerusalém – ele pode ter sido um sacerdote (temos a informação de que ele tinha uma "vara" sacerdotal). Talvez fosse um viúvo. José há pouco tempo havia se tornado noivo de uma serva do Templo de 16 anos, Maria. Os sacerdotes tomavam como esposas as virgens dedicadas pelos pais a Deus e entregues como escravas ao Templo.

É possível que os pais dos dois cônjuges fossem irmãos. De acordo com esse quadro, o tio de Maria, Jacó, e o tio de José, Yonakhir, seriam gêmeos, descendentes da Casa de Davi. Jacó se casou com Hadbhith e teve pelo menos dois meninos, Klopa (ou "Clopas") e José (mais propriamente "Yusef"). Yonakhir, um sacerdote, se casou com Hannah. Os dois tiveram uma filha, Maria (ou mais propriamente "Mariamme").

A mãe de Maria morreu quando ela estava com 12 anos. Ao que consta, a menina foi entregue aos cuidados de outro sacerdote, Zadok, e de sua esposa Sham'i, falecida quando Maria estava com 14 anos. A menina deve ter se sentido sozinha e vulnerável; ela não tinha escolha senão aceitar os desígnios de Deus, quaisquer que eles fossem. Completando 16 anos, Maria chegou à idade em que uma virgem deveria se casar a fim de não se tornar uma fonte de impureza para o Templo por causa de sua menstruação. Ela vivia cercada de homens mais velhos que consideravam a si próprios como santificados. Imagine passar o tempo todo no meio de sujeitos vestidos de branco, sacrificando animais sem parar.

Parece haver uma peculiaridade a respeito do verdadeiro pai de Jesus. Se José era um sacerdote, ele não deveria se casar com uma garota grávida. Mateus nos conta que ele se viu numa posição muito delicada. Os primeiros escritos que temos quanto às relações de Maria com seu filho recém-nascido indicam que, pelo menos no que dizia respeito à sua existência carnal, Jesus era um membro da Casa e da semente de Davi. Nós sabemos que a criação de um ser humano requer o esperma de um homem e o óvulo de uma mulher. Não pode existir corpo humano sem a participação masculina e a feminina. Esse fato, no entanto, não era tão óbvio para as pessoas no século I d.C. A eles soava plausível que uma criança especial fosse "gerada" por um agente sobrenatural, um deus ou um anjo, e tivesse sua "carne" proveniente apenas da mãe.

Uma crença amplamente difundida entre os religiosos na época de Jesus era que muitas mulheres pecadoras haviam, nos primórdios da História, sido fecundadas por anjos que as cobiçavam e desciam do céu a fim de seduzi-las, produzindo com isso uma raça de gigantes. É muito provável que Maria tenha sido criada ouvindo essas histórias, sobretudo no ambiente do Templo. E o fato é que, como veremos, elas tiveram uma importância grande para a sua família.

É perfeitamente possível que a jovem tenha engravidado de um homem desconhecendo os fatos da biologia humana e, como virgem consagrada que era, ficado apavorada ao se descobrir grávida – pelo menos no primeiro momento. A gravidez talvez tenha sido um laivo de alegria na vida da jovem solitária, algo precioso e que era só seu. Seja como for, o choque inicial certamente explicaria a sua atitude de procurar a parente Isabel, possivelmente uma prima. Isabel descendia da linhagem sacerdotal de Aarão e era casada com um sacerdote, Zacarias. Ela devia conhecer bem o que se passava no Templo e o tipo de vida que Maria levava. E Isabel também, como nos conta Lucas, havia concebido em circunstâncias incomuns. Ela já era velha, e considerada estéril, quando engravidou de seu filho João. Maria pode ter sido avisada por alguém de sua confiança, como a própria Isabel ou mesmo um anjo que ela estivesse convencida de ter visto, que o seu estado era na verdade obra do Espírito Santo e que o melhor a fazer era se oferecer de bom grado à vontade de Deus, como ela aprendera desde sempre – vivendo até então como posse do Templo, ela estava prestes a tornar-se uma posse de José.

Estivesse eu na posição de um investigador policial tentando desvendar um crime, me pareceria prudente olhar com mais cuidado a figura do padrasto Zadok, ou algum outro sacerdote do Templo, principalmente diante dos rumores correntes na época a respeito da corrupção da classe sacerdotal. O Templo era um patriarcado; não seria concebível imaginar que virgens grávidas tivessem qualquer chance no caso de se sentirem incomodadas pelos veneráveis senhores consagrados ao serviço divino – da mesma forma que um garoto molestado nas mãos de um padre católico em tempos que, esperamos, fazem parte do nosso passado.

Se alguém duvida, em toda a sua boa-fé, da possibilidade de o Espírito Santo fazer as vezes de esperma humano, o mais indicado a fazer é investigar primeiro entre os próprios membros da família a possível paternidade – isso se, de fato, o pai verdadeiro já não estivesse o tempo todo ao lado de Maria: o noivo, José, que porventura não tivesse conseguido esperar a celebração da cerimônia de casamento para desembrulhar seu presente. Mas Mateus não parece pensar que fosse esse o caso, nem eu.

Segundo lemos em Mateus 1:25, depois do nascimento de Jesus Maria e José mantiveram relações sexuais, como seria esperado de marido e esposa, ou sacerdote e virgem. Maria agora estava em segurança, ou achou que estivesse, casada com um homem de recursos e firmemente instalada numa família que guardava o conhecimento de que formava a linhagem escolhida da autêntica monarquia de Israel, há muito destituída por vontade de Deus e pela força dos usurpadores. Mas da Casa de Davi, do "tronco" de Jessé viria o "Ramo" do Messias, o líder do povo ungido por Deus.

A família mal tivera tempo de se ambientar na sua casa de Belém quando chegaram os homens de Herodes em busca do rei dos judeus prestes a nascer. Eles então fugiram rumo ao Egito, possivelmente para Alexandria, onde havia uma comunidade judaica considerável e que contava com alguns filósofos de renome e homens santos. Nesse meio, as crenças messiânicas floresciam lado a lado com versões filosóficas delas.

No ano 4 a.C., Herodes morreu e foi sucedido no trono por seu filho Arquelau. José chegou a planejar um retorno para a terra natal dele e de Maria na Judeia, mas ele parece ter tido informações suficientes sobre Arquelau e sobre os problemas enfrentados no Templo para mudar de ideia.

Jesus estava com cerca de 3 anos, e talvez a essa altura já tivesse dois irmãos ou irmãs – ou três, no caso de dois serem gêmeos. Maria provavelmente devia estar grávida outra vez. O conhecimento privilegiado de que José dispunha sobre o regime herodiano pode ter lhe indicado que o território governado por Herodes Antipas na Galileia seria mais estável e possivelmente mais acolhedor do que a Judeia de seu irmão, onde um confronto entre Arquelau e os líderes religiosos e seus seguidores estava prestes a explodir em Jerusalém, com consequências sangrentas. Na condição de membro de uma família envolvida profundamente com a estrutura do Templo e marcada como inimigos políticos do pai de Arquelau, José podia ter conhecimento de um enclave sacerdotal sagrado na Galileia, talvez até mesmo secreto, mas de qualquer forma adequado como local para se refugiar e criar a família até que chegasse o momento de retornar de vez para o patrimônio na Judeia.

Outra possibilidade é que o próprio José tenha estabelecido o enclave ou assentamento na Galileia, chamado equivocadamente de "cidade" de Nazaré no texto de Mateus. Eu me sinto inclinado a acreditar que José tenha criado os filhos, Jesus, Tiago, José, Maria e Salomé, para verem a si próprios como os *Natsarim*. O seu assentamento talvez fosse conhecido como um *Natzarets:* "território dos guardiões", ou "território dos sentinelas". As ideias de "guardar" e "vigiar" (implicadas no termo hebreu "*natsar*") referem-se a guardar a lei da retidão e vigiar à espera do Dia do Senhor (*Yom YHWH*).

De uma forma mais específica e poderosa, a expressão "os sentinelas" ou vigias (*Natsarim*) tinha na época um significado esotérico particular revelado aos justos que lessem o texto apocalíptico do Livro de Enoque (cujas partes são datadas do período entre *circa* 100 a.C. e 70 d.C.), um livro bem conhecido pelos essênios, pelos "adeptos da Nova Aliança" ou da "seita de Qumran" e, acima de tudo, por Jesus e por seus irmãos. É do Livro de Enoque que vem boa parte dos fundamentos lógicos e da mitologia que compõem a mensagem de Jesus, embora ele seja pouco lido hoje em dia – possivelmente por não ter nada a dizer ao cristianismo paulinista.

É importante notar que o termo "natsarim" aparece em Jeremias, 4:17-17. Partes fundamentais do Livro de Enoque parecem ser uma *midrash* ou expansão dessa passagem de Jeremias:

> *Porque uma voz anuncia desde Dã, e faz ouvir a calamidade desde o monte de Efraim. Lembrai isto às nações; fazei ouvir contra Jerusalém, que vigias vêm de uma terra remota, e levantarão a sua voz contra as cidades de Judá. Como os guardas de um campo, estão contra ela ao redor; porquanto ela se rebelou contra mim, diz o Senhor.*

A família de Jesus viera, segundo conta Mateus, de terras distantes. Se estivessem mesmo estabelecidos no lugar que hoje chamamos Natseret, eles talvez tenham buscado a região da Planície do Megido ("Armagedon") e as partes mais ao sul na direção de Efraim. A localização era significativa dentro das profecias judaicas do Dia do Senhor. Oitenta quilômetros ao norte estava Dã, e ao norte de Dã o Monte Hermon, na "terra de Damasco" onde a "Nova Aliança" do Professor da Retidão se estabeleceu.

O Livro de Enoque traz também uma série de visões sobre a condenação de "Sentinelas" *iníquos*. Esses "Sentinelas" iníquos teriam igualmente vindo "de lugares distantes": anjos corrompidos que deixaram os céus para semear na terra as sementes do mal. De acordo com Enoque, Deus pune os Sentinelas iníquos atrelando-os ao plano terreno, mas com isso a criação divina fica corrompida. O confronto se torna inevitável.

Falando em termos gerais, a expressão "os Sentinelas" denota os anjos de Deus, imaginados como estrelas ou luzes na escuridão. O Pai das Luzes declara a Enoque: "E todo aquele que for sentenciado à condenação eterna seja juntado a eles [os Sentinelas iníquos], e seja com eles mantido em correntes, até o fim de todas as gerações". O Armagedom está próximo:

Destrói todas as almas dos condenados, e a descendência dos Sentinelas, porque eles tiranizaram o gênero humano. Destrói todo o mal da face da terra, e que toda obra maléfica chegue a um fim: e que a planta de retidão e da verdade apareça, e que seu fruto se torne uma bênção. Que a obra da retidão e da verdade apareça, e que ela se prove uma bênção. As obras da retidão e da verdade devem na verdade ser plantadas para a alegria eterna. E então todos os justos escaparão, e viverão até que tenham gerado filhos aos milhares, e que todos os dias da sua juventude e da sua velhice sejam vividos em paz.

(Enoque 11:15ff.)

Imagine a sensação de estar sentado nas colinas sobre a Planície de Megido, ouvindo talvez essas mesmas palavras poderosas recitadas da boca de seu pai e se sabendo consagrado ao serviço do Senhor. Voltando o olhar para o céu e em seguida de volta à terra, você logo tomaria consciência do que estava envolvido nos "assuntos de seu Pai".

De maneira significativa, nós somos informados no capítulo 12 do livro que, antes do fim, "Enoque então desapareceu, [...] e suas atividades estavam ligadas aos Sentinelas, e seus dias eram passados ao lado dos homens santos". Enoque estava tratando dos assuntos de seu Pai, da mesma maneira que seu descendente Jesus fez (em Lucas, 3:37):

E eu, Enoque, estava bendizendo ao Poderoso Senhor e Rei da Eternidade. E eis que as Sentinelas me chamaram – Enoque, o escriba – e me disseram: "Enoque, escriba da retidão. Vai e declara às Sentinelas dos Céus que deixaram os Altos Céus, o sagrado lugar eterno, e se corromperam com mulheres, e fizeram como os filhos da terra fazem e tomaram para si esposas: "Trouxestes grande destruição para a terra..."

(Enoque, 12:3ff.)

Imagine Maria, mãe de Jesus, ouvindo as histórias de anjos caídos que vinham deflorar as mulheres, e dos homens iníquos que descendiam desses Sentinelas caídos e que seriam acorrentados aos infernos.

Azazel, príncipe dos Sentinelas caídos, implora a Enoque que interceda junto ao Senhor dos Espíritos para que mude a sua sentença. Nesse momento, vemos Enoque encaixar seu texto diretamente à profecia de Jeremias citada anteriormente, pois é das terras de *Dã* bem ao norte que ele proclamará o julgamento daqueles que se "rebelaram" contra o Senhor. Essa é a mesma Dã que será visitada por Jesus, a cidade rebatizada e romanizada pelos herodianos como *Cesareia de Filipe*. O mesmo lugar onde Pedro declara que Jesus é o Messias (Marcos, 8:27ff.), e onde Jesus fala do "Filho do homem" (uma figura central do Livro de Enoque), apenas para ser repreendido fisicamente, o que equivale a dizer *ser atacado,* por um Pedro enfurecido depois de ouvir que essa figura deveria ser repelida e morta – exatamente o oposto de tudo aquilo por que Pedro ansiava. Jesus então vê o espírito do mal agindo através de Pedro e manda que "Satanás" (ou o Sentinela iníquo) se afaste. A derrota dos Sentinelas decaídos e atrelados àqueles que praticam o mal requer a reversão das expectativas do mundo: o Messias tem que morrer!

Enoque nos mostra que por trás da sina dos homens que se rebelam contra Deus desenrola-se um drama cósmico encenado entre o Todo-Poderoso e anjos rebeldes cujos espíritos maléficos possuíram boa parte da humanidade: "E eu fui e sentei junto às águas de Dã, nas terras de Dã, a sudoeste de Hermon, e eu li sua petição, até que adormeci" (Enoque, 13:7ff.). Esse livro é muito claro: os "maus espíritos sobre a terra" são os produtos dos Sentinelas iníquos que desfrutaram dos pecados da humanidade. Compreender esse cenário nos ajuda a entender em toda a sua dimensão a prática comum de Jesus expulsar demônios das pessoas. Ele sabe a serviço de quem eles estão. Vide a famosa história do endemoninhado de Gadara, que tem seus demônios expulsos e levados a possuir uma manada de porcos que acaba por se precipitar do alto de um despenhadeiro no mar – da mesma forma que muitos zelotes mais inflamados fariam, figurativamente falando. Seria a história dos porcos de Gadara originalmente um comentário a respeito do comportamento suicida de zelotes enlouquecidos por maus espíritos?

Azazel é o "príncipe deste mundo" cuja legião de espíritos Jesus e seus companheiros Natsarim expulsarão. Os inimigos de Deus são inimigos *espirituais*. Espadas não podem destruí-los. O mundo precisa do poder divino do exorcismo messiânico – "livrai-nos do mal" – e não de falanges de autodenominados "guerreiros santos" rompendo o mandamento do "não matarás".

Parece provável que a família de Jesus tenha se envolvido de alguma forma com pelo menos um dos assentamentos messiânicos do "grupo da Nova Aliança" – isso se efetivamente "Nazaré" em si já não fosse um deles – e que talvez concordasse com boa parte da atitude de devoção e justeza apregoada neles. Mas Jesus sabidamente não era um ávido seguidor de manuais de disciplina alheios. A sua posição sobre as armadilhas da obsessão pela observância externa da lei em detrimento da verdadeira contrição e oportunidade de perdão e autoconhecimento criaria uma pedra no caminho das suas boas relações com os seguidores do Professor da Retidão, tão certamente quanto seu pai José já decidira não levar a família de volta a Jerusalém em 4 a.C. na ocasião em que *um outro* professor da retidão criara um banho de sangue no Templo em nome do Senhor.

Até onde podemos saber, Jesus realmente partilhava da censura radical à corrupção entre os sacerdotes do Templo professada pelo grupo da Nova Aliança. Podemos presumir que os autores de um Manual de Disciplina de Qumran teriam recebido com bons olhos as preleções inflamadas feitas por Jesus sobre a destruição do Templo de Herodes. Contudo, o modo com que garante que *ele mesmo* o reconstruiria "em três dias" certamente os escandalizaria. Se para um observador externo a posição de Jesus pode parecer muito próxima à do grupo da Nova Aliança, como é frequente vermos em agremiações radicais, uma distinção ínfima que seja é capaz de levar facções diferentes dentro dela a um grau de ódio mútuo maior do que aquele reservado aos seus opositores declarados. Ninguém discute que Stálin odiava Trotsky mais do que detestava Winston Churchill, por exemplo. Os muçulmanos moderados dedicam às facções extremistas um desprezo muito maior do que nutrem por qualquer papa. Heresias interpretativas sempre foram vistas pelas ideologias religiosas dominantes como sendo mais ameaçadoras do que a existência daqueles que rejeitam completamente a crença.

Para falar talvez de maneira mais suave, Jesus tinha divergências com o grupo da Nova Aliança a respeito de questões como a aplicação da lei e a viabilidade de travar o conflito messiânico usando a força das armas – a menos que nós, como fez Eisenman, descartemos a maior parte dos registros canônicos como pouco mais do que material de propaganda da vertente paulina. Jesus havia encontrado uma outra porta: *ele mesmo*. E mais do que isso: se os sectários da retidão houvessem suspeitado por um instante que fosse que Jesus sabia por si mesmo que ele era o Messias prometido – coisa que ele não costumava alardear com frequência – eles o teriam descartado como um impostor destinado à morte de qualquer maneira. Segundo a disciplina que seguiam, um Jesus blasfemo e pseudomessias estaria completamente excluído do alcance da misericórdia de Deus. Livrar-se dele seria inclusive um dever sagrado. Ele era um amaldiçoado: a crucificação era um destino bom demais para um ser assim. Nessas circunstâncias, Jesus só poderia contar com o apoio da família e, subsequentemente, de seus novos seguidores da Judeia e da Galileia. E de fato ele foi apoiado quase até o fim por seus seguidores, e até o último momento por sua família. Depois de terem declarado guerra espiritual contra os líderes da religião judaica, da mesma maneira que seu parente e amigo João fizera contra os pecados dos herodianos, Jesus e seus irmãos podiam se considerar com os dias contados – assim como, alguém pode argumentar, logo ficaria claro que também estavam contados os dias da dinastia de Herodes e da organização sacerdotal do Templo que fora corrompida por ela. Nenhuma das duas sobreviveu após o tempo de existência dos familiares de Jesus. E junto com o Templo e os herodianos se foram também o grupo da Nova Aliança ou, se preferir, os "sectários de Qumran", os responsáveis pelos textos mais interessantes dos "Manuscritos do mar Morto" e cuja aliança, como se viu no final, não era tão nova assim.

Talvez nós nos vejamos inclinados a considerar que a missão de Jesus foi um grande sucesso, ainda que suas metas estivessem limitadas à transmutação da corrupção da religião de Deus pelas mãos de sacerdotes e reis iníquos. Mas, claro, um programa messiânico que se preze inevitavelmente abrangerá mais do que o tipo de coisa que vira tema dos noticiários e das manchetes de jornais.

Agora que já compreendemos o conceito em torno dos bons "Natsarim", os "Sentinelas" ou agentes de Deus na terra (nomeados em grego como "Nazoreanos") em sintonia com os anjos que não caíram e que se empenham em combater os poderes invisíveis que corrompem a alma humana, nós podemos perceber que a queda do antigo Templo e do sistema herodiano seria apenas a primeira onda do novo paraíso e da nova terra inaugurados pelo Messias de Israel.

Como os irmãos de Jesus viram a Crucificação ou como reagiram pessoalmente ao anúncio da Ressurreição é algo que nós não sabemos – só o que podemos afirmar é que todas as evidências indicam que eles teriam reconhecido que um milagre acontecera. A Cruz não fora o ponto final da história. Aquele Jesus cuja cruz abominável fora planejada para ser a última palavra perfeita de Roma quanto às esperanças de um "Rei dos Judeus" se recusava a se deixar abater. Depois de morto, se dizia que estava vivo. O povo estava falando dele. Afinal, ele não havia se reerguido dos mortos, se declarado perante os vivos e depois se erguido ainda mais rumo aos céus? E ele não estava reinando lá do alto? Será que a família de Jesus soube interpretar a sabedoria de sua morte, enxergando que Jesus sobrepujara os Sentinelas iníquos, o poder por trás de todos os poderes, quando reverteu a tendência humana fundamental de amor a si própria e assim abriu as portas para a ressurreição e uma nova vida no espírito de Deus, desbravando uma trilha para longe dos paradoxos e da fatalidade de adorar a entidade criada, de modo que os filhos sagrados pudessem assim se entregar mais plenamente ao espírito eterno da criação?

É uma bela ideia.

Não resta dúvida de que o irmão Tiago, que foi líder da assembleia de Jerusalém, pregava não apenas a retidão no sentido legal, mas a salvação e o julgamento vindouro como previstos pelos antigos profetas. Mas isso ainda se encaixava sem atrito com os conceitos e tradições da vida profética judaica. Era comum que os profetas fossem rechaçados; os seguidores mais próximos de Jesus não ficariam sobressaltados ao constatar que o "Filho do Homem" era igualmente difícil demais para ser aceito pelos iníquos e os acorrentados à terra. Quando é que o materialista se abre para o divino, afinal? Resposta: quando ele enxerga vantagens materiais nisso.

Que Tiago, segundo nos conta Hegesipo, tenha ecoado as palavras do Senhor Jesus por ocasião de sua própria morte é algo digno de nota. "Perdoai-os, Senhor, eles não sabem o que fazem." O homem não conhece a si próprio. Ele não enxerga a aliança de amor que há dentro de si, a aliança que o liga a seu Criador e Senhor. E por isso patina sem rumo, tornando-se presa de espíritos maléficos e degradando a si mesmo e a tudo em torno.

A compreensão da natureza essencialmente espiritual dos conflitos envolvendo um Jesus libertado juntamente com sua família e seus amigos da estreiteza do falso moralismo é algo que emana do "Documento de Damasco" e de outros textos pertencentes ao conjunto que hoje chamamos de "Manuscritos do mar Morto". Essas obras representavam a mentalidade dominante entre os judeus inclinados à crença messiânica do tempo de Jesus, ou seja, dos judeus *compromissados* com o messianismo. Seu compromisso era com uma nação purificada, um povo santificado, livre e amado por Deus. A meta por certo era admirável, mas seus métodos – como os fatos logo demonstrariam – equivocados. E tanto Jesus quanto Paulo concordariam com relação a isso, creio eu. "Limpa primeiro o interior do copo." Manter a observância externa à lei é possível para uma pessoa que conserve sua verdadeira alma reservada e em silêncio, de modo a parecer "boa" por fora, atendendo a todos os requisitos da retidão, mas permanecendo igual ao que era antes internamente. Eisenman tem toda a razão ao identificar como a divisão mais drástica daquela era e lugar a que existiu entre Paulo e os adeptos da Nova Aliança. Paulo estava convicto de que a lei não era capaz de tornar as pessoas boas naquilo que realmente importava. Mas ele levou essa crença um passo adiante, para um patamar que eu não creio que os ensinamentos de Jesus e de seus amigos poderiam sustentar: o abandono completo da lei. A nova aliança viera para consumar a antiga, não para aboli-la. O chamado era para se unir, ou se reunir, às criaturas sagradas de Deus. A abordagem de Paulo foi cismática desde o primeiro momento.

Parece provável que Jesus tenha extraído seu modelo operacional de diversas fontes, em especial os relatos contidos nas escrituras sobre a organização sacerdotal nos reinados de Davi e de Salomão. Eu não vejo motivo para que ele não pudesse ter se apropriado da ideia (ou concordado com ela) do conselho composto por doze homens e três sacerdotes dos grupos escatológicos (que professavam o fim do mundo) dentre os adeptos da Nova Aliança (a chamada "comunidade de Qumran"). Evidências sugerem que ele removeu o que teria considerado como os vícios desse sistema – como a atitude perpetuamente julgadora e os ideais inatingíveis de conduta humana, que criavam a necessidade de uma casuística tediosa e desalentadora de penalidades legais em casos de reincidência.

A mensagem de Jesus condiz com documentos de autenticidade comprovada tais como o Livro de Enoque, talvez o texto mais importante do esoterismo judaico em seu tempo de vida. Enoque delineia o papel salvador da figura conhecida como "o Filho do Homem" que brotou das entranhas de Jesus da mesma maneira como acontecera no espírito de Ezequiel mais de 500 anos antes. No caso de Jesus, a visão da forma divinal do Homem parece ter se consolidado a ponto de inspirar avistamentos espirituais da sua individualidade transfigurada e testemunhada pelos seguidores mais próximos, que eram arrebatados de suas existências cotidianas e conduzidos aos mundos infinitos da perspectiva espiritual.

O Filho do Homem é o Homem feito à imagem de Deus, a porta para o progresso individual humano – é a conclusão mais adequada para a antiga injunção do "conhece-te a ti mesmo": aquela parte da psique que não foi engolfada pela matéria e que, embora obscura para a consciência comum, mesmo assim reflete a pura luminescência do "Pai das Luzes", como o Livro de Enoque chama o Pai Celestial. Para receber a luz, é preciso antes que se purifique o interior do copo. Então, Jesus prometia a seus pupilos, viriam os poderes da percepção e do exorcismo. Assim ele soltou "os seus" pelo mundo.

O cerne do círculo familiar de Jesus aparentemente era composto por ele mesmo, o rei, seus irmãos Judas, Tiago e José, o primo Simeão, ou Simão, Maria esposa de Klopa, as irmãs de Jesus, Maria e Salomé, a amiga da família Maria Madalena, Pedro (a "Pedra") e João. Esse foi o esquadrão messiânico lançado sobre um mundo profundamente suspeitoso e mergulhado nas trevas.

Mesmo depois do fracasso da revolta ocorrida entre os anos 66 e 73 d.C., os movimentos messiânicos continuaram sendo vistos como uma potencial ameaça a Roma; e Roma tinha razão. A fantasia judaica de derrotar Roma à força das armas não se extinguiria por completo até a ocasião da derrota de Bar Khochba, mais de sessenta anos depois que o suicídio em massa na Fortaleza de Massada pôs um fim à Revolta Judaica no episódio considerado por alguns dos que vieram mais tarde como uma punição contra os iníquos da Judeia por terem assassinado Tiago, o irmão de Jesus.

Antes que Shimon Bar Khochba chegasse ao seu fim humilhante, os serviços de informação de Roma já estavam em busca dos membros da Casa de Davi, da mesma maneira como hoje são monitorados os parentes de Osama Bin Laden. Era o caráter *religioso* da revolta judaica que tanto enfurecia e exasperava os romanos, levando-os a extremos de crueldade nos seus métodos de repressão. Eles afinal não eram imunes ao temor a Deus. E a família de Jesus acabou sendo uma vítima desse temor – que tinha motivações políticas, podemos dizer, mas que se mostrava como sendo de origem inteiramente espiritual para aqueles que mais sofriam à sua custa.

Simeão, filho de Klopa, morreu por volta do ano 106 ou 107 d.C. numa dessas perseguições romanas. Ele foi martirizado durante o governo de Trajano, visto por seus parentes como mais um instrumento dos "Sentinelas" iníquos. Muito idoso, Simeão havia sobrevivido ao ataque à Casa de Davi comandado pelo imperador Domiciano entre 81 e 96 d.C. As perseguições de Domiciano apreenderam dois netos do irmão de Jesus, Judas. Nós podemos imaginar que esses homens tivessem recebido as doutrinas que aparecem na canônica Epístola de Judas, um texto pouco lido mas que contém referências diretas ao profeta Enoque e à natureza da luta espiritual. É fascinante notar que em ambos os casos Hegesipo relata que os perseguidos foram delatados por "hereges" dispostos a atiçar as autoridades romanas para que exterminassem a família de Jesus. Esses hereges poderiam ser, eu me pergunto, sobreviventes do movimento dos "adeptos da Nova Aliança" cujo testemunho rancoroso chegou até nós através dos Manuscritos do mar Morto? A ideia parece irresistível. A atitude deles pode muito bem representar o alvo verdadeiro da fala de Jesus quando este diz que um profeta não é desonrado senão entre os seus – uma declaração que Paulo talvez tenha levado a sério demais.

Como a história mostrou, os gentios passariam a ser os maiores fãs de Jesus – desde que ele não assumisse contornos judeus demais.

Depois da curiosa referência aos *desposyni* feita por Júlio Africano *circa* 220 d.C., a família de Jesus efetivamente desaparece do mapa – ou pelo menos assim parece por volta do ano 300, já que Eusébio de Cesareia não faz qualquer menção a membros vivos dela. A menos, claro, que ele tenha feito isso intencionalmente a fim de protegê-los, mas nós não temos evidências que sustentem essa ideia.

É possível que a família, que a essa altura já poderia ser bastante numerosa, tenha considerado inaceitáveis os postulados absolutos do Credo de Niceia cunhado sob o olhar atento do imperador Constantino. O seu parente Jesus havia sido transformado num conceito teológico, cristológico, e tivera sua essência humana tão vaporizada que ninguém mais ousaria chamá-la de humana sem fortes reservas. O seu arauto apocalíptico de contornos encantadoramente humanos havia sido domado para se enquadrar na *Pax Romana* muito depois de já tê-la transcendido. Ele podia governar nos céus o quanto quisesse, desde que o imperador e os bispos nomeados por ele cuidassem das coisas na terra. O seu reino podia não ser deste mundo, mas ainda restara um quinhão "deste mundo" grande o suficiente na equação teológica para dar espaço aos imperadores e exércitos, aos mercadores e aos aristocratas sedentos do status e da riqueza que eram recusados pelos Natsarim.

Talvez então a família tenha simplesmente se retirado desgostosamente – para a França, possivelmente, ou mesmo para a Babilônia. Não que eles pudessem dizer que tinham o mundo a seus pés, mas por certo deveria haver lugares na Diáspora onde pudessem encontrar acesa a chama interior do verdadeiro misticismo sagrado judaico – além de um pouco de paz e tranquilidade. Talvez eles simplesmente tenham se calado e ido cuidar de suas vidas na Síria, dando-se por satisfeitos por terem, como família, cumprido a sua parte. As novas gerações às vezes podem ter percepções muito diferentes daquelas sustentadas pelas anteriores.

Mil e setecentos anos atrás é um passado imensamente longínquo. Jesus esteve neste mundo certa de mil anos antes de a Batalha de Hastings estourar. Os registros da Idade Média de que dispomos hoje são absolutamente inadequados ao propósito de identificar famílias específicas fora dos círculos da nobreza, especialmente quando não temos nem um mísero nomezinho que seja.

Seria reconfortante imaginar que a mão da providência conservou as famílias sobreviventes a salvo e longe dos perigos da noite, mas nós não temos evidências que atestem isso – o que provavelmente é a maior segurança que poderia existir. Se eu mesmo quisesse sobreviver intacto à "geração da informação", iria desejar mesmo que não existisse informação alguma. Se vocês estiverem por aí, irmãos e irmãs, continuem guardando segredo – este mundo não tem nada a lhes oferecer além de problemas.

Mas uma grande reparação se faz necessária: o preço pela rejeição à família de Jesus foi a desarticulação da civilização espiritual e a fragmentação deste mundo.

Verdade?

Claro, pense bem.

Se a família de Jesus tivesse permanecido à frente da assembleia messiânica ou "Natsarim" e se Paulo tivesse se submetido à autoridade de Tiago sem professar uma doutrina conflitante com a do bispo de Jerusalém, fornecendo munição para o direcionamento antijudaico da fé que se seguiu à Revolta Judaica, então possivelmente a Igreja ocidental não houvesse se distanciado tanto de suas raízes judaicas a ponto de caminhar para uma elevação de Jesus do plano metafórico para o pseudofísico, ou seja, da carne para a apoteose.

A extravagância da cristologia (conjunto das crenças sobre o Cristo) de se deleitar com a tentativa de amálgama do pensamento judaico com o grego, o egípcio e o asiático não só provocou uma "heresia" atrás da outra como levou o Profeta Maomé, por exemplo, a rejeitar – no século VII – a doutrina trinitarista em todas as suas formas ortodoxas, insistindo na unicidade de uma Divindade Suprema que só pode ou se dispõe a lidar com a humanidade de uma posição exterior à natureza criada. E esta, por sua vez, sendo criada, apenas pode se submeter à vontade de seu criador, a unidade soberana, Alá. A divindade impessoal foi reafirmada, e a vida de suas criaturas relegada a um status no qual qualquer forma humana representada em contextos sagrados seria condenada como blasfêmia.

A Igreja Católica do Ocidente, tendo herdado uma cristologia que cresceu em grandiosidade exterior, inacessibilidade e imprecisão espiritual à medida que se inflou até ganhar proporções imperiais, tomou para si uma parcela maior do que a habitual de amargas lutas internas contra os "hereges". Os militantes da Igreja com o tempo acabariam incorrendo na mesma doença das cruzadas medievais, na qual cada um dos "inimigos" alegava ter "Deus" do seu lado: uma situação absurda que persiste sob diversas formas, trazendo consequências lamentáveis para a civilização, e que tem na religião espiritualizada a sua primeira vítima – talvez intencional.

Quase não cabe aqui enfatizar, já que isso deve estar mais do que óbvio para os leitores a esta altura, que o posicionamento antijudaico reafirmado em postulados importantes da tradição cristã e que levou ao massacre, supressão, expulsão, ridicularização e em última instância ao holocausto dos filhos de Israel, provavelmente nunca teria surgido caso a família de Jesus tivesse permanecido em cena. Os governantes só puderam atacar os judeus porque a Igreja se absteve de defender os seus – o judeu, como judeu, não fazia mais parte da família divina.

É difícil imaginar a cisão do monoteísmo judaico em três "religiões distintas" num contexto em que os mais próximos e mais queridos de Jesus não tivessem sido alienados do próprio movimento que ajudaram a fundar. Não teria existido nenhuma Reforma, nenhuma separação entre fiéis católicos, protestantes e ortodoxos; não teria havido a necessidade de reformular o monoteísmo segundo os termos do Islã; os seguidores de Jesus nunca teriam percebido o judaísmo como um movimento distinto e uma religião separada da sua, e portanto o holocausto nazista jamais teria acontecido – todas essas e tantas outras inquietações que abalaram nossa história e abalam o nosso presente tiveram sua origem na rejeição à família de Jesus.

Não foi por acaso que eles se tornaram "desaparecidos".

Em termos mais simples, podemos concluir dizendo que se a família de Jesus não houvesse perdido o controle sobre a operação espiritual iniciada por ele, toda a história da nossa espécie teria assumido contornos muito diferentes, inimagináveis. É possível que a religião tivesse evoluído de uma maneira diferente, talvez para uma forma de guerra travada exclusivamente no plano espiritual e sem oponentes de carne e osso, ou seja, para uma "jihad" ou luta que fosse interna, pessoal, e não algo a ser manipulado de fora para dentro por pseudossábios se dizendo protegidos e autorizados por Deus, falsos profetas ou políticos vulgares, burgueses ou aristocratas.

Em resumo, a rejeição e perda da família verdadeira de Jesus foi o que criou a interminável crise religiosa ao longo da qual tanto Oriente quanto Ocidente vêm se arrastando – com raros interlúdios de vislumbre e contato com a luz – pelos últimos deploráveis mil e novecentos anos.

Será que já não é tempo de enfim reencontrarmos a Família desaparecida – quero dizer, antes que os *Sentinelas* encontrem a *nós?*

LEITURAS ADICIONAIS

A BÍBLIA. Sim, a Bíblia. Para leitura em inglês, a melhor é a versão King James.

BAIGENT, Michael; LEIGH, Richard; LINCOLN, Henry. *A herança messiânica.* Nova Fronteira, 1994.

CHURTON, Tobias. *O beijo da morte* – a verdadeira história do Evangelho de Judas. Madras, 2009.

DE CESAREIA, Eusébio. *História Eclesiástica.* Fonte Editorial, 2005.

JOSEFO, Flávio. *História dos hebreus.* CPAD, 2004.

ROBINSON, James M. (ed.). *A Biblioteca de Nag Hammadi.* Madras, 2007.

SANTO AGOSTINHO. *A Cidade de Deus.* Vozes.

SUETÔNIO. *A vida dos doze césares.* Prestígio, 2002.

TÁCITO. *Anais.* Ediouro, 1998.

VERMES, Geza. *Os Manuscritos do Mar Morto.* Mercuryo, 2004.

MATRIX